井冈山大学学术文库

曾建平

井冈山大学学术文库
曾建平 主编

站台屏蔽门的国产化研究及工程应用

陈海辉　曾莹莹　著

同济大学出版社
TONGJI UNIVERSITY PRESS
·上海·

内容简介

本书分为三篇：上篇为站台屏蔽门国产化研究成果，以本书作者在深圳方大集团博士后出站的研究报告为蓝本，阐述了屏蔽门国产化研究成果及样机研制的关键技术，以及实现国产化的意义；中篇为工程设计范例，以深圳地铁屏蔽门设计蓝本为依据，突出设计重点；下篇为工程实例，重点介绍国内屏蔽门工程应用情况。

本书适用于高等学校的轨道交通、机械设计、机械电子、环境控制等专业，也可供从事站台等局部安全、环境控制工程设计的技术人员参考，还可作为大学生创新创业的读本。

图书在版编目(CIP)数据

站台屏蔽门的国产化研究及工程应用/陈海辉，曾莹莹著. --上海：同济大学出版社，2023.12
(井冈山大学学术文库 / 曾建平主编)
ISBN 978-7-5608-9335-8

Ⅰ. ①站… Ⅱ. ①陈… ②曾… Ⅲ. ①地下铁道车站—屏蔽—门—研究 Ⅳ. ①U231.4

中国版本图书馆 CIP 数据核字(2020)第 116391 号

站台屏蔽门的国产化研究及工程应用

陈海辉 曾莹莹 **著**

出 品 人 金英伟 **责任编辑** 翁 晗 **助理编辑** 王映晓
责任校对 徐春莲 **封面设计** 陈益平

出版发行 同济大学出版社 www.tongjipress.com.cn
(地址：上海市四平路 1239 号 邮编：200092 电话：021-65985622)
经　　销 全国各地新华书店
排版制作 南京月叶图文制作有限公司
印　　刷 江苏凤凰数码印务有限公司
开　　本 787 mm×1092 mm 1/16
印　　张 21.75
字　　数 326 000
版　　次 2023 年 12 月第 1 版
印　　次 2023 年 12 月第 1 次印刷
书　　号 ISBN 978-7-5608-9335-8

定　　价 108.00 元

总　　序

井冈山大学创办于1958年，建校以来，历经停办、分校复建、三校合并、恢复更名、省部共建等过程，始终扎根老区办学，坚守“为党育人、为国育才”使命，已培养出17万余名毕业生，为社会主义现代化建设和地方经济社会发展作出了积极贡献。学校现为江西省人民政府和教育部共同重点支持建设高校，是科学技术部与江西省人民政府会商支持建设高校，是同济大学对口支援高校，是一所融普通本科教育、研究生教育和留学生教育于一体的全日制综合性大学。目前有专任教师1 082人(其中教授130人、副教授374人，具有博士学位教师321人)，专任教师中8人次入选国家“万人计划”哲学社会科学领军人才、“国家新世纪百千万人才工程”、全国文化名家暨“四个一批”人才、国务院政府特殊津贴等国家级人才；107人次入选省部级人才工程。现有全日制在校本科生近1.8万人、硕士研究生119人。内设15个教学学院(部)，66个本科招生专业(其中国家特色专业4个，江西省“双一流”特色专业2个，一本批次招生专业13个)；拥有省级以上重点科研平台10余个，其中教育部高校人文社科重点研究基地1个，国家红色旅游研究与实践创新基地1个，江西省“2011协同创新中心”1个，省软科学研究基地1个，省高校人文社科重点研究基地2个，省文化艺术科学重点研究基地1个，省重点实验室2个，省教育厅重点实验室1个；共建科研平台3个，包括国家测绘地理信息局重点实验室、教育部网上合作研究中心分中心、井冈山生态环境研究中心；国家级人才培养基地4个，省优势科技创新团队1个，省研究生教育创新基地1个，社会工作硕士专业学位授权点1个。校舍建筑面积达68万余平方米，教学科研设备总值3.35亿余元，图书馆藏书223万多册。

作为“星火燎原”之地吉安革命老区唯一的一所地方综合性本科高校，全国唯一以“井冈山”命名的红色大学，在61年的发展历程中，学校始终坚持以井冈山精神办学育人为指导，以“四敬五每”（敬畏制度、敬爱师生、敬重教学、敬仰学术；每个制度既要可行更要执行、每个教职员工都要得到恰当评价、每个学生都要得到恰当关爱、每个教师上好每堂课、每个科研人员做好每个项目）的治校理念，围绕建设特色鲜明的区域高水平大学办学目标，实现了由专科教育为主向以本科教育为主，以培养教师、医师为主的专业学院向综合性大学的根本转变，走出了一条新建地方本科高校的跨越转型发展之路。进入新时代，学校深入学习贯彻落实习近平新时代中国特色社会主义思想和党的十九大精神，牢牢把握社会主义办学方向，坚持立德树人，坚持以井冈山精神办学育人，依托省部共建平台和同济大学对口支援，着力加强内涵建设，推动学校高质量转型发展，综合办学实力和社会声誉不断提升。2017年教育部本科教学工作审核评估专家组评价我校是“吉安地区不可替代的、重要的人才培养摇篮和科技创新基地”。

近年来，我们从四个方面着力，做到“四个坚持”：

一是坚持扎根老区办学。学校始终秉承“振兴革命老区、服务地方发展”的办学宗旨，明确了特色鲜明的区域高水平大学的办学目标，确定了培养下得去、留得住、用得上的“基层骨干与地方中坚”的人才培养定位。坚持以本为本，主动对接吉安和江西经济社会发展需要，形成了以工学、医学、管理学等应用学科为主体，马克思主义理论、生物学、中国古代文学为代表的“红、绿、古”特色学科为重点，多学科交叉融合发展的学科专业体系，基本覆盖电子信息、智能制造、现代农业、红色与生态旅游等吉安市重点发展产业。本科毕业生就业率连续13年高于全省同类学校平均就业率，荣获2016—2018年度全省普通高校毕业生就业工作“优秀等级学校”和“先进单位”称号，研究生培养连续6年做到了录取率、报到率、一次性就业率三个百分之百。近年来，毕业生中涌现出一大批扎根基层、助力脱贫攻坚的优秀大学生村官，比如党的十八大代表、电子与信息工程学院2009届毕业生邢磊，全国优秀大学生村官、政法学院2008届毕业生高旭斌等。

二是坚持特色创新发展。始终把特色创新发展作为转型超越的根本选择，紧紧围绕井冈山及其周边地区丰富的红色资源和绿色宝库，依托吉安厚重的庐陵文化，切实做好特色发展大文章。学科专业方面，开设的中共党史专业是全国为数不多、江西省唯一的本科专业，文物与博物馆学专业在全国首次聚焦于红色文物和博物馆学，生物科学、化学、汉语言文学、音乐学(含舞蹈专业)4 个专业为国家特色专业，社会工作、思想政治教育、旅游专业等 7 个专业为省级特色专业，其中社会工作专业 2011 年获批服务国家特殊需求专业硕士点。科学研究方面，中国共产党革命精神与文化资源研究中心获批为教育部高校人文社科重点研究基地，红色文化研究与传承应用协同创新中心获批为江西省“2011 协同创新中心”和博士后工作站，中国红色旅游研究与实践创新基地为原国家旅游局重点研究基地，共建的流域生态与地理环境监测实验室为国家测绘地理信息局重点实验室，江西省生物多样性与生态工程重点实验室为博士后科研工作站，庐陵文化研究中心为省高校人文社会科学重点研究基地。

三是坚持服务区域经济社会发展。连续四年选派科技特派员助力富民强县工程建设，探索出“高校-科技园-企业”的科技服务地方模式，得到了赵乐际、胡春华、孟建柱等中央领导同志的肯定和时任江西省委书记强卫同志的肯定性批示。积极投入脱贫攻坚和美丽乡村建设，永新县绥远山村和青原区塘尾村成功脱贫摘帽，获“省派单位定点帮扶贫困村工作先进单位”称号。与国家井冈山经济技术开发区共建井冈山大学科技园，入驻高科技企业 30 多家，成为省级大学科技园；在井冈山农高区成立现代农业发展研究院，发挥人才智力优势助力吉安农业发展。坚持传承红色基因，全国各地在我校设立革命传统教育、红色培训基地的单位有 20 多个，举办各类红色培训班 400 多期，培训学员 3 万多人次。

四是坚持井冈山精神铸魂育人。始终把坚持立德树人作为根本任务，把坚持以井冈山精神办学育人作为重大使命，从更高站位、更高层次贯彻落实习近平总书记在全国教育大会、全国高校思想政治工作会议和思想政治理论课教师座谈会上的讲话精神，努力把“井冈山”这一学校最大特色、最亮品牌、最富资源转化为加强和改进思想政治工作的优势，力争把学校建设成为“最爱党最爱国最爱民”的全国著名红色大学。着力创新载体、丰富形式，开设了“井冈山精神与当代大学生”校本课程，建立了“井冈山精神展览馆”，建立了映山红青年学院，实施了“红色励志教育”培训，开展了一系列“红色传说”采风等社会实践活动，打造了以“映山红”系列文化品牌等为主体的红色育人体系，推动红色基因育人与思政工作融合发展，形成了鲜明的井冈山精神办学育人特色。红色基因育人成效突出，创编的音乐舞蹈史诗《井冈山》连续公演 13 年，至今演出 256 场，连续 9 年受邀参演央视“五月的鲜花”全国大学生文化会演，圆满完成 2019 年央视春晚井冈山分会场排演任务，新华网、央视网、《中国教育报》、《江西日报》等主流媒体多次对我校红色基因育人的“井大模式”进行报道。2019 年 9 月 11 日，由中央教育工作领导小组秘书组主编的《教育工作情况》刊登了井冈山大学坚持以井冈山精神立德树人、推进红色文化育人的经验介绍。

习近平总书记强调，发展老区高等教育是解决老区人民愿望与老区发展现状之间矛盾的有效途径。2016 年春节前夕，习近平总书记视察井冈山时指出，井冈山时期留给我们最为宝贵的财富，就是跨越时空的井冈山精神，要结合新的时代条件，让井冈山精神放射出新的时代光芒。2019 年 5 月 21 日，习近平总书记在江西考察时强调：“办什么样的院校、培养什么样的人才，是办学育人首先要解决的问题。”井冈山大学始终牢记习近平总书记的重托，在省委省政府的关心与支持下，坚持以井冈山精神办学育人，致力于将红色基因融入立德树人的全过程，并转为教育教学优势、学科科研优势、办学育人优势。

当前，井冈山大学的发展既面临机遇，也面临挑战。中国高等教育未来发展的重点是优化结构、深化内涵建设，井冈山大学发展基础比较薄弱，在人才培养模式、社会服务能力、研究生教育、高校治理体系和治理能力等方面都面临着严峻的挑战，只有不断提高办学水平和人才培养质量，才能在高等教育体系结构优化过程中占有一席之地，而申请硕士授权单位、努力提升学校办学层次和服务经济社会能力，则是将挑战转化为机遇的重要关节点。

近年来，成为硕士授权单位始终是学校历届领导班子和全体师生的共同心愿和奋斗目标，是近年来学校确立的重中之重工作、“一号工程”。学校以申硕为抓手，以申促建、以建促申，不断构建新型的学科建设管理模式，优化学科布局、突出学科重点、强化学科特色，在巩固提升现有“红、绿、古”特色学科和优势学科的基础上，有针对性地凝练方向、建强团队、深度挖掘亮点和潜力，加大学科建设的组织力度，形成了学科建设的合力，提高了学科建设成效，形成了一批具有核心竞争力的学科团队，为学校的未来发展夯实了基础，明确了学科发展方向。

多年来，井冈山大学的发展得到了同济大学的无私援助。自 2005 年建立对口支援关系以来，同济大学始终以高度的政治责任感和历史使命感，以帮助革命老区人民享有高质量的高等教育为己任，深入扎实推进对口支援工作，形成了全方位、深层次、开创性的对口支援工作格局，在全国高校对口支援工作中树立了典范，形成了具有广泛影响力的“同济-井大”模式。井冈山大学取得的办学成绩和每一步发展，都与同济大学直接、深入、全面的支援密不可分，都凝聚了同济大学各级领导、干部和教师的真情努力与无私付出，井冈山大学的发展已经深深打上了同济烙印。

同济大学出版社作为服务教学科研的重要平台，也积极帮助井冈山大学不断提高科研成果质量，打造拥有较高水准和知名度的井冈山大学学术品牌，“井冈山大学学术文库”的组织和顺利出版，就是双方合作结出的硕果，必定会为我校成功申请硕士学位授权单位提供强力支持，为井冈山大学的未来建设加砖添瓦。

我们相信，在教育部、江西省委省政府和社会各界的关心和帮助下，井冈山大学一定会取得更大的进步和更大的发展，为新时代井冈山革命老区的高等教育事业及老区经济社会发展谱写新的篇章。这不仅是服务原中央苏区振兴发展的迫切需要，更是告慰革命先烈的最好形式。

井冈山大学校长

曾建平

2019 年 12 月

前　　言

地下铁道站台屏蔽门(简称"屏蔽门")系统是一项集建筑、机械、材料、电子和信息等学科于一体的高科技产品,具体来说是围绕地铁站台边缘设置的局部可控开/关的连续玻璃屏墙,将列车行车区间与车站候车室分隔开,形成舒适、安全的候车环境。全世界只有少数几家公司能够生产地铁屏蔽门系统。

北京、上海、广州、深圳等已拥有或在建地铁的城市已在或计划装备站台屏蔽门系统。1994年,上海地铁1号线准备采用屏蔽门系统作为其环控模式,但由于当时垄断屏蔽门技术的国外公司对每个车站报价高达3 000万元,屏蔽门建设被搁置,改用闭式系统调节车站空气。高端设备国产化,打破国外垄断,不仅能降低工程投资,节省运行费用,方便设备维修管理,还可以带动国内相关产业的发展,促进经济的增长。同样的一个岛式车站,国产化地铁屏蔽门系统报价在1 000万元左右,迫使国外公司不得不降低在中国市场的价格,搁置8年之久的上海地铁屏蔽门项目才重新启动。

为了实现屏蔽门国产化和推广应用,深圳方大集团股份有限公司(简称"方大集团")博士后工作站对关键问题进行了系统深入的研究和开发,并将"地铁屏蔽门系统"列为公司重大开发课题,该课题同时被深圳市科学技术局批准列为1999年度深圳市重点科研项目。方大集团目前已掌握该产品的核心技术,拥有100多项专利。由方大集团作为唯一主编单位的地铁屏蔽门国家行业标准《城市轨道交通站台屏蔽门》(CJ/T 236—2006)自2007年3月1日起在全国实施。

我们见证了一个奇迹:方大集团打破了国际对屏蔽门的技术封锁、市场围堵,通过自主研究开发、消化吸收先进技术,发展到目前占国内市场70%的份额,并开始进入国际市场，与国际品牌竞争。这个传奇故事寄托了中国企业的梦想，激励着千万中国企业自主研发核心技术。

本书共分为三篇。上篇介绍屏蔽门国产化研究成果，阐述了样机研制的关键技术及实现国产化的意义；上篇由陈海辉独著。中篇为工程设计范例，以深圳地铁屏蔽门技术卷为基础，介绍设计重点和要点；中篇由陈海辉、曾莹莹合著。下篇为工程实例，介绍了方大集团公司及其他公司屏蔽门产品的应用案例情况；相关资料由井冈山大学 2017 级学生周玉、张俊杰收集，曾莹莹整理。

本书适用于高等院校的轨道交通、机械设计、机械电子、环境控制等专业教学参考，也可供从事站台等局部安全、环境控制工程设计的技术人员参考，还可作为大学生创新创业的读本。

陈海辉　曾莹莹

2022 年 8 月 28 日

目　　录

下篇 工程实例

上　篇

屏蔽门国产化研究成果

第 1 章

屏蔽门国产化研究概述

1.1 屏蔽门简介

地下铁道站台屏蔽门系统简称屏蔽门，是围绕地铁站台边缘设置的局部可控开/关的连续玻璃屏墙，将列车行车区与车站候车区分隔开，形成舒适、安全的候车环境。列车到站前，所有活动门关闭，乘客只能在候车区候车，不能进入列车行车区间及隧道；列车到站后，乘客可通过与列车车门同步开/关的活动门直接出入列车车厢；乘客上下车完毕且列车门和所有活动门都已关闭后，列车才能离站；在发生意外情况时，乘客可以通过应急门逃生，从而为候车乘客提供安全保障。

根据使用的主要目的，屏蔽门可分为开式屏蔽门和闭式屏蔽门。开式屏蔽门如图 1-1 所示，沿站台边缘设置与人腰齐高(约 1.2 m)的连续屏墙。开式屏蔽门没有将候车区全封闭，候车区与列车区之间存在着冷气和新鲜空气的流失，不能有效降低环控系统空调能耗。

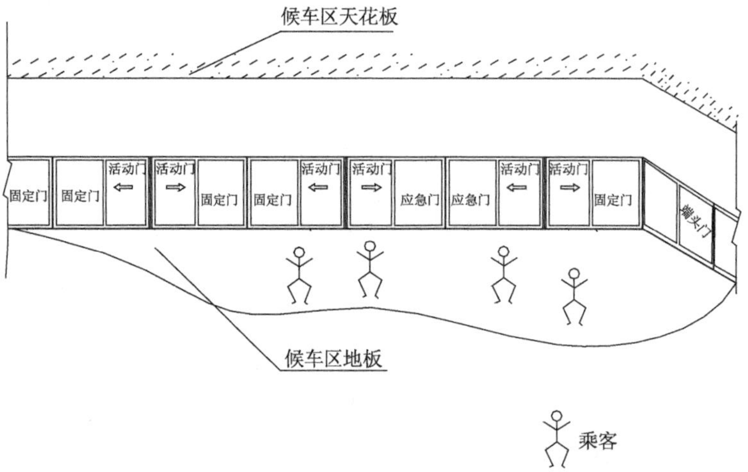

图 1-1　开式屏蔽门示意图

闭式屏蔽门如图 1-2 所示，将车站与隧道的空气流通路径隔开，既可减少冷气和新鲜空气的流失，又可阻隔列车行车噪声，还可以使旅客免受列车活塞风所造成的不舒适感。

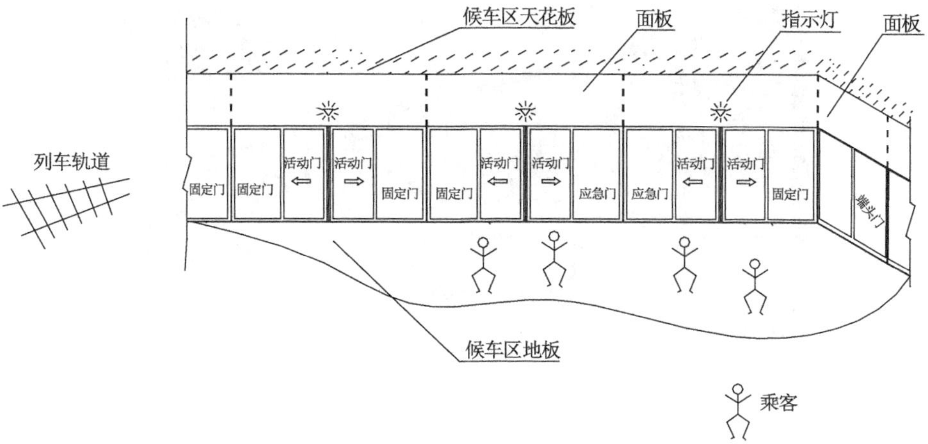

图 1-2　闭式屏蔽门示意图

开式屏蔽门投资较小,非炎热地区的早期地铁较多采用。在热带和亚热带地区多采用闭式屏蔽门,采用闭式屏蔽门后的车站空调系统的年运行费用据估计将减少约 30%。目前采用闭式屏蔽门较多,其主要原因是可以减少车站空调系统的容量,节省运行费用,候车环境更舒适。开式、闭式屏蔽门的运行模式相同,仅仅在形式上有所区别。如不特别声明,本书讨论的屏蔽门均指闭式屏蔽门。

屏蔽门按驱动方式可分为气动型屏蔽门和电动型屏蔽门两大类。电动型屏蔽门具有比较完善的障碍物检测功能,直流电机由当地门控单元控制,其速度和门关闭时的夹紧力均可通过软件进行控制。气动型屏蔽门在早期的工程中应用较多,目前已逐步被电动型所取代。如不特别声明,本书讨论的屏蔽门均指电动型屏蔽门。

按其门体结构如何平衡屏蔽门重力,可分为底部支撑式屏蔽门和顶部悬挂式屏蔽门。底部支撑式屏蔽门,其重力由底部支撑承受,其顶部能上下滑动以补偿车站土建的沉降。顶部悬挂式屏蔽门,其重力由悬挂顶部平衡,其底部能上下滑动以补偿车站土建的沉降。按屏蔽门的门体材料可分为铝合金屏蔽门和不锈钢屏蔽门。

屏蔽门应与车站建筑风格和谐一致,如图 1-3、图 1-4 所示。

图 1-3　闭式屏蔽门效果图

图 1-4　开式屏蔽门效果图

1.2　屏蔽门的应用发展

对于人口密集的大城市，地面交通难以满足客流需求，地铁正起着越来越重要的作用，如日本东京、韩国首尔以及欧美的一些大城市，地铁承担了整个城市 40% 左右的客运量。日本东京从 1911 年开建地铁到今日，地铁建设基本上没有间断过，截至 2022 年 7 月，东京地铁系统拥有 13 条线路，220 多座车站，线路总长 312.6 公里。对一个快速发展的城市来说，地铁还可起到调控城市格局的功能，通过培养、引导客流促进新城区的发展。

当前我国的地铁建设，也处在快速发展和不断完善的过程中。2021 年 12 月 30 日，随着 14 号线、18 号线一期开通，上海轨道交通运营里程在全世界城市中第一个突破 800 公里大关，达到了 831 公里，稳居全球第一。截至 2022 年年底，上海地铁运营线路已达 20 条，车站 508 座，其中换乘车站 83 座，网络规模继续领跑全球。14 号线是上海第一条 8 编组全自动运行线路，上海地铁已拥有 5 条全自动驾驶地铁线路，分别为 10 号、14 号、15 号、18 号线及浦江线，总里程 167 公里，跃升世界第一。

北京作为中国最早拥有地铁的城市，从 1965 年开始建地铁，2021 年 12 月 31 日北京 9 条(段)地铁新线同步开通，城市轨道交通运营总里程达 783 公里、车站数量达 459 座，稳居中国轨交第二城。

广州地铁 1 号线 1999 年通车，全长 18.5 公里。广州地铁 2 号线全长 23 公里，2003 年通车。2001 年 12 月 26 日广州地铁 3 号线试验段动工。2022 年 3 月 31 日，在完成初期运营调试和安全评估后，广州地铁 22 号线首通段(番禺广场至陈头岗)开通运营。广州地铁运营总里程达到 607.6 公里，车站增至 294 座，继续稳居中国轨交第三城。

截至 2022 年 2 月，全国 31 个省(自治区、直辖市)和新疆生产建设兵团共有 51 个城市开通运营城市轨道交通线路 272 条，运营里程达 8 819 公里。当月实际开行列车 259 万列次，完成客运量 15.6 亿人次，进站量 9.5 亿人次。

地铁列车行车密度大、停站时间短、运送客流大、车站占地面积小，这些都容易造成乘客的人身安全事故。从国内地铁线路的运行情况来看，乘客跌落站台的事故时有发生。1999 年，香港发生地铁跌落站台事故 59 宗，引起社会关注。2001 年年底至 2002 年 3 月，上海地铁相继发生两起因拥挤而导致乘客跌入轨道致死事故。而此前，上海地铁因乘客意外进入轨道而发生的事故已达 40 多起，死亡人数超过 20 人。

2015 年 2 月，一名乘客在北京地铁 1 号线五棵松站坠轨。2015 年 4 月，在北京地铁 1 号线军博站，一名乘客坠轨身亡。2017 年 4 月，在北京地铁 2 号线和平门站，一名乘客坠轨。2020 年 7 月，一名乘客在武汉地铁 1 号线头道街站台候车时，突然身体不适，不慎跌落轨道区间。这些都引起民众对地铁车站安全问题的广泛关注。早期的屏蔽门采用开式结构，并未完全将候车区与轨道之间的空气流通路径分隔开，如 1981 年日本应用于 Portoland 线的屏蔽门。若主要是为防止人员跌落站台造成事故，如无人驾驶的法国图卢兹地铁和巴黎 14 号线，屏蔽门也趋向采用开式结构。

地铁公司需要以更舒适的乘车环境和更良好的服务来吸引乘客，但这会使车站空调系统的运行费用增加。全球地铁效益最好的香港，在运营了 10 多年以后才开始赢利。虽然赢利并不是地铁的主要功能，但地铁经营亏损带来的恶性循环将制约地铁的进一步发展。如何降低地铁投资、减少运行费用是一个关键问题。

20 世纪 80 年代以来，国外的地铁新线建设或旧线改造工程广泛采用在站台边缘设置屏蔽门的方式，将行车区与候车区分隔开，形成一个舒适、安全的候车环境。地铁采用屏蔽门环境控制模式，保证了乘客人身安全，使候车环境更舒服，节省了大量运行费用。

1988 年新加坡 NEL 线首次采用了闭式屏蔽门，至今该屏蔽门已完好运行了 34 年。闭式屏蔽门完全将车站与隧道的空气流通路径隔开，起到了节能、降噪效果。全面考虑节能和安全因素，如中国香港将军澳地铁线、中国台北地铁新线以及泰国和马来西亚等城市新建地铁线，均设置闭式屏蔽门。香港地铁东涌线的屏蔽门于 1998 年投入使用，根据统计每年每个车站可因此节电约 200 万 kW · h。鉴于屏蔽门的显著功能，香港地铁在 1996 年开始展开为期 6 年的旧地铁线安置屏蔽门工程。广州地铁 2 号线首次在中国内地采用屏蔽门，2003 年竣工通车。随后上海、深圳、天津、北京等地铁开始安装地铁屏蔽门。2021 年中国地铁屏蔽门市场规模达 31 亿元。

屏蔽门不仅可以在地铁车站上使用，也可以推广应用到机场、汽车站、火车站等大型公共场所。中国香港机场候车区采用了屏蔽门，如图 1-5 所示。日本高架轻轨大都设置了屏蔽门，中国上海磁浮列车站也设置有屏蔽门。

图 1-5　香港机场候车区屏蔽门

改善地铁系统工程及配套设施,优化地铁候车环境,提高城市交通的水平,将是一种必然的要求和趋势。地铁屏蔽门将在中国各大城市的地铁工程中迅速运用和发展起来,是我国地铁建设和服务水平的又一个新起点,为今后引进无人驾驶技术奠定基础。

1.3　国产化意义及研究重点

1.3.1　地铁设备国产化的意义

《关于城市轨道交通设备国产化的实施意见》(国办发〔1999〕20 号)中明确提出,城市轨道交通项目,其全部车辆和机电设备的平均国产化率要确保不低于 70%。地铁设备国产化开创具有自主知识产权的新产品,可打破国外垄断,不仅能降低地铁工程投资,节省运行费用,方便设备维修管理,同时也可以带动国内相关产业的发展,促进经济的增长,具有非常重要的意义。

地铁设备有成百上千种,有供电系统,有排水系统,有通风、通信系统,还有信号系统与车辆系统。国家主要支持的是投资大、技术难度大、可能重复建设的几个关键部分,如车辆系统、信号系统、控制系统、铝合金车体等。实践证明,其他投资较小的地铁设备如供电设备、环控系统、屏蔽门等,有实力的公司有能力投资解决其国产化问题。

屏蔽门国产化就是实现地铁设备国产化一个非常典型的例子。建成于 1994 年的上海地铁 1 号线当时准备采用屏蔽门系统作为其环控模式,但由于当时垄断屏蔽门技术的两家国外公司每个车站报价高达 3 000 万元等情况,屏蔽门建设被搁置,改用闭式系统调节车站空气。方大集团品牌的地铁屏蔽门系统在 2002 年实现了国产化,一个岛式车站 6 节车厢编组,当年其工程报价在 1 000 万元左右。由于地铁屏蔽门系统的国产化成功,垄断屏蔽门技术的国外公司不得不降低价格。同样的一个岛式车站,6 节车厢编组,西屋公司在广州地铁 1 号线屏蔽门的报价被迫降为 1 200 万元,远低于最初 3 000 万元的报价。搁置 8 年之后的上海地铁 1 号线屏蔽门项目重新启动,2005 年 3 月开始在 12 座地下车站安装屏蔽门,共计 960 樘。2021 年 5 月 3 日起,上海地铁启动 2 号线站台门换装工程项目,将原有不具备信号联动功能的电动栏杆改造成具备信号联动功能的安全门。

1.3.2 研究重点

屏蔽门国产化如何保证其技术先进、安全可靠是本书的研究重点。为了实现屏蔽门国产化和推广应用,笔者对其中的关键问题进行了系统深入的研究,主要包括以下几个方面。

1) 系统控制

全面提出系统概念,特别是运行模式、控制方式。屏蔽门是典型的分布控制系统,要深入研究屏蔽门的控制原理,掌握其核心内容,才能开发出与国外产品性能相当的控制系统、门机和门控单元,为屏蔽门国产化奠定基础。

2) 技术方案

建立一套完整的技术方案,解决电源问题、整体结构、受力计算等重要问题。

3) 样品

设计制作屏蔽门样品,提出样机检验方案,以检验、改进技术方案。

4) 环控模式

为了有效地控制温度和降低能耗,应定量研究屏蔽门的节能效果及投入产出比,一方面为温度控制提供比较可靠的模型,另一方面可以使人们了解并接受屏蔽门的节能作用。

1.4 方大集团研究成果

方大集团股份有限公司(简称"方大集团")以地铁设备国产化为己任,在"地铁屏蔽门系统的国产化"项目中已做了大量工作:1999 年 8 月组建了以博士、硕士、高工为主的"地铁屏蔽门系统"11 人攻关小组,并将"地铁屏蔽门系统"列为公司重大开发课题,投入大量的人力物力进行研制,该课题同时被深圳市科学技术局批准为 1999 年度深圳市重点科研项目。当年方大集团改造及引进设备、改造厂房、研制开发等投资费用已超过 200 万元。

地铁屏蔽门系统是集机械、电子、信息、建筑、环保、材料等学科于一体的高新技术项目,全世界也只有少数几家公司能生产地铁屏蔽门系统。为了确保地铁屏蔽门系统国产化的顺利实施,方大集团联合国内的大专院校,以本公司研究开发为主,以引进消化国外先进技术为辅。在组建了精干的攻关小组后,方大集团将"地铁屏蔽门系统"列为其博士后工作站的重点攻关课题,与华南理工大学等院校的专家教授联合攻关关键技术,与法国法维莱(FAIVELEY)公司组成联合体,联合研制样机和承包屏蔽门工程。

经过多年的积累,方大集团地铁屏蔽门不仅在国内市场上占据主导地位,还成功走出国门,在海外市场与国际跨国公司"扳手腕"。从 2009 年开始,经过十多年的创新与发展,目前,全球已有 23 个城市、地区的城市轨道交通线路采用方大集团轨道交通设备产品，全球每天有数亿人次使用方大屏蔽门产品，方大轨道交通产品在市场占有率、品牌影响力、专利拥有量、标准制定和维保专业化服务等多方面居中国第一。

1.4.1 整套屏蔽门系统的技术攻关

方大集团经过屏蔽门系统的技术攻关，在 2001 年研发出国产化地铁站台屏蔽门系统，国产化率可达 70%以上(表 1-1)。

表 1-1 国产化率估算

项目	占工程总造价的比率	国产化率	国产化占工程总造价的比率
屏蔽门主体	40%	100%	40%
配电系统	10%	100%	10%
维修及售后服务	10%	100%	10%
控制系统	20%	50%	10%
门机(DCU)	20%	0%	0%
总计	100%	70%	70%

注：屏蔽门国产化是以系统为单位，国内产品占一定比率，由国内公司来做系统集成。

1) 已全部实现国产化的部分：屏蔽门主体、供电系统

方大集团是国内最大的幕墙生产企业，拥有雄厚的技术资源、先进的生产设备及庞大的生产能力、丰富的工程施工和管理经验。屏蔽门主体由门体、上下预埋件、上下支撑、脚踏板、顶盒、受力钢结构、玻璃、密封部件、接地系统、等电位等部件组成。方大集团完全可以设计、生产屏蔽门主体。

由电源自动切换箱、隔离变压器、整流器、蓄电池等组成的供电系统可由方大集团自行设计，国内厂家完全有能力生产上述产品。

2) 部分实现国产化的部分：控制系统

控制系统包括：中央接口盘(PSC)、屏蔽门就地控制盘(PSL)、站台监视亭远方报警盘(PSA)。由方大集团研制并生产的控制系统，其关键部件来自法国，其他部件

来自国内,其国产化率可达 50%以上。控制系统占工程总造价的 20%,即控制系统国产化占工程总造价的 10%。

3) 拟将实现国产化的部分:门机、DCU

该部分的部件包括:发动机基线、铝导轨、电力锁、电力锁支架、锁感应器、DCU 门控单元等。

1.4.2 自主知识产权

方大集团是我国最早从事地铁屏蔽门研究开发、生产并已经成功研制出屏蔽门的系列产品的公司,2000 年开发成功的地铁屏蔽门产品国产化率达到 70%以上,已获 20 多项国家专利保护,填补了国内空白,是我国第一个具有自主知识产权的屏蔽门生产厂家。

2005 年,方大集团自主知识产权的轨道交通屏蔽门系统通过住房和城乡建设部验收,技术标准领先国内外;2007 年 3 月 1 日,由方大集团主编的我国首部有关屏蔽门的行业标准《城市轨道交通站台屏蔽门》颁布实施,确立了方大集团在轨道交通设备屏蔽门领域中的领先地位;2011 年 7 月,方大集团地铁屏蔽门在我国率先通过可靠性、可用性、可维修性和安全性等多方面审查,方大集团成为同行业中首家通过 RAMS 认证的企业;2015 年方大集团"轨道交通站台屏蔽门系统"项目被评为"国家火炬计划产业化示范项目"。作为我国轨道交通设备屏蔽门行业龙头企业,方大集团地铁屏蔽门产业还先后多次获得国家重点新产品荣誉、广东省科学技术奖和深圳市科技创新奖等多项重大奖项;获得 7 项计算机软件著作权,取得近 300 项专利,其中发明专利近 100 项,专利总数占同行业的半数以上。

1.4.3 样品

2000 年方大集团成功研制出底部支撑和上部悬挂两种结构形式,铝合金和不锈钢两种门体材料的共三个屏蔽门样品,如图 1-6、图 1-7 所示。经过 1 年多的试运行,样机性能状况良好,各项技术指标均达到了国际同类产品的先进水平,已形成产品企业标准,为我国地铁屏蔽门国产化打下了坚实的基础。

图 1-6　方大集团自行研制的不锈钢屏蔽门样品

图 1-7　方大集团自行研制的铝合金屏蔽门样品

结合实际工作,笔者有两点深切体会:

(1) 国产化。屏蔽门是一项高新技术产品,但并非“高不可攀”。与车辆、信号系统、控制系统、高强度铝合金车体等地铁设备相比较,屏蔽门还是比较容易实现国产化的。

(2) 选用材料。本屏蔽门样品选用材料如表 1-2 所示。

表1-2　屏蔽门样品的构件材料

构件	Q235钢	LD31铝型材	SU306L不锈钢
主承力件(支柱、立柱、横梁等)	采用	未采用	未采用
门体(顶盒面板、门框、脚踏板等)	未采用	采用	采用

结合样机研制经验来看,铝合金和不锈钢都可以作屏蔽门门体材料,各有其特点。铝合金屏蔽门工程总造价比不锈钢的约低5%,铝合金门体轻巧,能改善滑动门传动机构的受力情况,开闭更灵活、安静,可延长门机的工作寿命;不锈钢门体具有防腐性好、硬度高、抗冲击性能强等显著优点。

1.4.4　工程投标

方大集团积极配合深圳、重庆、上海、广州等市地铁有限公司及相关设计单位,为深圳、重庆、上海地铁的屏蔽门系统提供了门体材料比选建议、门体厚度比选建议、上下预埋件方案、结构计算、门机及控制系统、样机试验大纲等方案,参与了广州、深圳、重庆、上海等市的地铁屏蔽门招标(图1-8)。

图1-8　深圳地铁国产化屏蔽门效果图

2015 年,轨道交通装备被我国实施制造强国战略第一个十年行动纲领《中国制造 2025》列为大力推动的重点领域,国家“十三五”规划纲要亦明确提出,要加强轨道交通建设,促进先进轨道交通装备等产业发展壮大。截至 2022 年 2 月,全国有 51 个城市开通运营城市轨道交通线路 272 条,运营里程 8 819 公里。可以预见,轨道交通地铁屏蔽门设备产业将迎来大规模、爆发式增长的黄金时期,方大集团作为地铁屏蔽门领域的龙头企业也将因此受益。实际上,近年来方大集团屏蔽门产业订单量、营业收入、利润连续保持高速增长,成为 2021 年全球最大的地铁屏蔽门供应商。同年,方大集团先后中标中国香港地铁沙中线二期屏蔽门及东铁线安全门项目、印度诺伊达(Noida)地铁安全门项目,以及中国武汉地铁 7 号线一期工程地铁屏蔽门订单,签约中国香港地铁沙中线二期屏蔽门及东铁线安全门项目维保合同,金额合计约 5.78 亿元,是其 2015 年地铁屏蔽门营业收入的 226%。中国香港地铁屏蔽门订单金额高达 4.3 亿元,是迄今为止全球地铁屏蔽门行业金额最大的单个订单,进一步巩固了方大集团在行业内技术、品牌、服务、市场占有率等综合第一的地位。

1.4.5 工程项目

2002 年,方大集团经考察,向香港地铁东涌线部分站点屏蔽门工程供应零部件。

香港地铁东涌线屏蔽门工程由法维莱公司负责建设。方大集团作为该公司在亚洲唯一的合作伙伴,与法维莱公司共同对各主要材料供应商进行了翔实的考察比较,并由方大集团来承担部分零部件的设计生产。这无疑对香港地铁公司认识方大集团提供了一个窗口,也为方大集团的地铁屏蔽门产品打入国际市场找到了突破口。

法维莱公司表示,希望通过合作,能为双方在今后更大规模的国际工程中开展更深层次的合作打下基础。法维莱公司正与方大集团商议计划将屏蔽门系统的多个测试、加工安装和采购系统设在内地,通过方大集团来采购并制造屏蔽门系统所需要的材料和工具。

2002 年 6 月方大集团联合体与上海地铁签订了试做 1 号线延伸线广中路车站的屏蔽门系统合同。之后,方大集团先后承建了上海地铁 1 号线马戏团站、香港地铁南昌站、广州地铁 3 号线、广州地铁 1 号线、天津地铁 1 号线、深圳地铁 1 号线延长段、深圳地铁 2 号线、北京地铁 5 号线、沈阳地铁 1 号线、南京地铁 1 号线屏蔽门等工程。2021 年方大集团分别中标新加坡地铁裕廊线项目、中国香港国际机场 P4 航站楼站、中国深圳地铁 16 号线等项目。中国香港国际机场 P4 航站楼站则是方大集团继香港沙中线二期工程及东铁半高门项目后再次中标香港的地铁屏蔽门项目。深圳地铁 16 号线项目是方大集团在深圳地区中标的第 10 个地铁屏蔽门项目，展现了方大集团轨道交通屏蔽门系统的卓越品质和在国内市场的强势竞争力。2021 年前三季度，方大智创科技累计中标签约轨道交通屏蔽门项目达 19 个，订单金额达 7.34 亿元，进一步巩固了方大集团作为行业领头羊的地位。方大集团轨道交通屏蔽门系统在中国已覆盖超过 80%开通地铁运营的城市，大江南北的城市地铁建设项目中均有方大集团的身影。

1.5　结　　语

地铁屏蔽门是一款新型节能环保产品，具有广阔的发展前景。对屏蔽门的控制原理等若干关键技术进行系统深入的研究和开发工作，实现屏蔽门的国产化，是一项具有明显社会效益和市场前景的新课题。

方大集团的博士后课题旨在掌握屏蔽门的核心技术，研制出达到国际先进水平的性能卓越的地铁屏蔽门系统，填补国内在该项目上的空白，降低地铁设备费用，为地铁国产化作出贡献。该技术可以推广使用于高速列车门、候机室门、各种地面站台门、大型的会议室门等特种门，确保公共环境节能、安全、舒适，也可作为方大集团公司可持续发展的一个战略性项目，在新产品的开发、产品结构的调整、企业核心能力的培养等公司重大发展问题上作出贡献。

第 2 章

屏蔽门功能及技术规格

2.1 屏蔽门系统概述

设置屏蔽门系统能降低车站的土建、装修及风、水、电的工程造价；能隔断区间隧道内热空气与车站内空调冷气之间的热交换，使车站成为一个独立的空调场所，以显著降低车站空调的运行能耗；能改善乘客的候车安全和防止环境污染，为乘客提供舒适、安全、美观的候车环境，从而成为真正意义上的节能、环保型环控模式。

屏蔽门系统由四大部分组成：门体、门机、电源和控制系统。其中控制系统由PSC(含接口部件)、PSL、PSA、DCU以及屏蔽门上方的声光报警装置、就地转换开关等构成。

屏蔽门系统的设计必须满足：

(1) 结构简单可靠，易于安装、调试、保养和维修；

(2) 系统的硬件和软件需充分遵循模块化和冗余设计的原则，充分考虑其可靠性、可维修性，适当考虑其可扩展性，并具备故障诊断、在线修改等功能；

(3) 屏蔽门系统质量稳定可靠，能确保运行安全；

(4) 屏蔽门的外形在保持美观的同时须与车站的整体环境相协调。

根据已有资料和设计、工程经验，提出屏蔽门工作情况的基本功能要求，详情请见本书附录附图1～附图11。

2.2 屏蔽门的工作情况

屏蔽门以下列条件为主要设计依据。

2.2.1　工作环境

屏蔽门的工作环境需满足以下几点。

(1) 环境温度：0～45℃；

(2) 相对湿度：≤95%；

(3) 屏蔽门设备房温度≤32℃，相对湿度≤85%；

(4) 运行能力：每周 7 d，每天连续运行 19 h，并能满足列车每 2 min 间隔运营的要求。

2.2.2　车辆原则

车辆原则如下。

(1) 列车编组：根据实际工程情况确定，如深圳地铁 6 节/列、香港地铁 9 节/列；

(2) 停车精度：根据列车停车精度确定；

(3) 车门数量：列车门一般为 5 樘门/节；

(4) 车门门距：列车长度一般为 4 560 mm；

(5) 车门净开宽度：根据实际工程要求确定；

(6) 车门净开高度：根据实际工程要求确定；

(7) 车门开启时间 1.5～2.0 s，关闭时间 2.0～2.5 s。

2.2.3　电源条件

按一类负荷供电，即采用两路独立的三相(380±38)V 交流电源，功率因素按 0.8计。

2.2.4　设计寿命原则

系统无故障使用次数大于等于 100 万次，实际使用寿命不小于 30 年。在正常使用和保养条件下，5 年内无须更换任何零部件。所有门体组合、顶盒、钢架结构等金属结构件和玻璃，在 30 年内无须大修。

2.2.5 负载条件

负载条件如下。

(1) 人群负载：1 500 N/m(FL + 1 100 mm)；

(2) 风压：±900 Pa；

(3) 冲击荷载：2 800 N(在 0.08 s 时间内)；

(4) 地震力：±0.1g；

(5) 承受以上负载门体无塑性变形，且弹性变形量不大于 10 mm。

2.2.6 屏蔽门外形

屏蔽门在任何情况下均不得侵入列车行驶动态包络线，以保证列车的行车安全，屏蔽门的外轮廓线(轨道侧)到线路中心线距离为 1 675 mm(允许正公差 5 mm，站台侧)。

2.2.7 屏蔽门的顶盒面板

屏蔽门的顶盒面板兼作车站的纵向导向指示牌和站台边缘的照明光带反射板，顶盒面板的颜色和导向指示牌必须满足建筑装修的要求，并与车站相一致。

2.2.8 屏蔽门的顶线、底线等

屏蔽门的顶线、底线等与站台板的设计坡度保持一致。

2.3 屏蔽门功能要求

屏蔽门控制系统应满足屏蔽门在正常和非正常状态下的安全、可靠运行，在紧急状态下能保证乘客安全疏散；屏蔽门控制系统应满足信号系统、机电设备监控系统的

接口要求。

在站台轨道区段无列车占用时和在任何故障情况下，要确保所有活动门处于闭锁状态，并且不会因元件、部件的失效导致任何一扇屏蔽门自动开启。接线器应为防水和耐腐蚀接线器。

屏蔽门的控制设备和电源设备放置在屏蔽门设备室的控制屏和电源屏内，对车站两侧屏蔽门分别进行监控。

2.3.1　运行模式

屏蔽门控制系统应满足正常运行、非正常运行和紧急运行三种运行模式。

1）正常运行模式（系统级控制）

系统级控制为正常运行模式，用于系统正常情况；列车到站并且停在允许的误差范围内时，屏蔽门接收 ATC 指令自动控制或经列车司机确认后控制活动门的开/关。

（1）开门操作

当列车停站，信号系统确认列车停止位置在允许的范围内时，发出开门命令，信号系统通过屏蔽门主控机（PSC）发出开门命令，DCU 接收到开门命令后，执行解锁、开门等顺序操作。

（2）关门操作

列车离站时，信号系统通过 PSC 向 DCU 发出关门命令。DCU 接收到关门命令后，执行关门、闭锁等顺序操作。在所有屏蔽门关闭后，PSC 向信号系统发出所有屏蔽门关闭并锁闭的信号，允许列车离站。

2）非正常运行模式（站台级控制）

当系统级控制不能正常运行时，如列车停位不正确、信号系统故障、信号系统与屏蔽门系统通信中断、屏蔽门系统故障等非正常情况，司机可通过站台端头控制盒（PSL）进行屏蔽门的开门、关门操作，实现屏蔽门的站台级操作。

（1）开门操作

列车司机先打开 PSL 上的钥匙开关，然后操作 PSL 的开门按钮，发出开门命令，

DCU接收到开门命令后，执行解锁、开门等顺序操作。

(2) 关门操作

由司机操作PSL的关门按钮，发出关门命令，DCU接收到关门命令后，执行关门、闭锁等顺序操作。在所有屏蔽门关闭后，PSL向信号系统发出所有屏蔽门关闭并锁闭的信号，允许列车离站。

(3) 屏蔽门关闭后无法发车

当所有屏蔽门关闭，但信号系统仍然不能确认而不能发车时，由列车司机先打开PSL上的钥匙开关，然后操作PSL上的PSD互锁解除钥匙开关，发出强制发车信号，允许列车离站。

3) 紧急运行模式(手动操作)

当正常运行模式(系统级控制)、非正常运行模式(站台级控制)均不能操作屏蔽门时，在站台侧，由站台工作人员用钥匙打开活动门；在轨道侧，由司机通过车内广播通知乘客使用PSD上的手动解锁把手自行开启屏蔽门。

在紧急运行模式下，如隧道内或者站台发生火灾等情况下，可由车站值班员操作车控室内PSA控制按钮或经授权后通过电话和广播通知站台值班员操作PSL对活动门进行开/关控制。

2.3.2 控制方式

根据以上3种运行模式，系统需设7种控制方式，其中5种为电动控制，2种为手动控制。

(1) 自动控制或列车司机室控制(正常运行模式)；

(2) 站台前端头控制(PSL)(非正常和紧急运行模式)；

(3) 单樘门就地控制(维修)；

(4) 车站综合控制室控制(PSA)(紧急运行模式)；

(5) 屏蔽门设备室控制(PSC)(调试)；

(6) 活动门手动操作(非正常和紧急运行模式)；

(7) 端头门的手动操作。

以上 7 种控制方式应具有优先级处理，手动控制优先于电动控制，站台端头控制优先于自动控制或列车司机室控制。

2.3.3　其他

屏蔽门控制系统应满足具备抗电磁干扰、抗电磁波辐射、抗电流快速瞬变等能力。

PSD 应与车站整体环境协调一致，与车辆、信号、通信、EMCS 等专业匹配，并能满足 2.3.1 小节所述三种模式要求。

满足设备寿命要求，且易于安装、调试；日常保养和维修在站台侧操作，技术经济指标合理。

2.4　屏蔽门主要技术参数

2.4.1　安全指标

从安全角度上屏蔽门要达到以下主要技术指标：

(1) 活动门关闭时，能够探测到的障碍物的最小厚度为 10 mm。

(2) 阻止活动门关闭的力≤150 N。

(3) 活动门解锁后的人工开启力≤150 N。

(4) 每扇活动门运动的最大动能宜小于等于 10 J。

(5) 关门时，每扇活动门最后 100 mm 行程范围内的动能≤1 J。

(6) 屏蔽门不作为防火墙考虑，但绝缘材料、密封材料和所有的电线电缆均应低烟、无毒、阻燃，且不含有放射性成分。

(7) 屏蔽门门体与站台土建结构采取绝缘措施，在 500 V 直流试验电压下，门体与大地间的绝缘电阻>0.5 MΩ。

(8) MSD 应与屏蔽门门体和站台土建结构绝缘,在 500 V 直流试验电压下的绝缘电阻>0.5 MΩ。

(9) 屏蔽门系统的接地方式:TN-S 接地方式。

(10) 设备室内的控制系统设备,应单独敷设接地线,接至车站综合接地体。屏蔽门上方顶盒内控制设备与屏蔽门门体连接,即与钢轨等电位。钢轨电平由供电系统放电柜限制其电压不大于 90 V。

(11) 屏蔽门系统应考虑在接触网断线后与门体接触对系统设备和人员带来的危害,并采取相应的安全性措施。

2.4.2 开关敏捷指标

从开关敏捷角度上屏蔽门要达到以下主要技术指标:

(1) 活动门的开启速度为 0.10~0.75 m/s,关闭速度为 0.10~0.55 m/s,全程无级可调。

(2) 活动门的开启时间为 2.0~2.5 s,关闭时间为 2.5~3.0 s。实际开/关门时间和设计给定时间之差≤0.1 s。

(3) 当屏蔽门系统收到开/关屏蔽门指令后,屏蔽门响应时间≤0.15 s。一侧站台活动门的启闭,应基本保持同步,启闭时间差控制在 0.3 s 以内。活动门开闭应与车门开闭基本同步,同时应满足客流导向原则(要求做到既不能伤害乘客又不能影响列车的正常运营)。

2.4.3 工程技术指标

屏蔽门要达到以下最基本的工程技术指标:

(1) 屏蔽门外侧与线路中心线在站台全长上的安装误差不大于 5 mm(即正公差 5 mm)。

(2) 屏蔽门能够承受的土建结构最大变形量为 35 mm(垂直方向)。

(3) 更换任一樘屏蔽门的作业时间要求不大于 2 h。

(4) 屏蔽门钢架结构与门体的总变形量不得大于 10 mm，门体结构即使在外力的综合作用下，也不得侵入列车的动态行驶包络线。

(5) 安装时，地坎踏面在站台全长上的平直度误差不大于 5 mm。

(6) 屏蔽门应保证一定的气密性，以防止气体的过度泄漏，泄漏量指标为：固定门不大于 2 $m^3/(h \cdot m^2)$、活动门不大于 8 $m^3/(h \cdot m^2)$。

2.4.4　屏蔽门的荷载

所有固定物与节点的设计，包括荷载的大小、种类、位置，应确保固定物能承受所有的静载、冲击、设计动载，且能容纳所有变形与热运动，不得破坏或超过结构元素、结构固定的承受力。

一般来说，门体采用框架和钢化安全玻璃，要求能够承受如下荷载。

(1) 人群荷载：1 500 N/m(距底 1.1 m 高处)。

(2) 风压：±900 Pa。

(3) 冲击荷载：在 0.08 s 内 2 800 N，挠度<10 mm。

(4) 地震力：$\pm 0.07g$。

部分案例如下。

1. 深圳地铁一期工程站台屏蔽门系统

以深圳地铁一期工程站台屏蔽门系统用户需求为例，屏蔽门荷载如下。

(1) 负载条件：人群荷载 1 500 N/m(距底 1.1 m 高处)。

(2) 风压：±900 Pa。

(3) 地震力：$\pm 0.1g$。

2. 广州地铁一期工程

以广州地铁一期工程投标书为例，屏蔽门荷载如下。

(1) 静荷载：1 500 N/m^2 隧道通风系统。

(2) 疲劳应力：±1 000 N/m^2(每年 50 万次)列车活塞风压。

(3) 乘客挤压应力：500 N/m 抗载(结构无屈服变形)。

(4) 乘客冲击力：1 500 N(作用在 1.125 m 高处，作用面积 100 mm×100 mm，作用时间 0.2 s，结构无永久变形)。

3. 广州地铁 2 号线

以广州地铁 2 号线为例，屏蔽门荷载如下。

(1) 静荷载：1 500 N/m²。

(2) 疲劳应力：±1 000 N/m²(每年 50 万次)。

(3) 乘客挤压应力：500 N/m 抗载(结构无屈服变形)。

(4) 乘客挤压应力：1 500 N/m(距底 1.125 m 高处结构无损坏)。

(5) 地震水平：7 级、水平加速度 0.25g，垂直加速度 0.125g。

4. 西屋公司

以西屋公司屏蔽门技术为例，屏蔽门荷载如下。

(1) 静荷载：1 500 N/m²，由空调系统造成。

(2) 疲劳荷载：±500 N/m²，每年 50 万次，由列车活塞效应造成。

(3) 人群压力 1：1 000 N/m 标准荷载(无弯曲)。

(4) 人群压力 2：1 500 N/m 临界拉力负载，无断裂(无故障)。

其中，人群压力 1 和人群压力 2 单独起作用。

① 人群压力荷载——1 000 N 每延米顶部荷载，不产生结构上的破坏(即沉陷)。

② 线性荷载——1 500 N 每延米，用于高 1.0 m 处，不产生结构上的断裂。

③ 静荷载——1 500 N/m²。

以上三项荷载测试，设备测试用于保证屏蔽门变形幅度在 10 mm 之内。理论计算是通过有限单元法进行的。

5. 香港第 654 号合同

以香港第 654 号合同站台屏蔽门特别说明为例，屏蔽门荷载如下。

(1) 人群荷载：+3 kN/m　1.125 m。

(2) 列车产生压力荷载：−900 N/m²～+1.55 kN/m²。

(3) 地震荷载：±0.07g。

(4) 风载：±1.2 kN/m^2(只针对地面上的状况)。

(5) 冲击荷载：140 N · s 集中动载，也就是幅度±2.8 kN，时间为 0.08 s 的半正弦风；或者是在 0.2 s 内持续上升到 1.4 kN，然后直线下降为 0 的两种最坏现象。冲击荷载使用面积是 100 mm^2。

以上符号中，"+"表示从站台到列车处，"−"表示从列车到站台处。多方面荷载情况如表 2-1 所列。

表 2-1　多方面荷载情况

荷载	地面以下		地面之上	
	情况 1	情况 2	情况 3	情况 4
人群	*	/	*	/
冲击	/	*	/	*
列车压力(1)	*	*	/	/
风	/	/	*	*
地震	*	*	*	*

注：(1) 列车压力状况应考虑，正面与负面最高荷载两个方面。
(2) * 表示在分析中应考虑的附加荷载。

第 3 章

屏蔽门制式环控系统

目前世界上地下铁道环境控制系统有3种运行模式。屏蔽门沿着整个站台边缘将车站的站台区域与列车行车区域分隔开来，是屏蔽门制式环控系统气流组织的一个不可或缺的物理屏障，也是事故气流导向的重要组成部分。本章将分析该环控模式特性，并与其他地铁环控模式进行经济性比较。

3.1 地下铁道环境控制特点

地铁车站和区间隧道是一个大型狭长与外界联系面较小的地下空间，仅有车站的出入口、通风亭及隧道口与大气相通。地铁投入运营后，密集的乘客、高速的列车和各种机电设备的运行，以及连续的照明都会产生很大的热量，不及时排出就会导致地铁内温度不断上升。

地铁内各种设备及列车运行引起的噪声、有害气体、列车活塞效应对车站空气环境的扰动，以及隧道内因潮湿所造成的霉烂气味等都会使地下环境不断恶化。当人流密集、空间狭小、密闭性高的地铁发生事故、火灾时，人员的安全疏散和烟气的排出非常重要。

因此，必须对地铁内的温度、湿度、空气流速等进行控制，以保证地铁正常运营，控制洞体升温，为乘客提供适宜的环境，并在紧急情况下保证乘客的安全。

3.2 地下铁道环控能耗

环控系统仅相当于整个地铁总造价的8%～10%。在运行过程中，环控系统的用电量却占了相当的比重。空调系统的用电量约占整个地铁耗电量的40%，对于广州等炎热地区，其能耗甚至占地铁总能耗的50%。运行能耗居高不下，造成地铁运营成本高，盈利困难。

在环控系统中采用节能装置对地铁的经济运行将具有十分重要的意义。除正确选择、配套空调系统，降低机电设备能耗外，还应该积极采用新技术、新设备来降低环控能耗，从而降低运营成本。

3.3　地下铁道环控制式

环控系统主要由车站空调通风系统和隧道通风系统两部分组成。车站空调通风系统包括公共区制冷空调系统(俗称大系统)、设备及管理用房空调通风系统(简称小系统)以及制冷空调循环水系统(简称水系统)。大系统空调通风设备对称布置在站厅层两端的空调通风机房，承担站厅层和站台层公共区一半的空调通风负荷。隧道通风系统包括区间隧道通风系统(TVF 系统)和车站区间排热系统(UPE/OTE 系统)。

目前世界各地铁环控系统按运行方式基本上可分为以下三种环控制式。

1) 屏蔽门模式环控系统

在站台设置屏蔽门，将车站与区间分隔开来，利用屏蔽门分隔隧道的热空气与车站的冷空气。车站两端设置通风井，用以完成隧道内的通风。

2) 闭式环控系统

只有车站两端设置通风井，而车站内又有空气调节，故正常运行时所有通风井都关闭，以防止外界空气从风井流入隧道。

3) 开式环控系统

站与站之间设置通风井，车站内有空气调节。正常运行时，所有通风井全部开启，让外界空气和隧道内空气交换。按通风井设置的数量，开式环控系统又分为双风井和三风井两种。

双风井：其设置形式与闭式环控系统完全相似，不同点在于风井的风门在正常情况下是开启的，它允许外界空气进入隧道，其风门仅仅用于堵塞或事故时上下隧道通风的切换。

三风井：类似于双风井开式环控系统，不同的是在车站与车站之间(约在区间隧道中点附近)多设置一个风井。该中间风井的机房位于地面层。

闭式系统在很长一段时间内被采用,其通风效果也较开式系统好。从 20 世纪 80 年代开始出现屏蔽门后,新建地铁和旧地铁改造中的环境控制制式比较倾向于采用屏蔽门。本章将分析该环控模式的先进性、经济性。

3.4 屏蔽门制式

环境控制系统由车站公共区通风空调系统(空调冷负荷 q_1)、车站管理房和设备用房空调通风系统(空调冷负荷 q_2)、隧道通风与事故通风系统(空调冷负荷 q_3)、站台排热通风系统(空调冷负荷 q_4)四部分组成。系统总冷负荷为 q:

$$q = q_1 + q_2 + q_3 + q_4$$

1. 车站公共区通风空调系统

图 3-1 为车站风管截面平面布置图,图 3-2、图 3-3 分别为站厅、站台风管平面布置图。屏蔽门可以限制由于列车在区间隧道行驶产生的活塞风带入车站,即限制

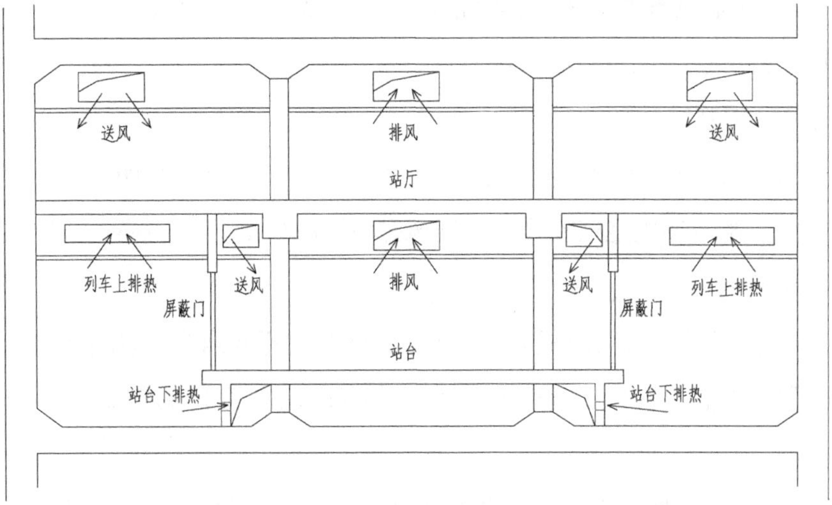

图 3-1 屏蔽门制式环控系统车站公共区风管布置示意图

了活塞风将热量带入车站，同时阻止列车排热进入站台。在计算屏蔽门式环控系统的 q_1 时，只需要考虑高峰小时乘客的发热量、照明设备的发热量以及最小新风的热焓值。

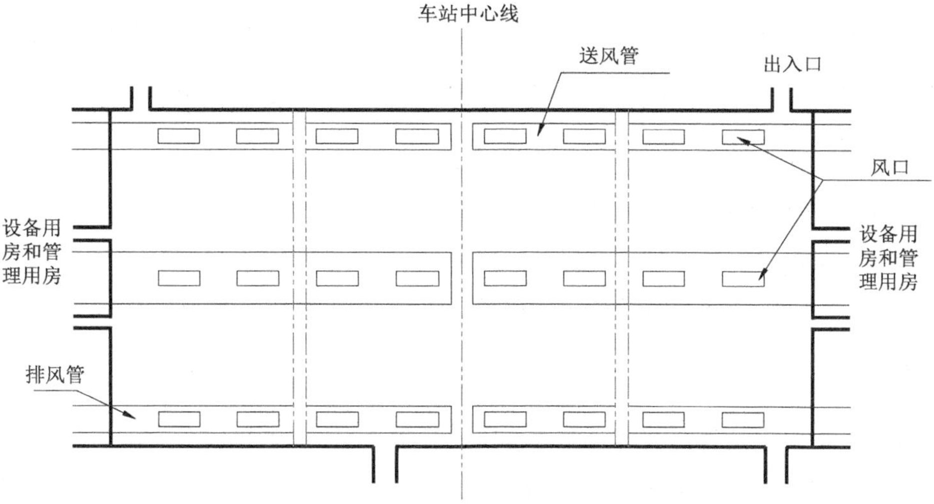

图 3-2　站厅公共区风管布置示意图

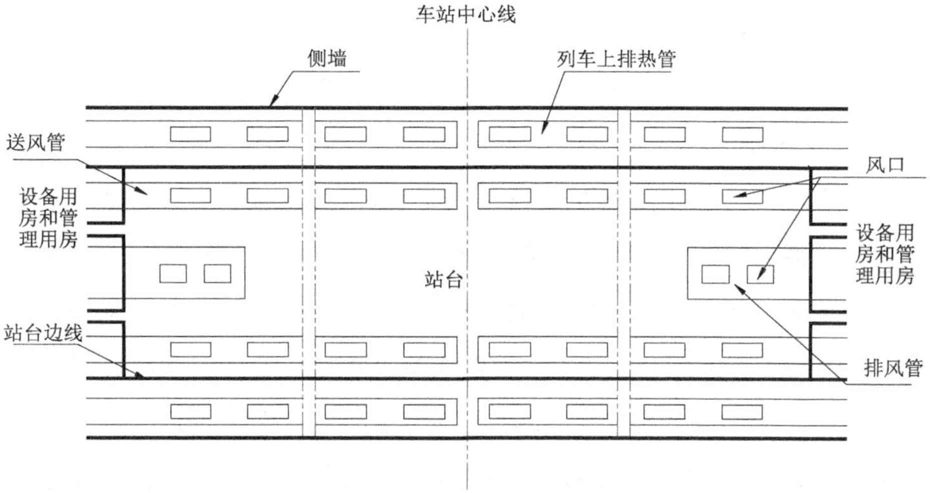

图 3-3　站台公共区风管布置示意

屏蔽门系统的最小新风量根据空调季节地下建筑每人每小时对新风的最小要求计算,计算数据为 12.7 m^3/(h・人),且不得小于循环风量的 10%。在其他季节新风量以 30 m^3/(h・人)计算,总风量应满足 5 次/h 的换气次数。

2. 车站管理房和设备用房空调通风系统

按使用功能划分空调通风系统和一般通风系统两类,屏蔽门制式的站管理房和设备用房空调通风与开式、闭式环控系统的相同。q_2 的计算也与开式、闭式环控系统的一样,本书不作介绍。

3. 隧道通风与事故通风系统

在装设屏蔽门的条件下,隧道风井的作用为:减小列车停站时的压力作用,即泄压作用,从而减少隧道热空气进入开放式的站台;减小屏蔽门上的空气压力;减小隧道内的空气阻力,有利于降低列车的能耗;在事故情况下,成为机械通风的必要路径。风机运转时要求保证隧道的空气流速大于 2.5 m/s,为此每座车站两端均设置两台风量为 60 m^3/s 的事故风机,两台风机互为备用,其全压经阻力计算,一般为 1 000 Pa 左右。必要时两台风机还可以双机并联运行,加大隧道内的纵向流速,达到加速排烟与降温作用。屏蔽门制式的 q_3 显然要比开式、闭式环控系统的高。

隧道通风包括活塞通风、事故通风、夜间冷却通风。

(1) 活塞通风:列车在隧道行驶,有部分空气被列车推出隧道出口之外,或者经风井流出。

(2) 事故通风:列车由于故障或着火而滞留在区间隧道时进行的机械通风,包括堵塞运行时的通风和火灾发生时的通风(图 3-4)。为保证列车空调正常工作,使列车空调冷凝器进口温度小于 40℃,其周围的平均温度必须小于 35℃。须将隧道内的热量排出到地面。1998 年 4 月,美国 DELEUW CAHER 公司按照 SES 程序计算得出:在屏蔽门制式,列车 8 节编组,行车间隔 120 s,晚高峰小时发生堵塞的情况下,即使用一台 60 m^3/s 的风机向区间隧道送风,另一车站的 60 m^3/s 风机从隧道拔风,在隧道曲度较大的区间段,如上海市黄陂南路—人民广场区段中,列车周围(隧道)的平均温度将超出 35℃,甚至达到 39℃～42℃,这时列车空调压缩机会有部分卸载。解决办法：可采用事故风机双机并联的运行方式，加强区间通风降温效果。

(3) 夜间冷却通风：屏蔽门制式，列车 8 节编组，行车间隔 120 s，晚高峰小时区间隧道内瞬时平均温度为 38℃，高于 35℃标准，为此必须加强隧道的机械通风(图 3-5)。夜间冷却通风就是在列车夜间停运之后，启动车站端头井内的事故风机，对隧道进行冷却通风。相邻车站的事故风机送风、排风错开运行并每天轮换进风、排风，构成纵向通风的形式。经过计算采用夜间冷却通风之后，隧道的最高平均温度可小于 35℃，从而保证空调列车的正常运行。

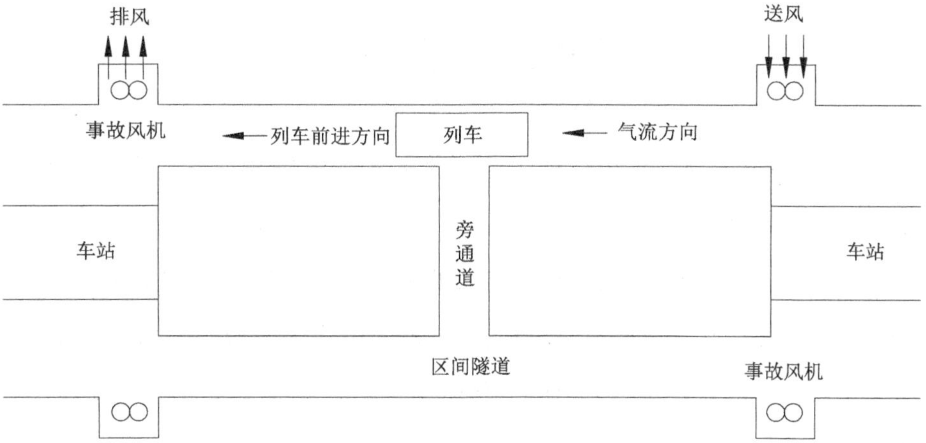

图 3-4　列车堵塞时隧道通风示意图

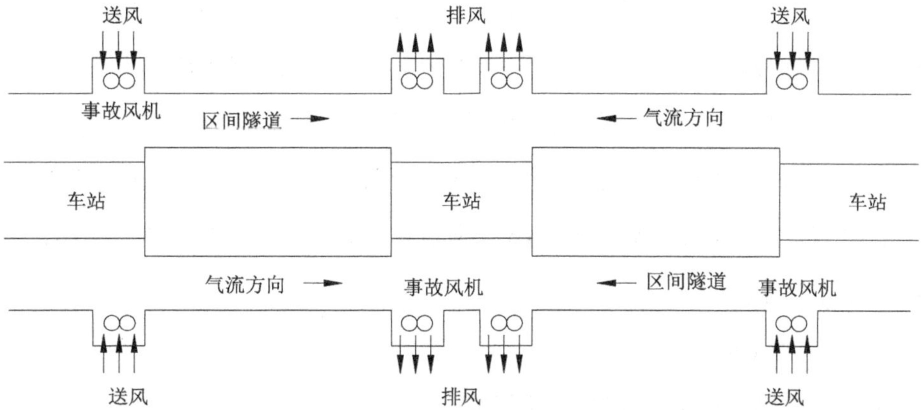

图 3-5　夜间冷却隧道通风示意图

4. 站台排热通风系统

包括站台上排热和站台下排热，通过风机的抽吸作用将隧道风井中的外界空气引入隧道，并从站台两侧车道处排出这部分空气。列车停站时散发大量热量，随着站台排热系统的抽吸、传送，这些热量被及时从排风井排出至地面。屏蔽门制式系统，站台排热系统风机总风量 80 m^3/s，各车站的风机压头按最不利环路的沿程阻力和局部阻力计算，其结果为 600～1 000 Pa。该风机在站台层发生火灾时排烟。

3.5 地铁环控系统负荷特点

地铁属于深埋地下建筑，可以认为不受太阳辐射的影响。室内人员、灯光、设备等的发热量是影响站台热状况的主要因素。对于地铁车站，灯光和设备的发热量可以认为是个定值；对于地铁采用屏蔽门方案的地铁站，列车运行产生的活塞风给车站带来的额外通风已没有了，列车发热量对车站的影响也大大减小。因此，车站负荷的变化主要是客流量的以及室外天气的变化所造成的。乘客流量的变化引起发热量变化及相应所需的新风量变化。

地铁列车与大量客流量是影响地铁车站与隧道空间热环境的主要因素。第一热源为列车发热量(其中包括列车启动、运行、加速、制动等发热)，第二热源为地铁列车空调设备冷凝器发热量，第三热源为乘客人体散热量、车站照明灯具、广告牌和检票机等设备热量。第一和第二热源的发热量占总发热量的 2/3 以上，主要发生在区间隧道内。由于屏蔽门阻碍车站冷气进入隧道区间，在同等条件下屏蔽门隧道区间的温度比闭式环控系统高，甚至有可能超过规范要求，必须注意加强隧道通风，尤其是在转弯、大坡度的地方。

车站负荷大致为：

(1) 列车散热及车站本身发热占 74%；

(2) 照明、广告灯箱的灯光负荷约占 6%；

(3) 动力负荷如扶梯、票机等约占5%；

(4) 乘客散热约占15%。

3.6　屏蔽门制式冷负荷模拟计算

屏蔽门制式冷负荷的计算相当复杂，无法用手工准确计算，必须采用一定的模拟计算手段，才能较准确地预测屏蔽门系统车站空调冷负荷。国外公司在解决屏蔽门渗漏风量的问题上采用了SES(Subway Environmental Simulation)和CFD(Computational Fluid Dynamics，流体分析计算)两个软件进行模拟计算。

SES软件是地铁隧道通风系统应用最广泛的模拟计算软件，它可以正确地模拟列车在运行过程中隧道通风系统各处的有关参数(温度、湿度、流量和压力变化等)。SES软件是一维模型，不能给出隧道内某个截面上的温度分布场，但它可以提供截面的平均温度和流量，对于工程运行已经足够安全和准确。

CFD软件是专门用于研究三维流体运动的专业工具，它广泛用于风机等流体机械的设计制造，被用于地铁系统的研究较少。由于软件采用三维的计算模型，可以准确地模拟空气在三维空间内的速度场、温度场等，因此较SES模拟更加准确。

列车正常停在车站站台且屏蔽门打开时，在列车尾部隧道内的热空气通过屏蔽门和列车间的缝隙及屏蔽门洞进入车站；在列车的头部站台的冷风通过相同路径进入隧道内。对车站来说，在列车尾部隧道内热空气进入车站将会增加车站空调的余热，因而增加了车站的空调冷负荷；而在列车头部车站的空调冷风进入隧道内，可以作为空调区域的局部排风，车站的新风量需要考虑该部分的漏风，因此增加了新风负荷，同样会增加车站的空调冷负荷。在列车停站时间内，屏蔽门一直保持开启状态，此时车站隧道的热风可能通过屏蔽门进入车站或者车站的空调冷风穿越屏蔽门而进入车站隧道，造成车站空调冷负荷的增加。$q_f=Q_f(I_o-I_i)$，Q_f即渗漏气量，是计算渗漏冷量的关键参数。

项毅在论文《站台屏蔽门渗漏风量的模拟分析》中利用 SES 和 CFD 模拟计算出 Q_f，指出因车站型式、行车组织、风井位置及风井长度和面积、车站隧道气流组织方式和通风等因素的不同，其渗漏风量模拟计算存在较大的差异。

3.7 屏蔽门节能效果分析

3.7.1 模拟计算比较

1985 年上海地铁公司委托香港柏诚公司，采用国际通用的 SES 计算程序，对地铁 1 号线环控系统在以下假设条件下进行屏蔽门环控节能计算与比较。假设条件分为以下几个方面。

1）行车方面

列车高峰发生在下午 5:00—6:00，发车间距为 2 min，停站时间为 30 s。

2）车辆方面

列车最高行驶速度为 80 km/h；列车最大加(减)速度为 1.0 m/s^2；列车紧急制动减速度为 1.3 m/s^2；8 节编组列车长约 184 m(6 节动车，2 节拖车)；联挂方式为：拖车 + 动车 + 动车 + 动车 + 动车 + 拖车；列车正前方投影面积为 9.8 m^2；动车空载重量为 42.5 t，拖车 53 t，每名乘客平均重量为 60 kg；列车装有空调机组，每节车 2 台，每台空调制冷量为 7 000 W，客室设计温度为 27 ℃；每列车的平均乘客数在高峰小时内估算为 2 000 人。

3）隧道方面

隧道直径 5 500 mm，局部有效内径 5 300 mm，管片厚度 350 mm；混凝土的导热系数 $k = 1.209$ W/(m · ℃)，热扩散率 $\alpha = 2.323 \times 10^{-3}$ m^2/h；土壤的导热系数 $k = 1.628$ W/(m · ℃)，热扩散率 $\alpha = 1.8 \times 10^{-3}$ m^2/h；温度为 17 ℃。

除了以上条件外，上海地铁公司又提供了以下资料用以计算、分析、比较三种制式下的环控系统：

(1) 上海市 1982—1984 年的气象温湿度及波动情况；

(2) 地铁 1 号线路平面及纵向断面图；

(3) 典型车站平面布置图及典型车站端面布置图；

(4) 列车在典型车站间的行驶情况；

(5) 车站机电设备的容量等。

列车再生制动反馈效率为 45%时，各制式情况下地铁 1 号线典型车站环控系统冷负荷如表 3-1 所示，屏蔽门式系统冷负荷最小，即能耗最小；闭式系统其次。

表 3-1　典型地铁车站各环控系统冷负荷(kW)

屏蔽门式系统	闭式系统	开式系统双井	开式系统三井
802	2 498	2 801	3 544

闭式系统与屏蔽门式系统在列车再生制动反馈效率为 45%情况下的成本比较如表 3-2 所示。

表 3-2　典型车站两环控系统成本(百万元)比较

	环控设备成本	屏蔽门费用	列车附加成本	更新成本	运营成本
屏蔽门式系统	78.359	32.741	3.774	3.122	14.2
闭式系统	108.098	0	3.774	3.041	20.1

按下列公式进行经济比较：

$$|R| = \frac{\Delta IC}{-\Delta OC + \Delta SF}$$

式中：IC ——系统投资成本；

OC ——系统运营成本；

SF ——系统更新成本；

R ——投资还本期。

代入数据如下：$\Delta IC = 78.359 + 32.741 + 3.774 - (108.098 + 3.774) = 3.002$

$\Delta OC = 14.2 - 20.1 = -5.9$；$\Delta SF = 3.122 - 3.041 = 0.081$

$$|R|=\frac{\Delta IC}{-\Delta OC+\Delta SF}=\frac{3.002}{5.9+0.081}\approx 0.5(\text{年})$$

一般 $|R|$ 小于 5 年,可以认为方案是经济的。即屏蔽门式系统经济性优于闭式系统。

3.7.2 国内研究

清华同方股份有限公司自 1978 年开始进行“地铁环境控制系统”的研究工作,利用地铁热环境模拟分析软件包 STESS 对站台屏蔽门方案进行技术经济分析,分析了华东和华北地区设置和不设置屏蔽门条件下的热环境、通风和空调负荷、建设和运行费用,得出以下结论:

(1) 在地铁系统中采用站台屏蔽门是降低站台空调能耗、节省运行费的有效手段;

(2) 由于采用屏蔽门可以减少空调设备与环控机房土建投资,所以总投资并非很高,采用国产屏蔽门还可以降低初投资;

(3) 采用屏蔽门的地铁隧道内气温可能超出规范要求,因此是否采用屏蔽门,必须经过仔细的模拟分析才能决定;

(4) 影响有屏蔽门的地铁隧道内气温的最主要因素是客流量与室外气象条件,在决定使用屏蔽门之前,必须对远期客流量的预测进行认真的研究。

1994 年清华同方股份有限公司利用计算机模拟仿真技术(STESS)对广州地铁的环控方案进行了预测比较,认定采用屏蔽门的方案最佳。2007 年边志美在《地铁屏蔽门、闭式和开式系统环控能耗分析研究》中,针对目前的三种地铁环控系统——开式系统、闭式系统和屏蔽门系统的负荷特性和环控能耗进行了探讨,通过分析地铁系统热源的类型,确定各个热源的产生方式,建立了计算热量的数学模型。以上海地铁为例,通过调研和测试得到地铁运行线路车站环境控制系统的负荷特性、能耗状况、影响地铁负荷的主要因素,并通过现场测试数据对车站热源的不确定因素进行模拟分析,得出研究对象与其主要影响因素的变化趋势,为地铁站台环境控制系统负荷的计算和模拟提供了一定的理论基础。模拟计算表明屏蔽门系统的冷负荷明显低于开式和闭式系统,其峰值负荷仅为开式和闭式系统的 34%左右。在开式和闭式系统中,峰值负荷要远大于非高峰时段的冷负荷,而屏蔽门式系统则没有显著的落差,所以屏蔽门式系统能够有效地降低空调系统的峰值冷负荷和平均冷负荷,有效地减小了环控空调系统的能耗。

3.7.3　方案预测

表 3-2 的成本及费用是以香港物价指数计算出来的,以表 3-1、中国内地物价数据为基础,对于深圳或广州地铁的一个车站进行预测。在表 3-1 中,屏蔽门制式冷负荷为 802 kW,闭式冷负荷为 2 498 kW,设空调冷负荷电耗系数为 3,即耗电 1 kW,产生 3 kW 冷负荷,设空调系统 1 天按 18 h、1 年按 200 天运行,计算两种环控模式的耗电量,耗电比较如表 3-3 所列。

表 3-3　两种环控模式的耗电比较

	冷负荷/kW	耗电功率/kW	1 天耗电/kW · h	1 年耗电/kW · h
屏蔽门	802	267	4 806	961 200
闭式	2 498	833	14 994	2 998 800
两者相差	1 696	566	10 188	2 037 600

屏蔽门车站环控系统冷负荷仅为闭式的 1/3,比闭式省电约 500 kW。每天按 18 h计算,则屏蔽门比闭式省电 10 188 kW · h;一年按 200 天使用空调计算,则屏蔽门比闭式省电 200 万 kW · h;1 kW · h 电量按 0.5 元计算,则每年可以节省 100 万元。

国内自主开发的屏蔽门系统国产化可达 70%以上,每个典型车站费用约 1 000 万元。按此保守计算,仅仅凭省电 10 年完全可以收回成本。

屏蔽门减少了制冷空调设备的装机容量(约为闭式系统的 30%～40%),节省环控机房面积(约为闭式系统的一半),可缩短车站长度约 40～50 m。一个典型车站闭式系统制冷空调设备费用大约为 450 万元,如果采用屏蔽门系统则可以节省 150 万元。

表 3-4 为广州地铁 1 号线环控总面积(包括主体结构、安装风机、消音器所占的活塞风道面积),该线路为闭式系统,可以与深圳地铁 1 号线屏蔽门系统(表 3-5)做比较。

表 3-4　广州地铁 1 号线各车站环控总面积(m^2)

花地湾	芳村	黄沙	长寿路	中山七路	西门口	公园前	农讲所
1 889	1 920	1 963	2 096	1 885	1 916	2 705	2 021

烈士陵园	东山口	杨箕村	体育西路	体育中心	广州东站
1 978	1 967	1 972	2 006	2 188	2 181

表 3-5　深圳地铁 1 号线各车站环控总面积(m^2)

罗湖	国贸	老街	大剧院	科学馆	天虹	岗夏	金田(1)
1 488	1 611	1 026	1 600	1 612	1 649	1 622	2 414

金田(2)	益田	香蜜湖	车公庙	竹子林	会展中心	福民	水晶岛	文化中心
1 185	1 612	1 741	1 891	1 651	2 136	1 200	1 561	1 651

据统计,广州地铁 1 号线环控总面积平均值为 2 050 m^2,深圳地铁 1 号线环控总面积平均值为 1 650 m^2。屏蔽门系统较闭式系统每站可以节省面积 400 m^2。若地下车站造价按 0.8 万元/m^2 计算,则每个车站可以节约土建费用 320 万元($400\times0.8=320$)。如果考虑制冷空调设备、环控总面积,一个典型车站屏蔽门比闭式系统投资额高 530 万元($1\,000-150-320=530$),按每年省电 200 万 kW·h 计算,每 1 kW·h 电计费 0.5 元,5 年就可以收回成本。

3.8　结　　语

屏蔽门的节能效果受季节、车站型式、行车组织、风井位置及风井长度和面积、车站隧道气流组织方式和通风等因素影响,国内外目前还没有对屏蔽门环境控制模式进行深入细致的研究。必须深入分析这些因素对屏蔽门制式热量传递的影响,合理简化边界条件,得出比较准确的热量传递数学模型,才能进行相关的模拟试验,为设计屏蔽门制式环控系统提供依据,为推广应用到大型公共场所奠定基础。

第 4 章

屏蔽门控制系统

地铁屏蔽门是地铁环控系统的重要部件，其活动门数量多，运营中平均每 2 min 开关门一次，其控制系统必须十分安全可靠。目前仅有几家国外公司拥有该项技术，如果引进整套国外屏蔽门控制系统，费用极其昂贵，且阻碍实现国产化。

地铁屏蔽门是一个复杂的分布参数控制系统，它集建筑、机械、电子和控制等科学于一体，其信息传递速率、同步性、系统可靠性、电磁兼容等要求十分严格。本章在经过屏蔽门样品研制之后，参照国外屏蔽门工程实例，在结合国内研究的基础上，较深入地研究屏蔽门的控制原理，提出在较短的时间内实现屏蔽门控制系统国产化的方案。

4.1 屏蔽门运行模式

4.1.1 模式概述

地铁屏蔽门设计成三种运行模式，按优先级别由低到高依次排列为：正常运行模式、非正常运行模式和紧急运行模式，以便达到屏蔽门系统运行与安全的要求。屏蔽门运行流程如图 4-1 所示。

4.1.2 正常运行模式

在系统正常运行时，列车到站并且停止位置在允许的误差范围内，屏蔽门接收信号系统指令自动或经列车司机确认后控制活动门的开/关。

1. 开门操作

列车到站时，信号系统确认列车的停止位置在允许的范围内，信号系统发出“列车占用轨道”的持续信息，列车员在司机室内按下开门按钮，信号系统发出开门命令，该命令通过屏蔽门主控机传给门控器，门控器接收到开门命令后，按顺序执行解锁、开门等操作，此时安全回路打开，主控机停止发送“关闭锁”状态信息给信号系统，顶

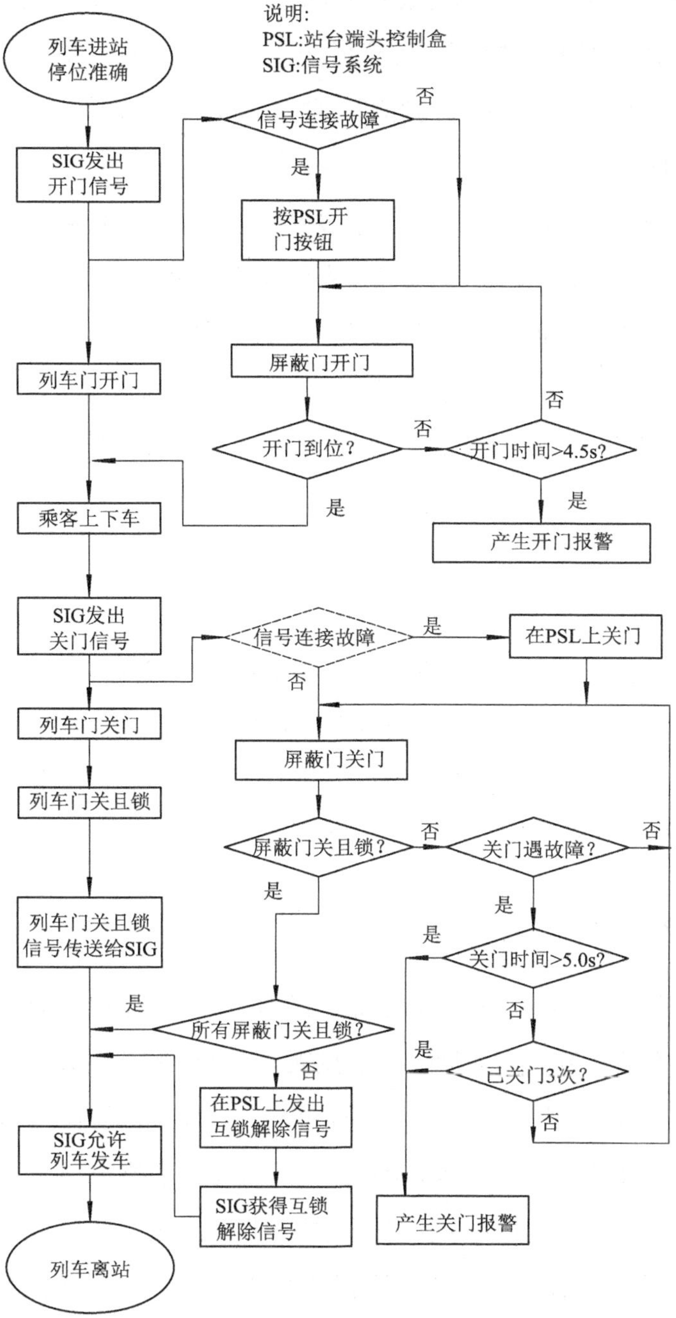

图 4-1　地铁屏蔽门运行流程

盒上的指示灯及门顶盒内的蜂鸣器做相应的动作。在开门过程中，顶盒上的指示灯闪烁，操作指示盘、主控机上“所有屏蔽门全开”状态指示灯亮，端头控制盒（PSL）上“门关且锁”状态指示灯灭。当门开到位后，顶盒上指示灯常亮。

2. 关门操作

列车需要离开站台时，列车员在司机室启动关门命令，信号系统通过主控机向门控器发出关门命令。门控器接收到关门命令后，按顺序执行关门、闭锁等操作。在所有屏蔽门关闭且锁定后，面板上的指示灯熄灭，并且主控机向信号系统发出所有屏蔽门关闭并锁定的状态信息，允许列车离站。在关门过程中，顶盒上的指示灯闪烁，在所有屏蔽门关闭且锁定后，顶盒上指示灯和操作指示盘、主控机上“所有屏蔽门全开”状态指示灯灭，主控机及站台端头控制盒面板上的“门关且锁”状态指示灯点亮。

3. 障碍物探测

屏蔽门在关闭的过程中探测到障碍物时，活动门停止关闭并且重新打开，然后重新关闭。活动门连续进行 3 次（次数可以调整）关闭与重开循环，如障碍物仍旧没有消除，活动门将完全打开并保持静止，发出报警，等待站台工作人员或乘客消除障碍物。障碍物消除后，手动关闭且锁定活动门。

4.1.3 非正常运行模式

当系统出现紧急情况时，如列车停位不正确，或者在列车非运营期间进行测试时，通过设置在车站控制室内的操作指示盘来实现紧急操作的功能（不经过信号系统），授权的站台工作人员用专用的钥匙开启车站控制室内的操作指示盘上的钥匙开关，并操作开门/关门按钮。该种操作模式称作车站级紧急操作。

通过对 PSL 的操作，同样可以实现紧急操作模式。只有在车站控制室内的操作指示盘上实现了紧急操作，并且“紧急操作”信号传给了主控机，才能实现 PSL 的“紧急操作”功能。该种操作模式称作站台级紧急操作。

在紧急操作模式下，同样可以通过就地控制盒、站台侧通过专用钥匙或轨道侧通过解锁把手来对屏蔽门进行操作。

假如屏蔽门系统不能将“门关且锁”信号传给信号系统，确认没有乘客或物体夹在屏蔽门中间，同时屏蔽门已经关闭且锁定，列车司机（或授权的站台工作人员）可以通过专用的钥匙操作位于 PSL 上的转换开关，再用钥匙打开端头控制盒上的“互锁解除”开关，向信号系统发送一个取代的“门关且锁”信号，允许列车离开站台。

4.1.4　紧急运行模式

1. 单个活动门故障检修

当屏蔽门单个活动门故障检修时（如门锁定开关故障），可以通过操作设置在门顶盒内的就地控制盒上的控制转换开关执行相应的控制模式。控制转换开关是一个三位转换开关，有自动、隔离、就地控制三位模式的选择。

(1) 自动：在此位置时，系统可以正常操作。

(2) 隔离：在此位置时切断门控器的电源。该种模式主要是在进行故障门维修时采用。

(3) 就地控制：在此位置时，安全回路被旁路，允许使用就地控制盒上的开/关门按钮进行开/关门的操作。该种模式主要用于单个门的维护。

2. 机械手动操作

为了安全和保险起见，设置以下机械手动操作为最优级操作。

(1) 紧急条件下单个活动门的手动操作（门级手动操作）

一旦出现系统故障，比如：系统电源故障、单个活动门故障以及紧急撤离等，授权的站台工作人员在站台侧通过专用的钥匙、乘客在轨道侧通过操作手动解锁装置进行人工操作，打开屏蔽门。

(2) 应急门的手动操作

当列车无法在规定范围内停车且偏离量较大，而且乘客无法从活动门进出时，站台工作人员在站台侧用钥匙打开应急门或由列车司机通过广播指导乘客用开门把手打开应急门。

(3) 端头门的手动操作

当隧道内发生火灾等情况，需要在隧道内停车时，乘客将从车厢疏散到隧道，用开门把手打开端头门，乘客通过端头门进入站台。

4.2 控制系统结构

屏蔽门控制系统主要由主控机、端头控制盒、门控器、声光报警装置、就地控制盒、操作报警盘及总线网络组成，以一侧站台 30 档屏蔽门为控制对象单元的主要控制系统如图 4-2 所示。

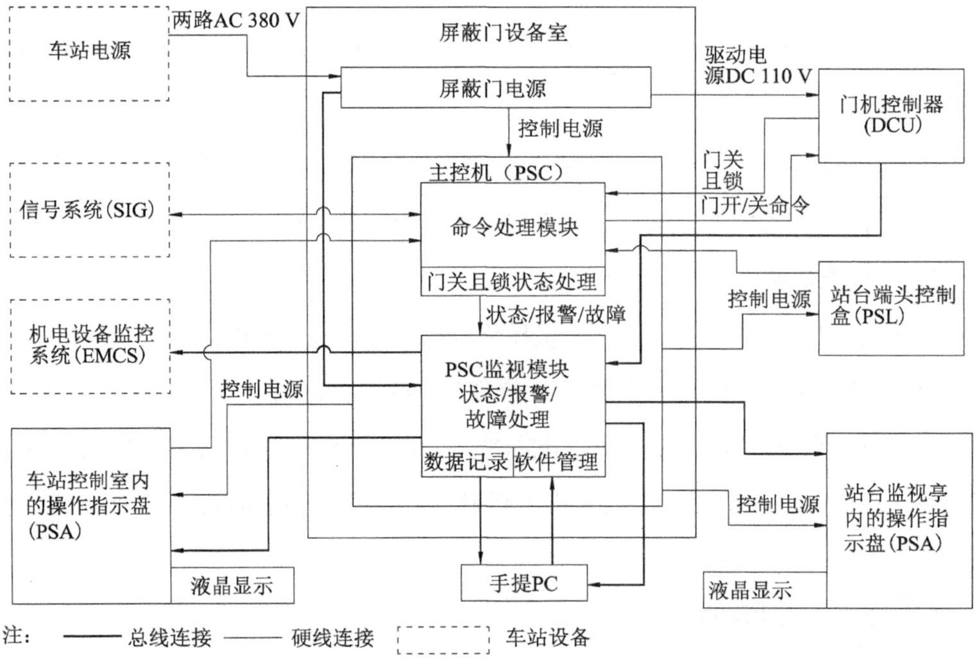

图 4-2　地铁屏蔽门控制系统

4.3　主要控制部件

4.3.1　主控机

主控机(PSC)是屏蔽门控制系统的主要接口设备,是屏蔽门控制系统的核心,为车站信号室内的信号系统设备、车站控制室内的机电设备监控系统(EMCS)、位于站台两个端头的站台端头控制盒(PSL)、站台监视亭及车站控制室内的操作指示盘(PSA)、屏蔽门设备室内的电源系统、所有的门机控制器(DCU)、安全回路提供接口连接。一个岛式车站有两个站台,其 PSC 面板如图 4-3 所示。

主控机主要由控制接口单元、主监控系统、数据记录模块、系统软件等组成。每个模块或系统都有各自的功能,完成各自需要处理的命令/状态/报警的任务,全部安装在主控机盘内。

主控机通过控制接口和监控系统实现其主要功能。控制接口由机-电模块(包括安全继电器)组成,主要处理屏蔽门系统的控制命令及状态信息,以确保列车的顺利运营。监控系统处理屏蔽门系统及单个门的报警/状态/事件信息,并将这些信息发送到相关的监控点,用于人机交流。

主控机是屏蔽门控制系统的主要接口设备,为信号系统、机电设备监控系统、端头控制盒、操作指示盘、电源系统、门制器、安全回路提供接口连接。主控机的主要功能通过两个系统来保证:①命令处理模块,由机-电模块(包括安全继电器)组成,主要处理控制命令及重要状态信息,包括远程开/关门命令(信号系统发出)、“紧急操作”执行信号、“紧急开门”命令、“紧急关门”命令、端头控制命令、“门关且锁”信号、“互锁解除”信号等;②监视系统,处理屏蔽门系统及单个门的报警/状态/事件信息,并将这些信息发送到相关的监控点,用于人机交流、升级软件、门参数的修改以及数据记录。

主控机可选工控机或可编程控制器 PLC。由于屏蔽门对外控制点及各种光电开

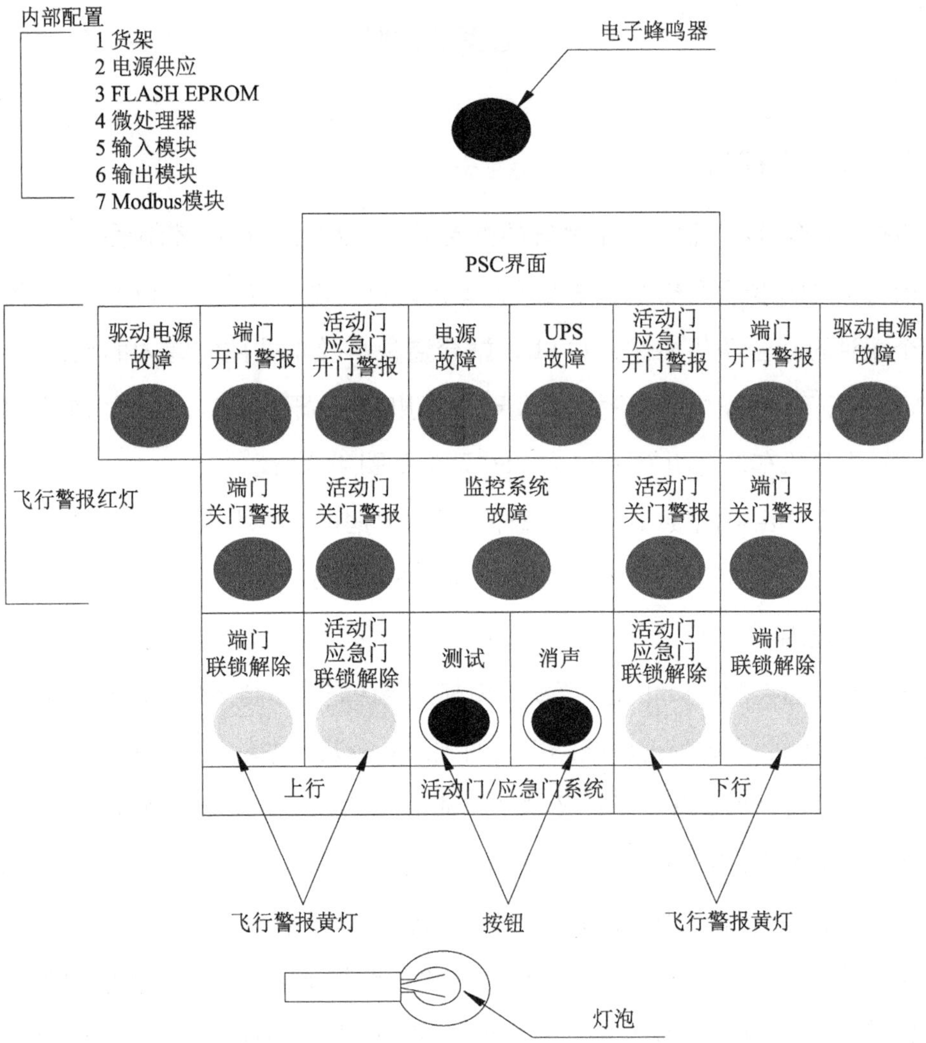

图 4-3　PSC 面板

关、行程开关等都属于开关量接点，属于典型的开关量逻辑回路控制系统，所以 PLC 适合大量的开关量逻辑回路控制。

1．主控机的控制接口

主控机的控制接口由处理所有安全命令/信号的继电器逻辑模块组成，为硬线连接。这些命令/信号包括远程开/关门命令（信号系统发出）、"紧急操作"执行信号、

“紧急开门”命令、“紧急关门”命令、站台端头控制命令、“所有 PSD/EED 关闭且锁定”信号、“PSD/EED 互锁解除”信号等。详见图 4-4。

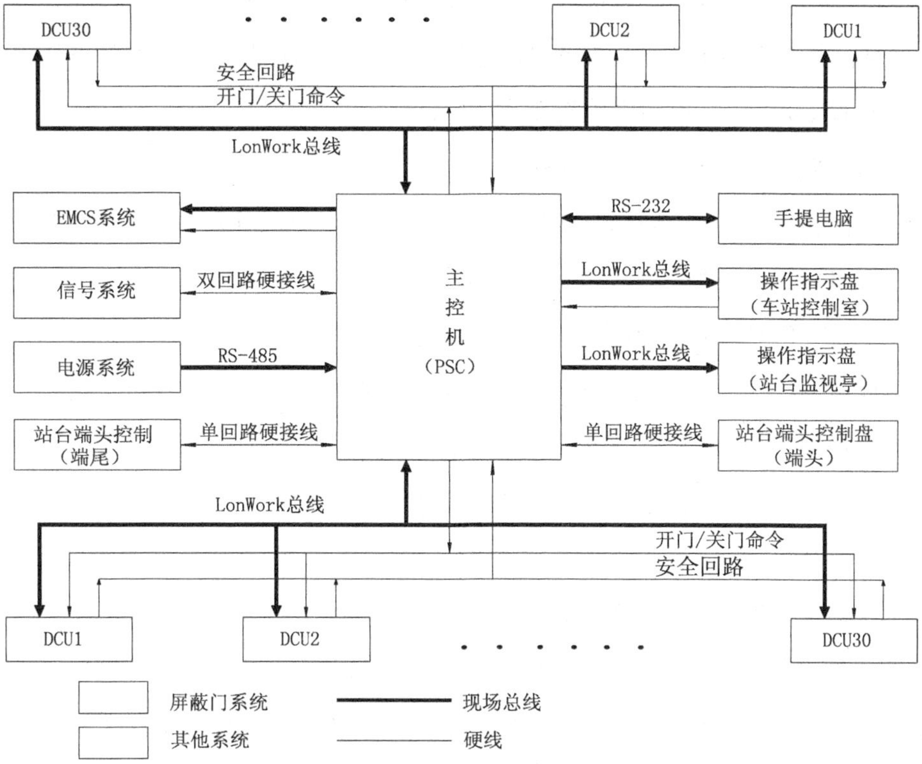

图 4-4　PSC 控制接口

1）从信号系统至主控机的控制命令

（1）“开门”命令：由信号系统发出开门命令（脉冲信号），此信号将被锁存在主控机内（锁存后脉冲信号将转换为连续信号），并且向门机控制器发出该连续信号，直到主控机收到“所有 PSD/EED 关闭且锁定”信号。

（2）“关闭”命令：由信号系统发出关门命令（脉冲信号），此信号将被锁存在主控机内（锁存后脉冲信号将转换为连续信号），并且向门机控制器发出该连续信号，直到门机控制器收到“门打开”信号。

（3）“列车占用站台轨道”信号：为了保证系统的安全，该信号应是一个连续的信号,由信号系统发出,由主控机接收。该信号也是站台端头控制盒操作的先决条件,只有列车停靠站台,才能操作站台端头控制盒。

如果信号系统故障,无法向屏蔽门系统传送“列车占用站台轨道”信号,通过设置在车站控制室内的操作指示盘上的“紧急操作”钥匙转换开关,将“列车占用站台轨道”信号旁路,允许操作站台端头控制盒。

2) 从主控机至信号系统的状态信号

在正常运行条件下,当通过安全回路证实“所有 PSD/EED 关闭且锁定”时,“所有 PSD/EED 关闭且锁定”的状态信息将送至信号系统。

当“所有 PSD/EED 关闭且锁定”状态信息没有传给信号系统,而司机或站台工作人员确认列车可以离开站台时,即 PSA 不发出控制指令,可通过操作站台端头控制盒(PSL)上的“PSD/EED 互锁解除”钥匙转换开关,向列车发送一个取代“所有 PSD/EED 关闭且锁定”的信号(即“PSD/EED 互锁解除”信号),以便允许列车离开站台。

3) 来自站台端头控制盒的控制信号

假如信号系统已经将“列车占用站台轨道”信号传送给主控机,而且站台端头控制盒上的“PSL 操作允许”钥匙开关已经动作,通过操作站台端头控制盒(PSL)面板上的“开门”/“关门”按钮,将开/关门命令送至主控机。

站台端头控制盒提供下列信号给主控机:

(1) “PSL 操作允许”信号;

(2) “开门”命令信号;

(3) “关门”命令信号;

(4) “PSD/EED 互锁解除”信号。

4) 操作安全的设计

(1) 门开/关命令的处理:由信号系统、站台端头控制盒(PSL)、操作指示盘(PSA)发给主控机的开/关门命令信号的脉冲宽度至少为 100 ms,开/关门命令的脉冲信号经过主控机的处理后,变为连续的信号(开门命令为高电平,关门命令为低电平)。出于安全的考虑,当在同一时刻给出开门命令和关门命令时,关门命令总是比开门命令更具有优先权。

(2) PSA/PSL 操作优先:基于系统操作安全的考虑,系统级控制的优先权低于车站控制室内的操作指示盘(PSA)及站台端头控制盒(PSL)的控制,因此一旦车站控制室内的操作指示盘(PSA)及站台端头控制盒(PSL)处于操作状态,任何来自信号系统的远程自动控制命令将处于失效状态。

2. 主监控系统

主控机主监控系统的作用有:

(1) 收集每个 PSD 的信息;

(2) 检查子系统的操作状况;

(3) 提供屏蔽门系统关键的报警/状态/事故信息;

(4) 为日常维护提供信息;

(5) 为门机控制器的参数修改提供通信媒介;

(6) 为下载新的门机控制器软件提供通信媒介。

主监控系统安装在主控机盘内。一个主监控系统监控两侧站台上所设置的所有监控点。这些监控点可以监控整个屏蔽门系统或单个门的报警/状态/故障信息。各个监控点的报警/状态/故障信息通过数据传输总线及硬接线传向主监控系统。

活动门的动作是通过门机控制器(DCU)对直流电机的控制来实现的,门机控制器与主监控系统之间的通信是通过使用数据传输网络总线来实现的。每个门机控制器在网络上都有一个唯一的地址,为了便于管理和标识,门机控制器的地址取决于其在站台上的位置。因此,主监控系统能辨别每个门机控制器的地址,并从其中获取信息。在维护时如果 DCU 需要更换,其地址依然存在,更换后不需要重新设置其网络地址。

屏蔽门系统的其他子系统与主监控系统之间的监控信号是通过可靠的硬线连接来实现的。每个子系统将为主监控系统的逻辑输入模块提供其操作状态(逻辑电平信号)。

由主监控系统监控的屏蔽门系统的基本操作状态如下:

(1) 来自信号系统的“列车占用站台轨道”持续信号;

(2) “所有 PSD/EED 关闭且锁定”的信号;

(3) 来自站台端头控制盒的“PSL 操作允许”信号;

(4) 命令信号:由站台端头控制盒启动的开门/关门命令信号;

(5) 来自站台端头控制盒的“PSD/EED 互锁解除”信号;

(6) 来自车站控制室操作指示盘的“紧急操作”信号。

当主监控系统从子系统或单个门处收到信息之后,主监控系统将这些信息进行处理,分别通过数据传输总线将关键信息传送给站台监视亭中的操作指示盘和车站控制室内的操作指示盘,并且通过硬线及数据总线网络传送给机电设备监控系统(EMCS)。通过查询反馈的信息,主监控系统能够找出故障的具体细节,从而在故障维修时找出需要更换的器件。

3. 人机界面

报警/状态/故障信息由主监控系统发出,送至站台监视亭中的操作指示盘和车站控制室内的操作指示盘。这些信息将通过友好的人机界面(发光二极管以及液晶显示器)显示在主监控系统、站台监视亭中的操作指示盘和车站控制室内的操作指示盘上。

需要显示的屏蔽门系统的信息可分为以下六个级别:

(1) 系统报警;

(2) 系统运行状态;

(3) 系统运行故障;

(4) 单个门的报警;

(5) 单个门的运行状态;

(6) 单个门的运行故障。

在上述六个级别的信息中,“系统报警”与“系统运行状态”信息对于操作人员来说是关键信息,因为其中任何一个报警如果没有得到及时的处理,将可能影响列车的正常运营。因而,这些信息被视为最高级别的信息,并且通过发光二极管进行显示,以便为人机交流提供最为直接的界面。其他被认为更低级的信息将通过液晶显示器来显示。

4. 主控机的数据记录系统

使用数据记录系统(DLS)主要是为了保证屏蔽门系统有足够大的内存空间用于记录相当长时间内的屏蔽门系统的事故/报警/状态信息,这些记录的信息可以作为系统诊断的依据,以及事故发生后用于进一步调查事故的记录。这些数据信息可以通过手提电脑从 DLS 中进行提取。

数据记录系统与主监控系统通过数据传输总线进行连接,安装在主控机柜体内。数据记录系统是一个存储器模块,带有与 PC 相连的输入/输出接口,能够储存三种类型的数据:存储屏蔽门系统运行的各种事故信息、记录屏蔽门系统的各种报警信息、记录屏蔽门的关键报警信息。

这些信息可以在存储器里保存 8 h,并且可以通过 PC 读取。如果有新的信息需要存入存储器,且存储器里已经存满数据,将按照“先进先出”的原则为新的信息腾出存储空间。

5. 软件管理

通过手提电脑与主监控系统的通信接口连接,可以将软件下载至每个门机控制器 DCU。这些软件由 PC 机传给主监控系统存储器,再由主监控系统存储器传给所有的 DCU。软件全部下载至所有的 DCU 后,主监控系统将对软件进行校验,并且将校验的结果反馈给 PC 机。一旦校验出一个或几个 DCU 有差错,主监控系统将自动为这些有差错的 DCU 重新下载软件,直到所有的 DCU 都成功安装升级软件。

DCU 的参数可以通过主监控系统与其连接的数据总线网络进行调整,DCU 可调整的参数有:

(1) 门开/关时间;

(2) 门的关闭力;

(3) 障碍物的大小；

(4) 有障碍物时重开门的宽度；

(5) 门重新关闭前的等待时间；

(6) 关门/开门响铃持续的时间。

4.3.2 站台端头控制盒

所有主控机与站台端头控制盒(图 4-5)间的命令信号都是通过硬线连接的,其主要配置如下：

(1) 一个"PSL 操作允许"钥匙开关；

(2) 一个"开门"按钮指示灯；

(3) 一个"关门"按钮指示灯；

(4) 一个"PSD/EED 互锁解除"钥匙开关。

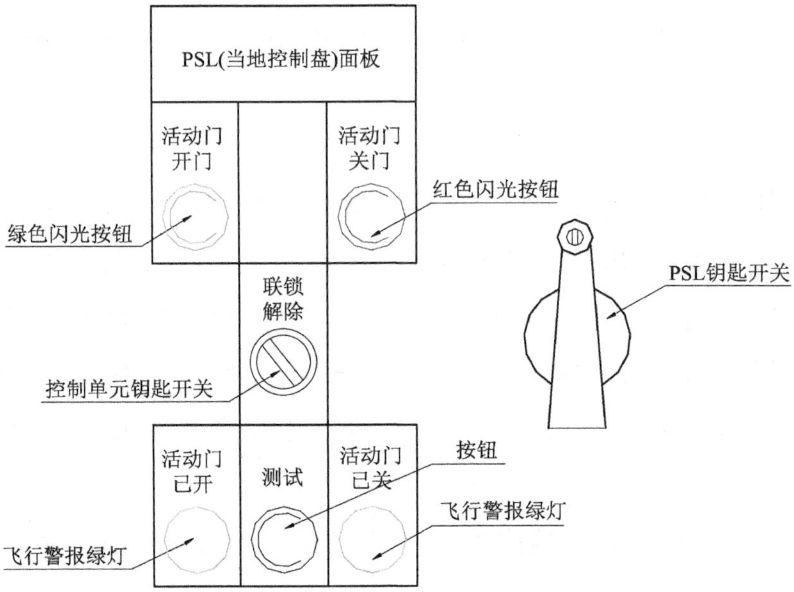

说明：PSL的典型配置

图 4-5 PSL 面板

1. 正常运行

收到信号系统发出的“列车占用站台轨道”信号，且“PSL 操作允许”钥匙开关处于打开位置（“PSL 操作允许”信号将送至 PSC），满足这些条件后，操作站台端头控制盒上的“开门”按钮可以打开活动门，按下站台端头控制盒上的“关门”按钮可以关闭活动门。

2. 紧急运行

当“PSL 操作允许”钥匙开关处于打开位置（“PSL 操作允许”信号将送至 PSC），并且已收到来自车站控制室内的操作指示盘的“紧急操作”信号时，可以通过操作站台端头控制盒上的“关门”按钮让系统关闭 PSD，按下站台端头控制盒上的“开门”按钮可以打开活动门。

用车站控制室内的操作指示盘的“紧急操作”信号对站台端头控制盒设置连锁，主要是为了保证在信号系统故障时，“列车占用站台轨道”信号无法传到屏蔽门系统的情况下，仍能通过站台端头控制盒控制屏蔽门的开/关。

3. 互锁解除

唯有下列三个条件同时存在时，“PSD/EES 互锁解除”信号才能被送至信号系统：①“PSL 操作允许”钥匙开关已激活，②“PSD/EED 关闭且锁定”信号没有动作，③“PSD/EED 互锁解除”钥匙开关已被操作。

注意：出于安全考虑，在紧急控制模式下，“PSD/EED 互锁解除”功能将被锁闭而不起作用。

4.3.3 操作指示盘

操作指示盘（图 4-6、图 4-7）是地铁站台屏蔽门系统的一个重要的监控装置，显示屏蔽门系统重要的运行状态信息，为站台工作人员采取相应的处理措施提供判断依据。PSA 布置在每个车站的车站控制室及站台监视亭内。PSA 显示各档屏蔽门的开关状态和故障与否，车站控制室内的 PSA 在紧急状态下还具有各侧屏蔽门开关功能。设在站台监视亭内的 PSA 不设置对屏蔽门的控制功能。

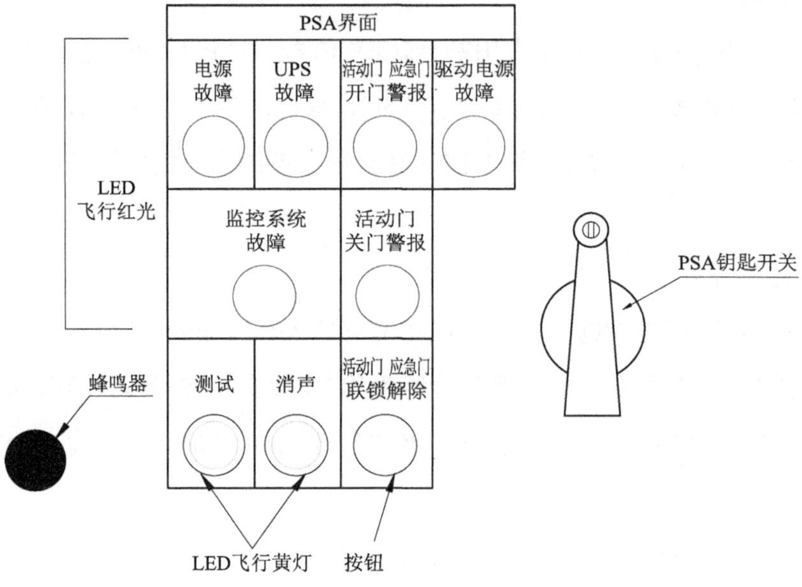

图 4-6 PSA 面板

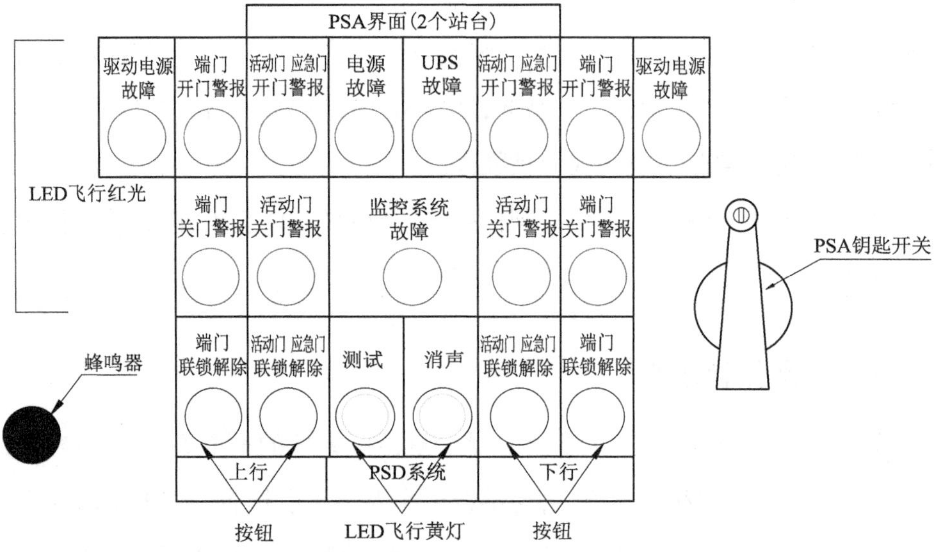

图 4-7 2 个站台的 PSA 面板

1. 监视亭内的 PSA

为了处理来自屏蔽门系统各个子系统的大量信息，屏蔽门系统的所有信息都可通过 Control-net 网络由主控机内的主监控系统传给 PSA。

PSA 的配置主要包括以下部件：

(1) 一个微处理器(CPU)模块；

(2) 一个通信模块；

(3) 用于驱动报警指示灯、蜂鸣器及其逻辑输出模块；

(4) 液晶显示器。

2. 车站控制室内的 PSA

车站控制室内的 PSA 与主控机之间所有控制命令的传递都是通过硬线连接实现的。

授权的站台工作人员通过钥匙将“紧急操作”钥匙开关转到相应的紧急操作位置，“紧急操作”信号将送至主控机，此时可用操作站台端头控制盒或操作指示盘面板上的“开门”按钮对屏蔽门进行开门控制，可用操作站台端头控制盒或操作指示盘面板上的“关门”按钮对屏蔽门进行关门控制。

在进行系统测试时，测试人员可以按照此种方式开/关屏蔽门。在紧急操作模式下，信号系统将处于失效状态。当“紧急操作”转换开关改变它的操作状态时，例如，由相应的“紧急操作”位转为“正常”位(或反之)，所有打开的活动门将自动关闭。

“紧急操作”转换开关处于“站台级”紧急操作模式下，“紧急操作”信号将送给主控机，并且使站台端头控制盒面板上的“PSD/EED 互锁解除”钥匙开关操作无效，防止列车在任何情况下离开站台。

3. 站台监视亭

设有操作指示盘，实现 PSA 的所有监视功能，不设置对屏蔽门控制的功能。设有 CCTV，监视站台屏蔽门的开/关及故障情况；设有电话、广播设备，当发现屏蔽门运行过程中发生故障或发生其他异常情况时，及时采取相应措施解决问题。

4.3.4 门机控制器

门机控制器(DCU)位于每个活动门的顶盒内,每个屏蔽门单元有一个 DCU。DCU 用于控制执行机构的动作,由微处理器、存储器、输入/输出电路、网络接口、电机驱动电路等组成,是屏蔽门系统的核心构件。其主要功能为:

(1) 执行主控机发出的指令;

(2) 为活动门的运动及驱动装置提供就地控制;

(3) 按预先设定的开/关时间、速度曲线控制 PSD 的动作,计算门的位置,限制最大驱动力等;

(4) 完成某些特定的任务,如障碍检测、检测输入 DCU 的控制指令(当控制指令出现逻辑错误时自动关闭屏蔽门)等;

(5) 记录并处理来自活动门及相邻应急门(EED)/端头门(MSD)的输入信号(如门位置检测器、开关、灯控制器);

(6) 通过网络接口与主监控系统进行通信,即向主监控系统发送报警/状态/事件信息;

(7) 控制门顶盒上的指示灯及顶盒内的蜂鸣器;

(8) 具有自学习能力。

1. 硬件配置

DCU 典型的硬件配置见图 4-8。驱动电源通过双极自动开关为 DCU 提供电源,在电源故障和接地隔离故障时,双极自动开关可以保护门机控制器(DCU)电路板。

电源转换模块为 DCU 的逻辑电路和模拟电路提供不同等级的电压,见图 4-9。其包含一个线性滤波器,可以抑制线路干扰。

逻辑输入模块用来缓冲输入微处理器的数据阵列,可以防止输入信号的涌流及过压。逻辑输出允许微处理器驱动 IGBT 门极,为电机提供驱动的电力。在门机控制器(DCU)的输出部分,直流电机由脉冲宽度调制(PWM)控制器驱动的 IGBT 桥式电路提供驱动电力。

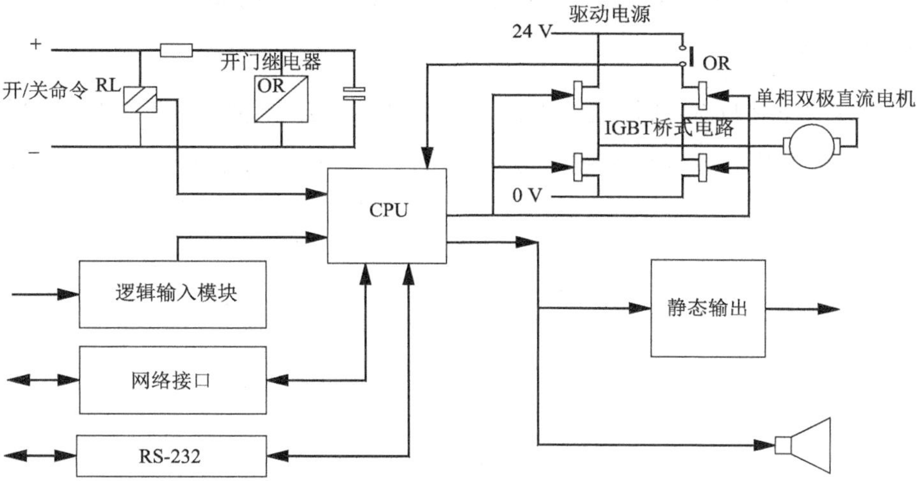

图 4-8 DCU 的结构及配置

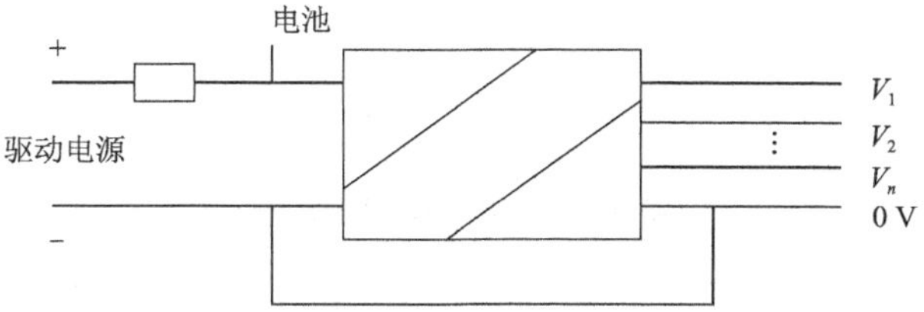

图 4-9 DCU 电源转换模块

开门继电器(OR)是一个故障安全配置,该继电器的一个触点串联在开门电机的电源回路中,该信号与微处理器输出的控制信号(该信号是 PWM 调制信号,控制可控硅的门极)相结合,共同控制 IGBT 桥式电路的输出。继电器(RL)的一个触点作为微处理器(CPU)的一个控制信号(继电器 R 只有在输入端有电位差时才能动作),保证在开门/关门命令出现逻辑错误时,微处理器不能驱动电机开门。微处理器采用摩托罗拉 68332 处理器,其中数据存储在 SRAM,一些可调参数存储在 EEPROM,软件存储在 FLASH 存储器。

门机控制器(DCU)的网络接口通过数据总线与主监控系统连接。PC 机通过 RS232 接口与门机控制器(DCU)连接,用于下载软件及修改单个门的参数(不通过数据总线网络)。

门机控制器(DCU)还提供了控制蜂鸣器及指示灯的控制信号。

2. 电机控制

门的运动是由DCU控制直流电机运转实现的。在开门时,需要为电机提供正向的电压;在关门时,需要向电机提供反向的电压。正反向的控制由三个继电器来实现,见图4-10。

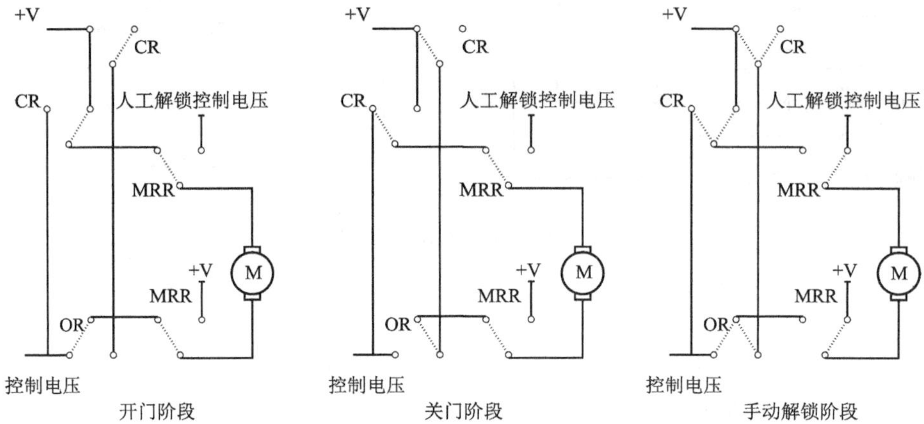

图4-10 电机控制示意图

开门阶段:当DCU收到"开门"命令,DCU发出指令,控制OR动作时,CR与MRR应不带电动作,将给电机一个正向的电压,电机驱动门打开。开门继电器(OR)受"开门"/"手动"/DCU软件的控制。

关门阶段:当DCU收到"开门"命令,DCU发出指令,控制CR动作时,OR与MRR应不带电动作,将给电机一个反向的电压,电机驱动门关闭。关门继电器(CR)受DCU软件的控制。

手动解锁阶段:当从站台侧/轨道侧手动开门时,MRR就会动作,此时MRR将切断电机的电源,消除门关闭的动力,可以让乘客或车站工作人员很容易地将屏蔽门打开。经过一段调整时间后,DCU将控制MRR复原(回到手动解锁前的状态),重新为电机提供一个关门用的反向电力,将门慢慢地关闭。手动解锁继电器(MRR)受手动解锁装置的控制。

3. 维护保养

加载在门机控制器的软件存储在 FLASH 存储器。该软件升级后的新版本可由 PC 机通过 RS232 串行接口下载到 DCU，并且可以通过 PC 机进行维护保养。DCU 执行自测试，以检查其自身的硬件、执行功能测试以及检测屏蔽门的异常操作。

4. DCU 的技术性能

(1) DCU 内部存储有多条电机速度曲线、多组门体夹紧力阈值(夹紧力阈值最大不超过 150 N)、重关门延迟时间(2 s，在 0～10 s 内可调)和重关门次数(3 次，根据实际情况可做适当调整)等参数。

(2) DCU 能根据指定的速度曲线和各个活动门的特性对门机的调节实施智能控制，满足各个活动门开闭的同步性和一致性要求。

(3) DCU 输入电源具有过流、过压保护。

(4) DCU 经过了严格的电磁兼容性测试，具有防震、防尘、防潮及抗电磁干扰及静电干扰的功能，防护等级达到 IP55，完全满足地铁环境要求。

5. 就地控制盒

就地控制盒位于靠近 DCU 的顶盒内。就地控制盒面板上安装有一个三挡位转换开关和两个控制按钮。

通过转换开关的三个挡位可选择下列操作模式：

(1) “自动”位

当转换开关处于“自动”位时，PSD 的动作由主控机控制。

(2) “隔离”位

当转换开关处于“隔离”位时，单个的 PSD 单元与系统隔离，隔断本单元的电力供应。该种模式主要是为了系统维修。隔离的状态并不会影响整个系统的正常工作。

(3) “就地控制”位

当转换开关处于“就地控制”位时，通过操作就地控制盒上的“开门”“关门”按钮可使活动门动作。在此挡下，系统的安全环路绕过了本单元的“门关闭且锁定”开关。

4.3.5 附件

1. 声光告警装置

在每档屏蔽门单元中都设置一个声告警装置，用于在屏蔽门动作前对乘客发出告警，并在屏蔽门故障时提醒车站工作人员采用相应的对策。

在每档屏蔽门单元的顶盒中央，都设置一个光告警装置(指示灯)，用于在屏蔽门动作时对乘客发出告警，并在屏蔽门故障时提醒车站工作人员采用相应的对策。

2. 指示灯控制盒

屏蔽门指示灯控制盒位于靠近 DCU 的顶盒内。它由一个继电器逻辑模块组成，用于提供下列功能：根据屏蔽门锁定开关的状态来控制指示灯的状态，检测屏蔽门指示灯的故障并将故障的状态发送到 DCU。

4.4 网络结构

控制命令采用硬线传输的网络结构方案参考图 4-2，命令处理模块采用硬线连接，监视模块采用总线连接。实际上，控制命令也可以通过总线传输，即将图 4-2 中的主控机与门机控制器的硬线连接改为总线连接，总线传输能耗及干扰均较小。本书认为控制命令采用硬线传输的方案较好：屏蔽门控制命令信息量很少，总线冗余才能达到与硬线连接同等的可靠性。实际工程设计中，要考虑门控器的要求，有的门控器只受总线驱动。

4.4.1 体系结构

屏蔽门控制系统采用现场总线技术，按照控制系统向分散化、网络化、智能化发展的要求，把挂接在总线上、作为总线节点的各设备，连接为网络集成式的全分布控制系统，以实现对屏蔽门的控制、参数修改、报警、显示、监视等综合自动化功能。在屏蔽门控制系统中，主控机、操作指示盘和门控制器组、机电设备监控系统通过网络总线构成开放的网络系统，它们可同时传送数据，并能共享系统的信息。

4.4.2　主控机与 DCU 的网络结构

主控机与 DCU 之间采用 LonWork 总线。其数据传输是通过主控机内的主监控系统来实现的。每个 DCU 在网络上有唯一的编码，通过连接器(编码连接器)挂接在总线上。在网络中，主监控系统是命令者(主)，DCU 是响应者(从)。

LonWork 网络使用开放通信协议 LonTalk。LonWork 总线通信介质采用双绞线电缆。收发方式采用变压器耦合方式。网络的拓扑结构为总线形，节点数为 64 个，传输速率为 78 kbps，传输的最大距离为 500 m。

4.4.3　主控机与机电设备监控系统的网络结构

屏蔽门系统与机电设备监控系统(EMCS)之间的接口协议采用串行通信接口协议。通信规约可在设计联络时确定。

4.4.4　主控机与操作指示盘的网络结构

操作指示盘(PSA)与主控机之间采用 LonWork 总线协议。

4.4.5　主控机与电源系统的网络结构

主控机与电源系统(包括驱动电源和 UPS 部分)通过 RS485 总线连接，主要收集电源系统的有关监控信息。

4.5　软　　件

依据“故障分散”的原则进行分散配置，保证各个子系统的软件(如 DCU 软件、

PSA软件)不依赖主控机的软件,各个子系统的软件能够独立完成所管辖区域的监控。

4.5.1 主控机软件包

与其他的功能性软件相结合,可以实现站台屏蔽门的监视、控制功能,故障报警、数据的采集与管理功能,以及屏蔽门系统的测试、自诊断和远程维护功能。手提电脑通过主控机的网络接口读取各档门机速度曲线、门体夹紧力阈值、重关门延迟时间和重关门次数等参数,也可将这些参数对每档屏蔽门门机进行重新设置,以调整各档屏蔽门的开/关速度、时间等参数。

4.5.2 门机控制器软件

门机控制器(DCU)软件包存储开门过程和关门过程的电机速度曲线(在满足屏蔽门开/关时间、门运动最大动能的条件下可以任意设置)、门体夹紧力阈值(可调,最大为150 N)、重关门延迟时间(0～10 s,可调)和重关门次数(0～3次,可调)等参数。

门机控制器(DCU)软件包括系统软件和应用软件。系统软件管理门的运动和应用软件控制门的动作需要根据用户要求专门编制。

4.5.3 操作指示盘软件包

操作指示盘软件包主要包括人机界面监控管理软件包、网络通信驱动软件包、人机界面编程软件包。上层人机界面监控管理软件用于数据采集、监控和信息管理。它具有良好的中文界面,包括菜单、组态运行画面以及在线帮助等,并且还支持Windows NT中文版。

利用网络通信驱动软件可把实时采集的现场数据(通常由网络采集而来)进行分析、存储、显示等。人机界面编程组态软件可以很容易地为操作指示盘上的人机界面终端设计控制面板及应用程序,或以前设计的应用程序进行转换和利用。为简化应用程序的设计过程,软件使用了菜单、对话框及Windows中的标准工具,通过使用符号、目标、图表以及重要位图映像等工具，可以容易地进行屏幕组态，编制用户满意的良好的人机界面。此外，在多种人机界面应用程序内部或之间，可使用剪切、拷贝、粘贴和目标输入/输出等功能，从而简化应用程序的设计。

4.6　控制系统设计特点

所有控制线路通过硬线连接，保证了控制系统的高可靠性和较低成本。监控系统采用标准的国际工业网络数据总线进行连接，传输大量信息。采用这种方式保证了系统操作的高可靠性、良好的功能和设备扩展，除门控器需要进口外，其他控制部件和软件都能由国内的专业公司完成。

4.7　结　　语

本章阐述了屏蔽门运行模式，提出了可在较短的时间内实现屏蔽门控制系统的国产化方案。该方案提出采用可编程控制器作主控机，硬线组建控制命令体系，现场总线组建网络监视系统。该控制系统可靠性高，维护便利，为将来的进一步扩展提供广阔空间。一旦控制系统各单元开发成功，只要满足现场总线的协议，就可以在不改变控制系统网络结构的情况下直接接入控制系统，逐步替代进口部件。

第 5 章

机械设计及力学分析

屏蔽门机械设计主要解决以下问题：①建立合理的力学模型，进行机械强度、刚度、疲劳校核。②使结构满足屏蔽门的特殊要求，如在承受负荷作用下，最大变形限制在 10 mm 内，以保证在屏蔽门总长度内，屏蔽门边缘与列车轨道中心线之间的距离误差为 0～5 mm；为了美观，即使是在有坡度的车站(一般为 3‰)，所有门体也应与脚塔板垂直，脚塔板应与站台地面保持坡度一致；结构能容纳顶部土建下沉 35 mm；所有安装、维修工作只能在站台侧开展，结构容易拆卸、安装。

5.1 模块化设计

屏蔽门机械部分设计成 A～D 型 4 种可更换模块式单元，沿站台布置如图 5-1 所示。A 型单元：含两扇标准固定门和两扇中分双开活动门；B 型单元：含一扇标准固定门、一扇应急门和两扇中分双开活动门；C 型单元：含一扇非标准固定门、一扇应急门和两扇中分双开活动门；D 型单元：即备用门，或称单开铰链门，在站台前端和后端备设一扇。B、C 型单元与 A 型单元相似。屏蔽门大部分是 A 型单元，C 型单元是为了适应站台长度方向尺寸变化。列车在正常情况下，乘客通过活动门上下列车。非正常情况下，通过 B 型单元的应急门疏散乘客，如图 5-2 所示。

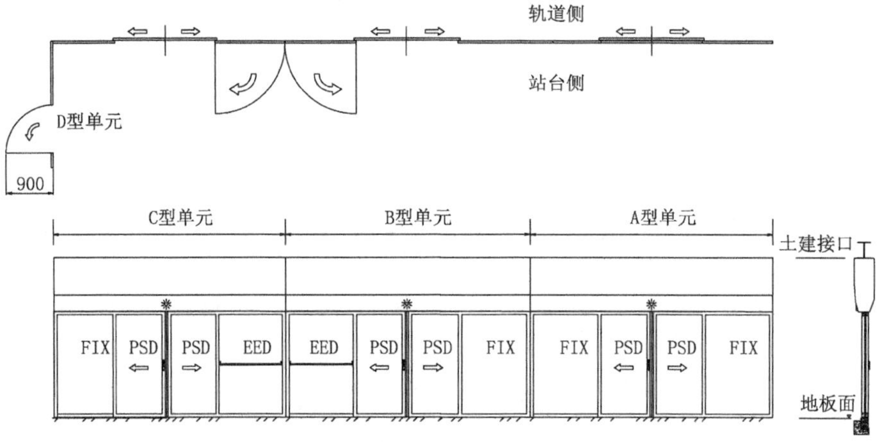

注：EED—应急门 FIX—固定门 PSD—活动门

图 5-1 屏蔽门单元布置示意图

B 型单元结构具有代表性，门体结构由钢架结构、上支撑架、下支撑架、活动门、固定门、应急门和端头门等组成。

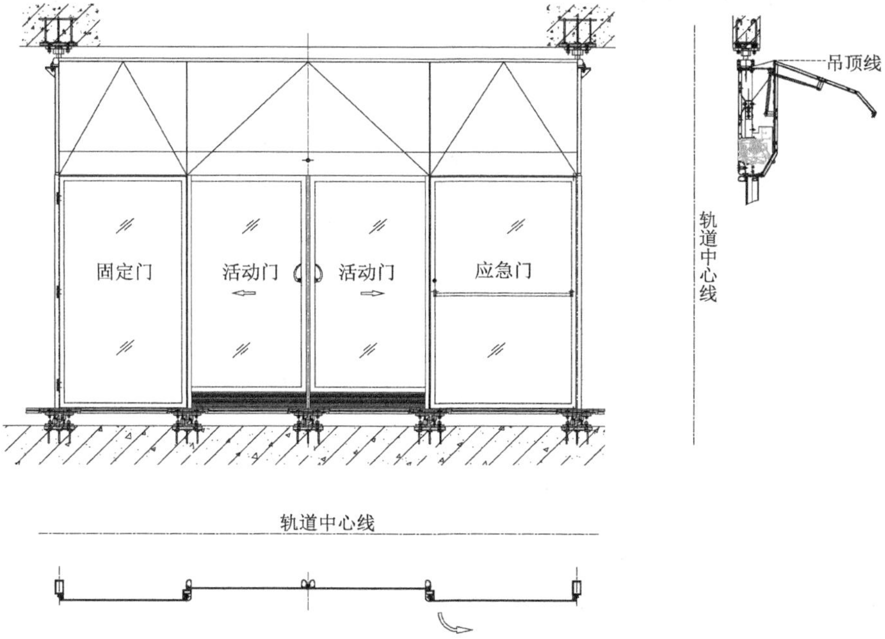

图 5-2 B 型单元构造示意图

5.2 主 要 构 件

5.2.1 钢架结构

钢架结构主要由横梁、绝缘衬垫、立柱、支柱、盖板等组成，如图 5-3 所示。钢架结构是由钢方通过螺栓连接而组成的一个完整的受力构件，可以把屏蔽门受到的荷载传递给土建结构。它是屏蔽门的垂直荷载、水平风荷载（隧道通风系统产生的风压、列车运行活塞风压）以及乘客挤压力和地震等荷载的主要受力构件。热浸镀锌钢立柱组件支撑门机，门机上方由钢方通吊梁悬挂在横梁上。

依据不同的要求,设计出两种大同小异的钢结构,原埋相同,结构相似。图 5-3 结构简洁,图 5-4 结构实用,方便调节。图 5-4 结构除了主横梁外,多了两条辅助梁,面板可以方便挂靠在辅助梁上。

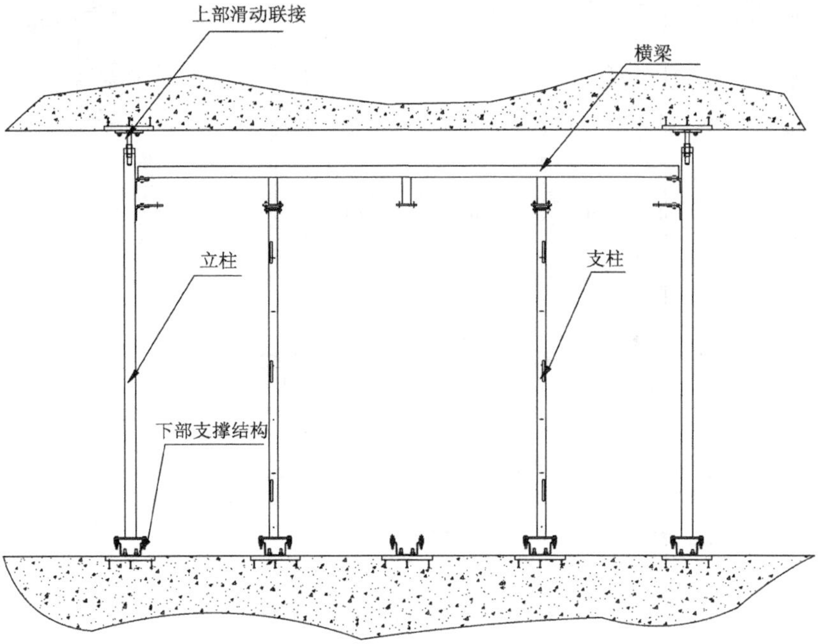

图 5-3 屏蔽门单横梁钢架结构

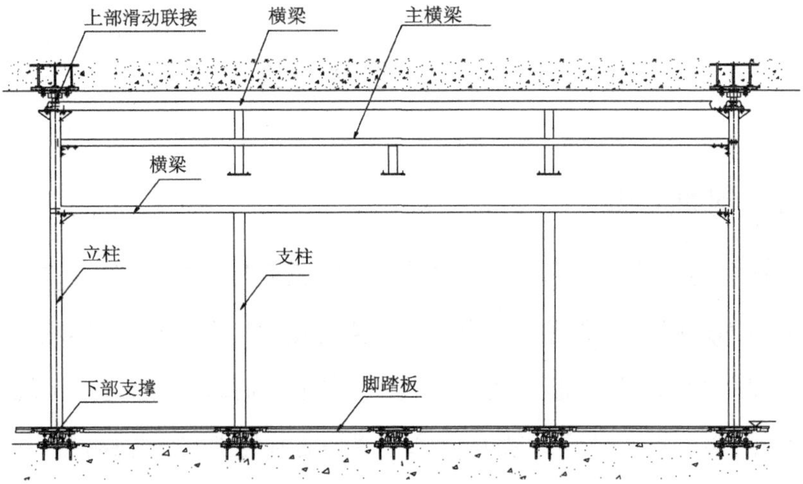

图 5-4 屏蔽门多横梁钢架结构

5.2.2　上支撑架

立柱顶部与上支撑架连接。上支撑架见图 5-5，装有万向调节伸缩装置，该装置能有效吸收土建顶梁不平度误差，能消除顶梁及站台面的不均匀沉降对屏蔽门系统的影响，能满足受力和土建结构变形 35 mm 的伸缩量。立柱顶部的法兰板上垫有绝缘板，联接螺栓上套有绝缘的尼龙套，使屏蔽门系统与站台厅顶梁结构绝缘。

具体的安装步骤如下：

(1) 先固定下支座在预埋件上，由于预埋件上焊有 T 型槽，下支座连接螺栓可以方便地沿长度方向来回移动，本身开有腰孔，可以在宽度方向作一些调节；

(2) 通过中连接螺栓将上下支座连接在一起，上下支座接触面铸有细小条纹，增大了接触面之间的摩擦力，通过两边的调节螺母，调节高度及宽度方向的水平；

(3) 支柱或立柱连接在上支座上；

(4) 重复步骤(2)，直到达到要求。

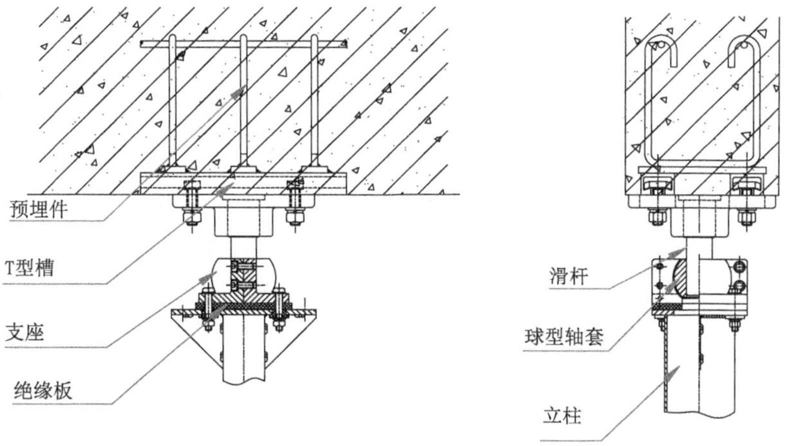

图 5-5　可伸缩的上支撑架

5.2.3　下支撑架

下支撑架(图 5-6)由 T 型铸钢支架、调节装置、绝缘衬垫和踏步板组成。T 型板上铸有螺纹孔座，两块 T 型板只需简单的加工，便可组成具有三维调节功能的底部支撑结构(图 5-7)。在踏步板与底部支撑结构之间设有绝缘的环氧压层板并通过绝缘尼龙套用螺栓固定。踏步板表面设有防滑齿形槽，具有耐磨、防滑和安装拆卸方便的特点。踏步板起活动门导槽的作用，是最先安装的屏蔽门部件之一，是门体结构安装的基准。每一个屏蔽门单元采用三块踏步板，可方便地更换活动门踏步板。踏步板通过沉头螺栓安装固定于底部支撑结构上。底部支撑结构通过螺栓安装固定于下部预埋件上。踏步板在安装过程中以轨道的中心线和轨道面为垂直基准和水平基准面，调节底部支撑可确定踏步板的正确位置。踏步板导槽中开有腰形排屑孔，可排出落入导槽中的细小杂物。在立柱法兰和底部支撑结构之间装有绝缘板，在联结立柱法兰板和 T 型铸钢板的螺栓上均安装有绝缘套，在安装好底部支撑结构后在所有外露部分均涂上绝缘胶，以保证屏蔽门系统的绝缘性能达到要求。附在脚踏板上的铜排沿着屏蔽门全线连续不间断，使整个屏蔽门处于同一电位。

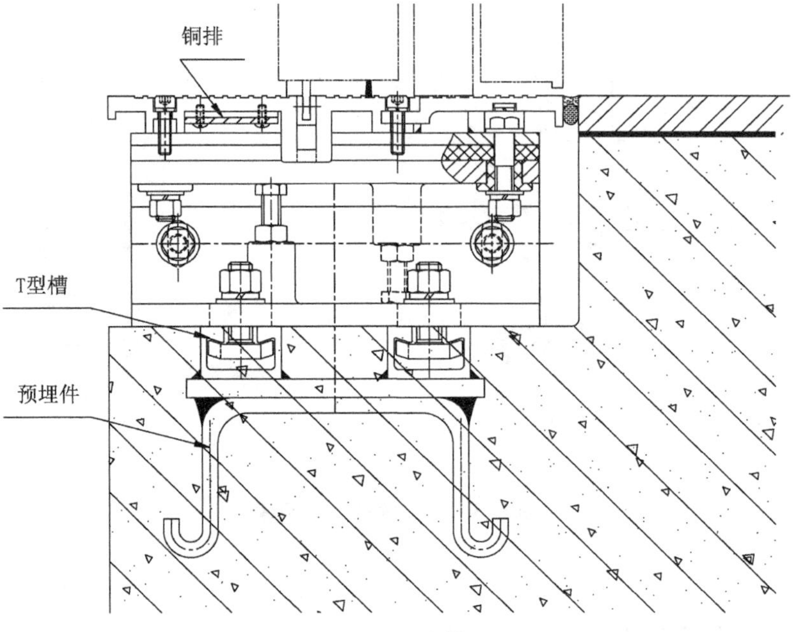

图 5-6 下支撑架

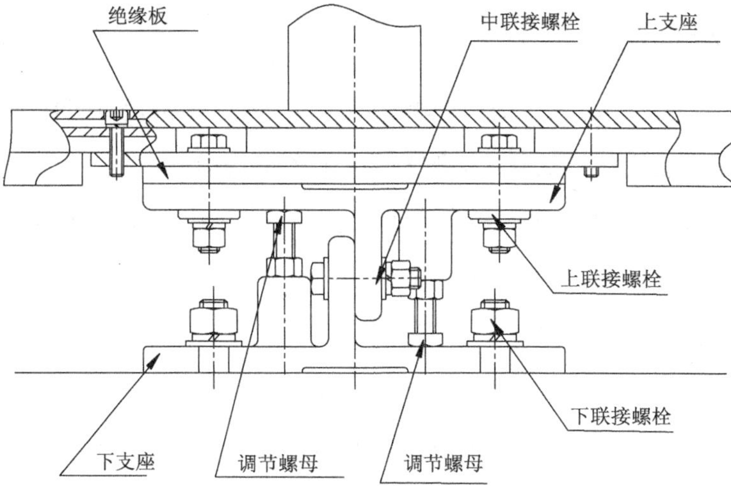

图 5-7　底部支撑结构

安装步骤：

(1) 先初步固定下支座在预埋件上，由于预埋件上焊有 T 型槽，下支座连接螺栓可以方便地沿长度方向来回移动，本身开有腰孔，可以在宽度方向做一些调节；

(2) 通过中连接螺栓将上下支座连接在一起，上下支座接触面铸有细小条纹，增大了接触面之间的摩擦力，通过两边的调节螺母调节高度及宽度方向的水平；

(3) 支柱或立柱连接在上支座上；

(4) 重复步骤(1)、(2)，直到达到要求。

5.3 门　　体

门体由活动门、固定门、应急门、端头门、门锁机构、气密材料和填充材料等组成。单扇固定门应在 20 min 内方便地更换、维修。导靴与地坎之间的间隙不大于 0.2 mm。导靴在活动门运行期间无须经常更换。

5.3.1 活动门

活动门为中分双开式门，关闭时隔断站台和轨道，在正常运行时作为乘客上下车的通道，在非正常模式和紧急模式下作为乘客的疏散通道。

活动门能满足三级控制方式要求，即系统级控制、站台级控制和手动操作，手动操作为优先级。活动门有两种安全装置：

(1) 活动门设有自锁装置，活动门关闭后该装置可自动锁紧，以防止乘客在站台将门打开。开门时，门框内的机械解锁装置可使锁紧装置释放。

(2) 门机上设计有障碍物探测装置，探测障碍物厚度≥10 mm。该装置能有效地防止活动门关闭时意外夹伤乘客。

活动门在轨道侧设有开门把手，当系统级控制和站台级控制失败时，乘客可从轨道侧将门打开；活动门在站台侧设钥匙孔，车站工作人员可用钥匙手动操作开门。所有活动门的钥匙可以通用。

活动门关门、锁紧、解锁、开门等操作均由顶盒内驱动系统中的位置传感器将状态信号反馈到主控机。

活动门运动特性满足关门过程中最大动能不大于 10 J，最后 100 mm 爬行阶段动能小于 1 J 的要求。

5.3.2 应急门

在列车正常运行时，应急门的作用与固定门一样。当列车进站，由于故障或紧急停靠无法将列车门对准活动门时，应急门就是乘客的疏散通道。在每个站台的一侧，每节车厢中各设两档应急门。

在应急门上设有应急门锁装置，车站工作人员可用“通用”钥匙在站台侧开启应急门。应急门的顶部设有闭门器，当门打开角度不大于 90°时，闭门器可使门自动缓慢复位关闭；当门打开角度为 90°时，闭门器可使门停止在此位置上。

应急门门扇材料及其他结构与固定门相同。单扇应急门可在 25 min 内更换。

5.3.3 端门

端门是列车在区间隧道内故障时的乘客疏散通道，也是车站人员进出隧道维修的通道。端门和端头门上的锁的结构和工作原理与应急门相同。

5.3.4 密封

活动门前沿通过托架装有密封橡胶条，其顶部与顶盒之间的缝隙、后沿与支柱之间的缝隙均用连在活动门上的刷子密封，底部安装的滑板也可以起到密封作用。固定门和应急门上分别设密封毛刷，与下部导轨、顶盒有效接触实现密封。所有密封处的毛刷均可在不拆卸任何零件的情况下直接更换。

屏蔽门的密封主要靠活动门四周的密封橡胶条和毛刷，在活动门的内侧边上镶嵌有凸凹相对的胶条，橡胶条在踏步板和顶盒下封板之间形成密封带。这对橡胶条可以在不拆卸活动门的情况下直接更换。

活动门的外侧和上下侧均设有密封毛刷，上部密封毛刷设在顶盒后封板和门楣梁之间，在固定门和应急门上分别设密封毛刷，通过与下部导轨、顶盒及固定门的有效接触实现门体的密封。所有密封处的毛刷均可在不拆卸任何零件的情况下直接更换。所有密封处均要达到泄漏量控制指标：固定门$<2\ m^3/(h\cdot m^2)$、活动门$<8\ m^3/(h\cdot m^2)$。

5.4 力学分析

建立比较准确反映系统实际工作状况又便于计算分析的地铁屏蔽门结构的力学模型，是屏蔽门机械结构设计的关键问题。

5.4.1 承受荷载

1）中国《深圳地铁第一期工程初步设计》

《深圳地铁第一期工程初步设计》第十四章“环境控制”第十一节“屏蔽门系统设

计”中，要求能承受以下荷载：

(1) 人群荷载：1 500 N/m，(距底 1.1 m 高处)；

(2) 风压：±900 Pa；

(3) 冲击荷载：在 0.08 s 内 2 800 N，挠度<10 mm；

(4) 地震力：±0.07 g。

2) 中国《广州地铁 2 号线工程初步设计》

《广州地铁 2 号线工程初步设计》第二十一章“屏蔽门”中，要求门体能够承受：

(1) 静荷载：1 500 N/m^2；

(2) 疲劳应力：±1 000 N/m^2(每年 50 万次)；

(3) 乘客挤压应力 1：500 N/m 抗载(结构无屈服变形)；

(4) 乘客挤压应力 2：1 500 N/m(距底 1.1 25 m 高处结构无损坏)；

(5) 地震水平：7 级，水平加速度 0.25g，垂直加速度 0.125g。

3) 美国西屋公司

西屋公司认为屏蔽门受以下荷载联合作用：

(1) 静止荷载：1 500 N/m^2，由空调系统造成；

(2) 疲劳荷载：±500 N/m^2，由列出活塞效应造成，每年 50 万次；

(3) 人群压力 1：1 000 N/m 标准荷载(无弯曲)；

(4) 人群压力 2：1 500 N/m 临界拉力负载，无断裂(无故障)。

其中，人群压力 1、人群压力 2 不同时发生。

4) 中国香港地铁东涌线

香港地铁东涌线第 654 号合同的站台屏蔽门特别说明中，设计荷载如下：

(1) 人群荷载：+3 000 N/m，距底 1.1 25 m 高处；

(2) 列车产生压力荷载：−900 N/m^2～+1 550 N/m^2；

(3) 地震荷载：±0.07g，重力加速度；

(4) 风载：±1 200 N/m^2，只对地面上状态；

(5) 冲击荷载：140 N·s 集中动载，也就是幅度±2 800 N、时间为 0.08 s 的半正弦风;或者是在 0.2 s 内持续上升到 1 400 N,然后直线下降为 0 的两种最坏情况。冲击荷载作用区域面积 100 mm^2。

(+ 表示力的方向是从站台到列车, - 表示力的方向是从列车到站台。)

虽然各地地铁设计表述不同,但基本上相似。地下屏蔽门承受荷载主要有:①风压;②人群荷载;③冲击荷载;④地震荷载。根据屏蔽门环控制式,屏蔽门的确承受车站空调风压、列车活塞风压,其值由各公司根据其工程经验做出不同处理。西屋公司如此处理:由空调系统造成的静止风压定为 1 500 N/m^2,用于校核结构的刚度、强度;由列车活塞效应造成的风压定为 ± 500 N/m^2,用于 50 万次/年,30 年设计寿命的疲劳寿命校核。法国法维莱公司则将风压处理为 - 900 N/m^2 ~ + 1 550 N/m^2。

5.4.2　工况确定

屏蔽门前站满乘客的情况下,冲击荷载不会同时发生,因此在同一荷载组合中乘客挤压力和冲击荷载不会同时存在。在地上的站台则不考虑列车风压。表 5-1 为屏蔽门工况组合,括号内为建议取值。

表 5-1　屏蔽门工况

荷载	地下		地上	
	工况 1	工况 2	工况 3	工况 4
人群荷载(1 500 N/m)	*	/	*	/
冲击(140 Ns 集中动载)	/	*	/	*
风压 1(1 500 N/m^2)	*	*	/	/
风压 2(1 200 N/m^2)	/	/	*	*
地震(0.1g)	*	*	*	*

注: (1)风压 1 指地下车站屏蔽门承受的风压,风压 2 指地上的屏蔽门承受的风压。
(2) * 表示在分析中应考虑的附加荷载。

5.4.3 力学校核

屏蔽门机械部分需要进行强度、刚度、疲劳寿命校核。

1. 强度校核

地下站台屏蔽门在工况 1、工况 2 下所有构件的应力不得超过其许用应用，地上站台屏蔽门在工况 3、工况 4 下所有构件的应力不得超过其许用应用。

广州地铁采用自重、静荷载(1 500 Pa)、乘客挤压应力 2(1 500 N/m)叠加，对系统进行应力分析；深圳地铁采用自重、风压(1.4×900 Pa)与乘客挤压应力 2(1 500 N/m)叠加，对系统进行应力分析。

2. 刚度校核

进行刚度校核时，分析系统的弹性变形，而冲击荷载是一种非持久荷载，在系统强度校核合格的前提下，系统由于冲击荷载作用产生的变形是瞬时弹性变形，且冲击荷载与乘客挤压应力不会同时作用，因此在进行系统的刚度校核时可不考虑冲击荷载作用的因素，即按工况 1、3 计算系统的弹性变形，其最大弹性变形不超过 10 mm。

针对广州地铁提出的技术要求，考虑系统自重(包括门机、门体、框架等)、静荷载(1 500 Pa)、乘客挤压应力 1(500 N/m)的作用，此三力直接叠加，分析系统的弹性变形。对于深圳地铁提出的要求，此处采用人群荷载、风压(900 Pa)与乘客挤压应力(1 500 N/m)叠加，计算系统的弹性变形。

3. 疲劳强度校核

门体受人群挤压、冲击的机会少见，故考虑疲劳寿命时只考虑列车活塞效应和空调系统的风压，其中列车活塞效应风压，按 2 min 1 次循环，空调系统的风压定为静止荷载。屏蔽门设计寿命 30 年、每年 50 万次进行疲劳校核。

对广州地铁和深圳地铁分别采用风压 ±1 000 Pa 和 ±900 Pa 对系统进行应力分析(分别为两个工况)，之后均按设计寿命 30 年、每年 50 万次的疲劳寿命进行强度校核。

至于业主提出的抗地震要求，之前的分析表明其可以忽略不计，故不予考虑；冲击问题，由于对深圳地铁提出的要求没有分析透彻，尚未找到有效的计算方法，故也不予考虑；还有温度应力问题，是否考虑尚在探讨之中。

5.5　力学计算简化

计算机械构件的有限元软件有很多。以前采用 Robot97 完成屏蔽门力学计算的，要对整个系统进行适当的简化，才能建立适合于 Robot97 分析的有限元模型。

把固定门和活动门扇（包括应急门扇）与系统的支撑框架分开分析，这样便于灵活简便地对其分别进行分析。

对整个机械受力模型进行适当的简化，把固定门和活动门扇（包括应急门扇）与支撑系统的刚架结构分开，建立适合软件分析的有限元单元模型。采用有限元进行分析，得到各构件的变形、应力，同时也得到各连接点所需要的联结力，进而可以进行各节点的强度校核或设计。

1. 门扇

门扇采用板单元与梁单元相结合的模型，板单元表示玻璃，梁单元代表门框，二者之间采用固接形式。风压和人群荷载均直接作用在模型的表面。支撑形式可以根据实际设计采用线支撑或点支撑，如针对广州地铁制作的样门，固定门与立柱相接的一边采用三点支撑，顶部采用四点支撑，底部采用两点支撑，而滑动门的支撑形式为顶部两点支撑、底部线支撑。求出的支座反力的反作用力，即为门扇施加给支撑框架的力。

2. 支撑框架

支撑框架采用梁单元建立空间刚架分析模型。来自门扇的力根据前文分析得到。顶盒的面积也是比较大的，由于顶盒的存在而产生的力，可以较为精确地采用如门扇一样的分析得到，也可以采用经验的 45°对角线法得到。模型的支撑，即框架与站台底部和顶部的连接形式，可以根据设计，采用相应的固支或简支形式。

对于以上模型，用 Robot97 进行分析，即可得到各构件的变形、应力等。同时，也可以得到各节点所需要的联结力，进而可以进行各节点的强度校核或设计。

5.6 结　语

建立正确的屏蔽门力学模型是机械设计的关键问题。本章设计门体结构采用下部三维可调节、上部可伸缩结构，门体采用单元型设计，所有部件均可在站台侧方便地安装、拆卸。方大集团均可设计、生产所有机械构件，完全可以实现国产化。

第 6 章

供电系统设计

地铁屏蔽门虽然是一项高新技术产品，但国内电源系统水准较高，只要正确分析了地铁屏蔽门的供电需求，提出合理的设计计算方案，该部分可以完全国产化。

车站低压配电系统提供两路独立的三相 380 V 交流电源，两路交流电源一主一备，通过交流自动切换装备互为备用，驱动电源和控制电源设备均设置在屏蔽门的设备室内。

地铁屏蔽门选用直流电机作驱动机构，统一集中直流供电，线路长，负载冲击大，如何合理设计是一个值得考虑的问题。本章分析其设计的各影响因素，提出地铁屏蔽门的直流驱动电源的设计方案及其系统保护措施，详细提出直流驱动电源的设计计算。

6.1 负载特点

地铁屏蔽门的供电接口见图 6-1，将车站两路 AC380 V 供电转换成直流驱动电源，该驱动电源被引入门控器 DCU，由 DCU 内置电源变换器供电给电机、声光警告装置、电路等当地执行机构。

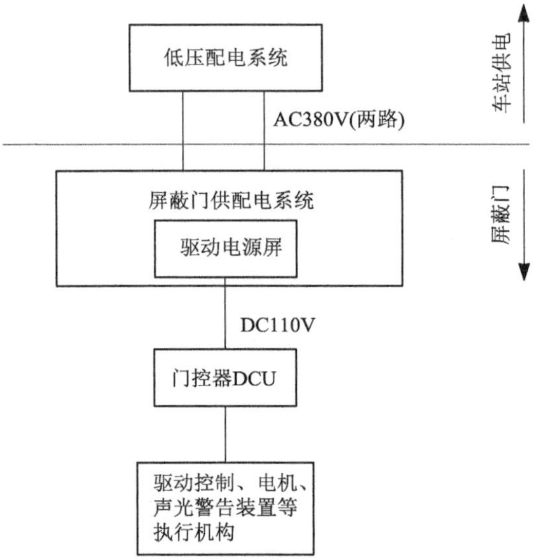

图 6-1 地铁屏蔽门的供电接口

驱动电源额定电压 U_q 一般接近且不大于 DC 110 V，具体值根据 DCU 的工作电压上限而定，与大多数 DCU 相配套的 U_q 取 96 V。

直流电机具有良好的启动机械性能，地铁屏蔽门都选用它作驱动机构。开门时间一般为 3 s，关门为 3.5 s，开/关循环一次为 120 s。地铁屏蔽门开关时，电机电流剧增，负载特点如图 6-2所示。开/关门时每个 DCU 输出电流可达 4 A，60 个 DCU 则需要驱动电源提供 240 A 的电流。门全开和关闭状态时每个 DCU 输出电流约 0.8 A。

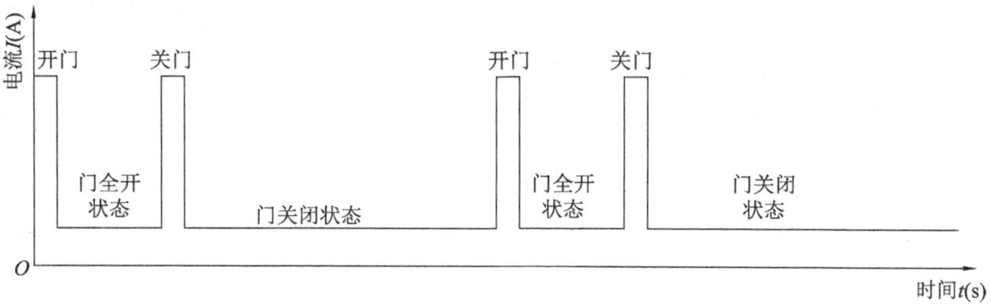

图 6-2　地铁屏蔽门电力负载

地铁屏蔽门供电要求如下：

(1) 正常情况下地铁屏蔽门由主电源供应。当主电源故障时，电源自动切换装置自动将主回路切换到备用电源。

(2) 交流断电后，蓄电池组保证地铁屏蔽门能开/关循环几次(一般为 3～5 次)，保证 PSC、PSA、PSL 等控制设备在停电后能持续工作 0.5 h。当交流电源恢复供电时，系统具有自启动功能。

(3) 供电系统具有较好的监控系统，可与中央通信。

(4) 尽量使用占地面积小的设备。

(5) 可靠性高。

6.2　驱动设计方案

6.2.1　主要设备选型

1. **充电整流机**

整流充电设备可采用高频开关模块式或可控硅相控整流，建议采用高频开关充电模块，其主要优点如下：

(1) 采用三相无源功率因数校正技术，模块功率因数≥0.95；

(2) 充电模块自带 RS485 接口，通过接口与监控模块通信，达到“四遥”功能，同时充电模块也可脱离监控装置单独工作；

(3) 模块本身具有完善的保护及报警功能，包括交流输入缺相、过压、欠压及直流输出过压、欠压、过流，模块内部过热保护及报警功能；

(4) 采用先进的软开关技术，可以减小功率开关器件的开关损耗，转换效率达90%以上；

(5) 充电模块间采用 PWM 均流技术，使得模块并联运行时均流性能优异，并联运行时保证最大电流不平衡度误差为 ±2.5%；

(6) 体积小，可节省地铁屏蔽门设备室面积；

(7) 高频开关模块和可控硅相控充电机的市场价格十分接近。

2. 蓄电池

一般有两种电池方案：镉镍蓄电池、铅酸蓄电池。镉镍蓄电池装置体积小，适合小容量直流系统，经济性能好；铅酸蓄电池装置体积大，适合大容量直流系统。地铁屏蔽门的电池容量需求超过 200 Ah，因此本书选用免维护铅酸蓄电池。

6.2.2 设计集成

整个驱动电源设计如图 6-3 所示，主要由电源自动切换装置、充电模块、降压硅链、微机监控装置、绝缘监测装置、防雷装置、免维护蓄电池和馈线回路等构成。充电模块在地铁屏蔽门设备室内将三相交流电转换为直流电，经隔离二极管隔离后，一方面对蓄电池组进行浮充电，另一方面通过降压装置(硅链)给地铁屏蔽门供电。充电模块采用 N+1 冗余配置，当某个充电模块发生故障时，不会对其余充电模块产生影响，其余充电模块继续给负载供电。当主电源、备用电源均发生故障时，由电池组经降压硅链对地铁屏蔽门的 DCU 供电。当交流电源恢复供电时，系统具有自启动功能，保证交流电恢复时能自动恢复正常运行。

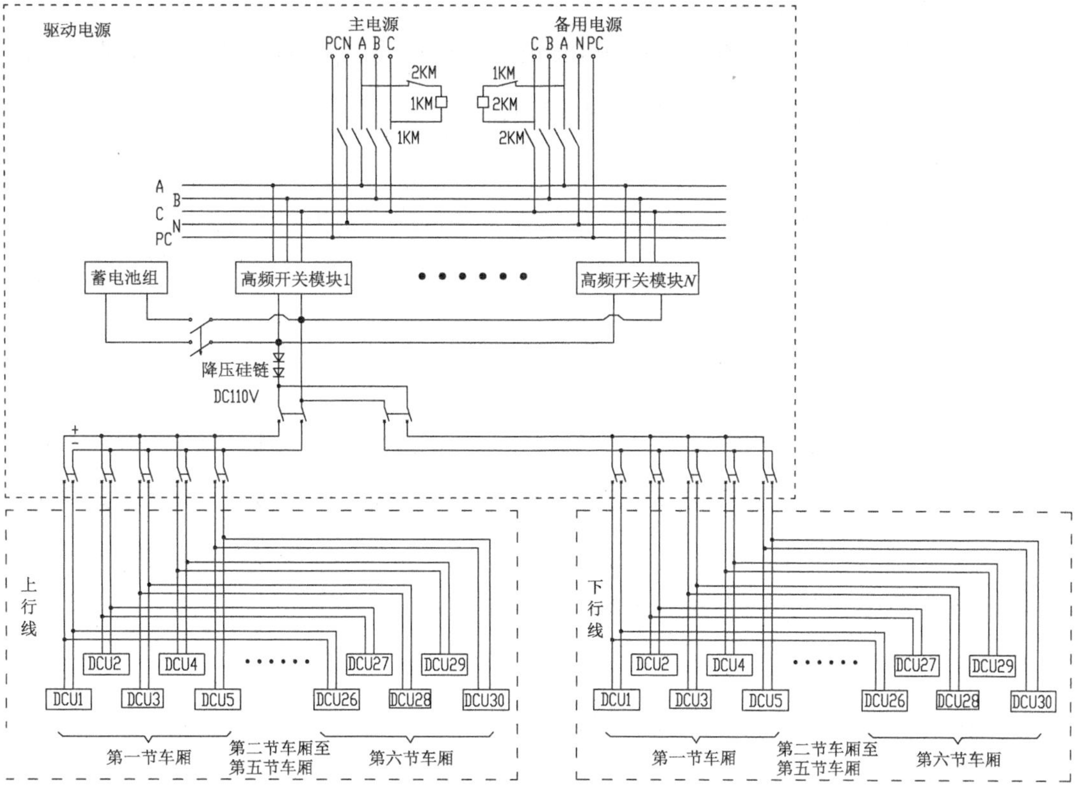

图 6-3　地铁屏蔽门直流驱动电源设计

6.2.3　各部件功能

1. 电源自动切换装置

当主电源故障时，电源自动切换装置自动将主回路切换到备用电源，将备用电源投入使用。

2. 微机监控装置

微机监控装置主要监测系统的电源自动切换装置、充电装置、蓄电池组、直流馈电单元、电池检测仪、微机绝缘监测装置等。

3. 充电模块

充电模块将三相交流转化为直流，正常工作时电池在浮充状态。

4. 降压硅链

降压硅链串联在电池组与直流母线之间。充电模块输出电压经降压硅链降压后便可输出一个适合 DCU 正常工作的直流电压。

5. 绝缘监测装置

微机型绝缘监测装置用于实现直流母线及各支路正负极对地绝缘状况的检测，自动显示正负极对地电压和接地电阻值，在系统过压、欠压、绝缘电阻过低时进行报警。

6. 馈线回路

馈线回路采用单母线分段方式。所有馈线开关均选用高分断能力的直流断路器，并设有辅助的脱扣报警触点。各馈线开关的选用考虑了上下级配合，保证直流侧故障时各馈线支路既能可靠分断又不越级跳闸。为了显示各馈线支路的通断状态，每个馈线支路均设置了状态指示灯。

7. 免维护蓄电池

蓄电池组由免维护铅酸蓄电池、电池检测仪和温度补偿采样装置构成。

6.3 电 力 计 算

6.3.1 高频开关模块个数

当上行、下行地铁屏蔽门同时动作时，驱动电源需提供最大电流 I_m。设有 N_d 档门同时动作，则有

$$I_m = N_d \times I_d + I_f \tag{6-1}$$

其中，I_d 为 DCU 的最大电流，DCU 供应者提供该数值。

I_f 与蓄电池组容量有关，可取 $0.2C_{10}$，即

$$I_f = 0.2C_{10} \tag{6-2}$$

高频开关模块 110 V 下的整流额定值 I_e 可选 40 A 或 60 A 型号。

考虑冗余 1 个模块,则

$$N_m \approx \left(\frac{I_m}{I_e}+1\right) \tag{6-3}$$

设模块效率为 η_m,则驱动电源需求功率

$$P_m=\frac{110\times I_m}{\eta_m} \tag{6-4}$$

6.3.2　蓄电池单体数

蓄电池单体数

$$N_b \approx \frac{U_f}{U_s} \tag{6-5}$$

$$U_g=U_f-U_q \tag{6-6}$$

其中,U_s 为蓄电池单体的浮充电压,U_g 为降压硅链电压降。正常情况下蓄电池组处在浮充状态,其浮充电压 U_f 可取 110 V。

末端 DCU 上的电压 U_{fa} 不低于 DCU 最小工作电压 U_o,有

$$U_{fa}\geqslant U_o \tag{6-7}$$

正常工作情况下

$$U_{fa}=U_q-I_h\times R_i \tag{6-8}$$

蓄电池供电情况下

$$U_{fa}=N_bU_{so}-I_h\times R_i \tag{6-9}$$

其中,U_{so} 为蓄电池单体的截止电压,I_h 为最远处母线组最大电流,R_i 为最远线路的电阻。本书设计成 5 组母线,每组母线供应 6 个 DCU 电流:

$$I_h\approx 6I_d \tag{6-10}$$

$$R_i = \rho \frac{L}{S} \tag{6-11}$$

其中，ρ 为导线电导率，L 为地铁屏蔽门设备室到最末端处 DCU 的导线总长，S 为导线面积。L 可达 300 m，所以要考虑线路压降。由于 DCU 内置了变压器，其工作范围较大，比较方便选定导线粗细。

6.3.3 电池组容量

驱动电源的蓄电池放电曲线满足主电源、备用电源均发生故障后，地铁屏蔽门能够完成开/关门循环 N_r 次。参考《用于可编程仪器的 IEEE 标准数字接口》(ANSI/IEEE Std 485－1978)，本书认为可将一次开/关门循环定为一次短暂冲击，即将蓄电池放电时间确定为 N_r (min)。

依据蓄电池的选择原则，需要考虑设计系数(可取 1.10)、温度系数(可取 1.05)、寿命系数(可取 1.20)以及蓄电池的可靠系数 δ (可取 1.40)。

蓄电池放电电流设计值

$$I_{bo} = N_d \times I_d \times \delta \tag{6-12}$$

查蓄电池容量数据表选定 C_{10}，确保放电 N_r 后，其截止电压不低于 U_{so}，放电电流不低于 I_{bo}。

6.3.4 优化设计

以费用为目标函数进行优化，重复 6.3.1～6.3.2 小节的步骤，就可选到合适的参数，得到合理的直流驱动电源方案。如某品牌 DCU 的额定工作电压 DC96 V、工作电压 77～110 V，门启动时最大电流 3.20 A，一个标准车站(60 个门)的直流驱动设计，经过本书方法优化选用 48 只阳光牌 A706/175 Ah 蓄电池、6 个 40 A/110 V 智能高频开关模块电源。

6.4　控制电源设计

控制电源为屏蔽门系统的控制设备如主控机(PSC)、屏蔽门操作指示盘(PSA)、站台端头控制盒(PSL)等提供电力需求。当屏蔽门系统交流侧电源故障时,控制系统的蓄电池容量保证 PSC、PSA、PSL 等设备在停电后能持续工作 0.5 h。

控制电源由蓄电池、直流变换稳压电源装置、馈线回路等构成,如图 6-4 所示。高频模块电源能提供直流电时,则由驱动电源为控制系统提供电源;高频模块电源不能提供直流电时,蓄电池为控制系统提供电源。

DC24 V 电流变换稳压电源为 PSC、PSL、PSA 提供逻辑电源。蓄电池容量保证 PSC、PSA、PSL 等设备在停电后能持续工作 0.5 h。控制系统选用蓄电池容量计算与驱动电源相似。

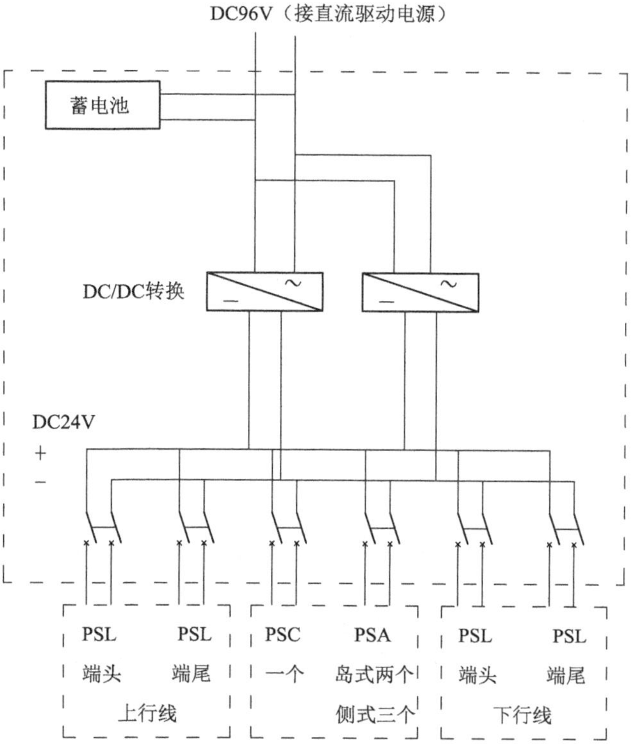

图 6-4　屏蔽门控制系统的电源供给

法国法维莱公司提供控制系统设备总电流 34 A,工作电压 DC24 V,按功率折算成 DC96 V 驱动电源时,电流只有 9 A 左右,与驱动电流相比很小,另在考虑驱动电源时计算最大直流电流值有较大的盈余,故高频模块数量无须再增加。

6.5 电源系统集成

6.5.1 合并

屏蔽门三相 AC380 V 电源为屏蔽门系统的电力供给，其应满足屏蔽门系统驱动电源、控制电源的需求。驱动电源和控制电源选用相同蓄电池合并成一组蓄电池柜。整个供电设计成：①高频模块电源将 AC380 V 转变成 DC96V，供给 DCU、DC/DC 转换；②意外情况下高频模块电源不能供电时，由蓄电池供给 DCU、DC/DC 转换。

6.5.2 系统保护措施

1. 接地保护

屏蔽门系统采用 TN-S 接地方式(图 6-5)，将中性导体(工作零线)和保护导体

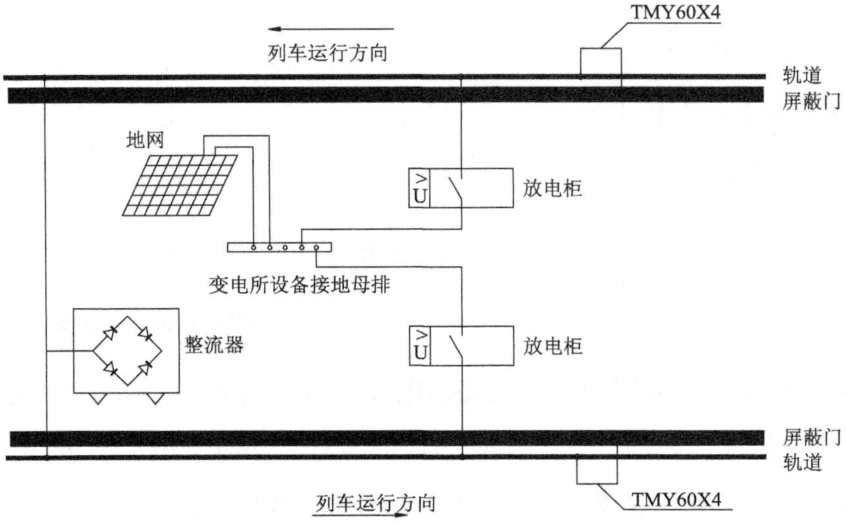

图 6-5 屏蔽门系统的等电位示意图

(保护地线 PE)在系统中分开(安装在屏蔽门门体上的设备金属外壳及金属保护管与门体相连,工作零线悬浮)。

2. 屏蔽门系统的点电位连接

安装在屏蔽门门体上的设备外壳及金属保护管与门体同电位,如图 6-6、图 6-7 所示。屏蔽门的门体与钢轨之间采用一点连接,即要求门体与钢轨保持等电位。每侧屏蔽门各单元之间用 TMY-60×4 进行连接,总电阻不大于 0.1 Ω,单元之间能够灵活隔断,便于进行等电位测试与检查。

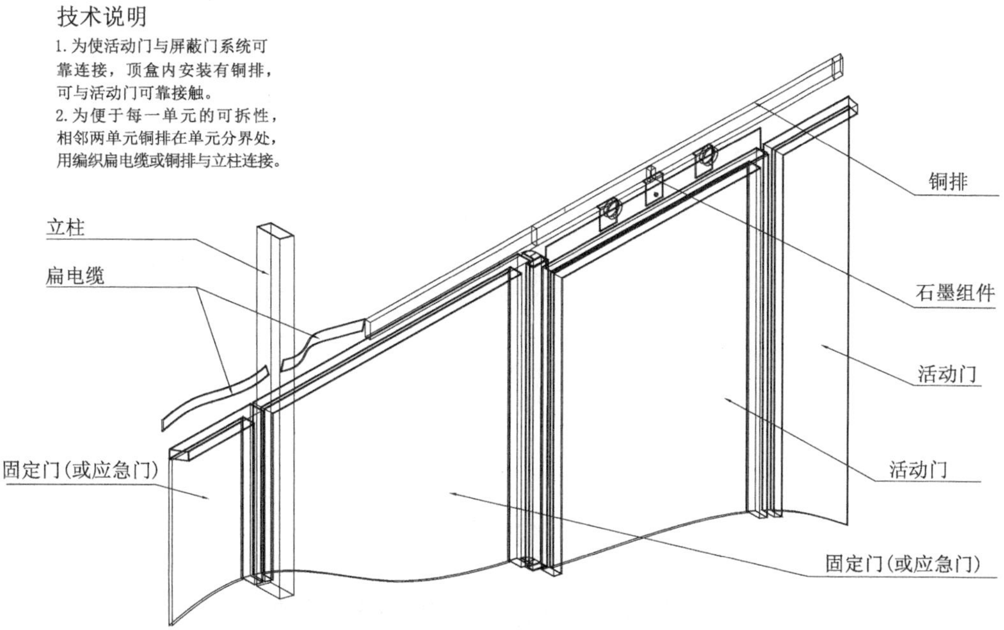

图 6-6 屏蔽门顶盒的等电位连接示意图

3. 绝缘处理

屏蔽门门体与站台结构绝缘,绝缘电阻不小于 0.5 MΩ,其中屏蔽门与天花板的间隔不小于 25 mm。

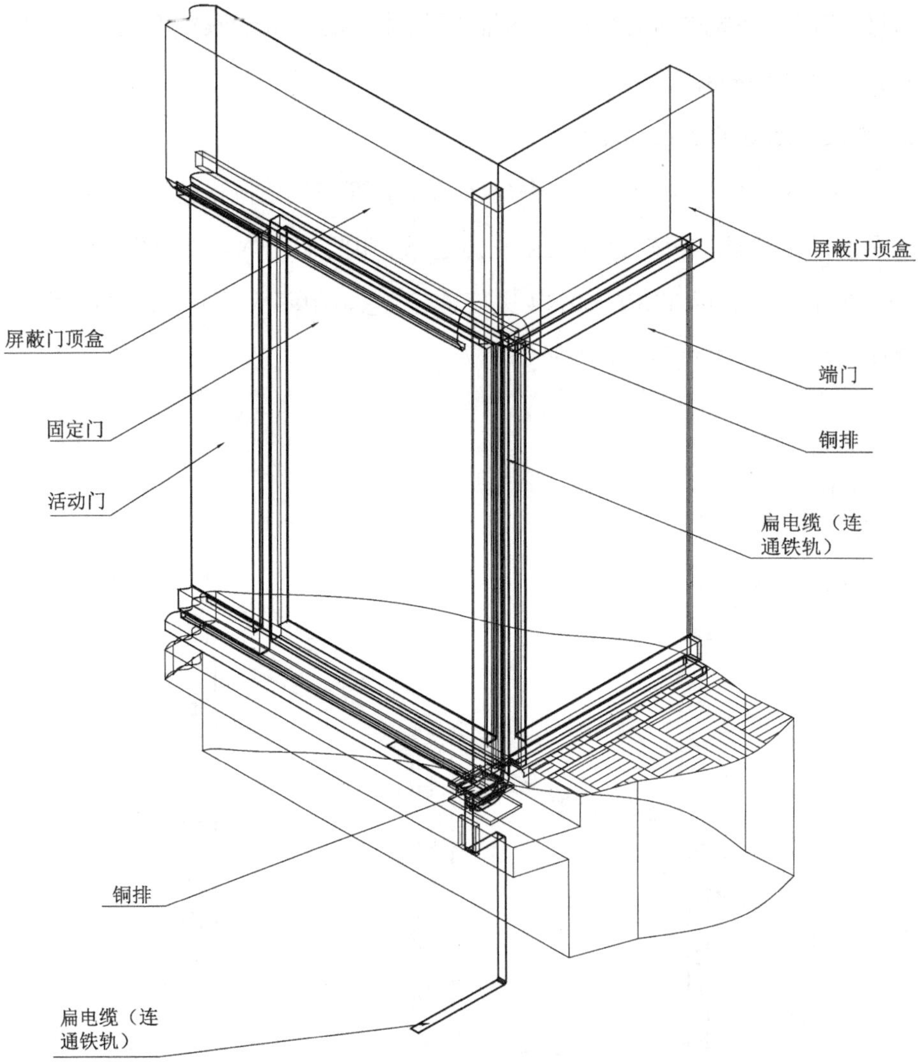

图 6-7　屏蔽门与钢轨的等电位连接示意图

6.6　符号说明

C_{10}——10 h 放电总量，A · h

I_{bo}——放电电流设计值，A

I_{d}——DCU 最大电流，A

I_e ——额定电流,A

I_f ——蓄电池组最大充电电流,A

I_h ——最远处母线组最大电流,A

I_m ——驱动电源最大电流,A

L ——导线总长,m

R_i ——最远线路的电阻,Ω

S ——导线面积,m^2

U_g ——降压硅链电压降,V

U_f ——蓄电池组浮充电压,V

U_s ——蓄电池单体的浮充电压,V

U_{fa} ——末端 DCU 电压,V

U_o ——DCU 最小工作电压,V

U_{so} ——蓄电池单体的截止电压,V

U_q ——驱动电源额定电压,V

ρ ——导线电导率, Ω · m

6.7 结　　语

本书电源设计采用高频模块电源,技术先进,效率高,占地面积小,满足地铁屏蔽门的用电需求。采用蓄电池在停电后为屏蔽门提供若干次开/关门(一般为 3 次)、控制电源持续工作(一般为 30 min)的放电容量。整个系统简洁实用,所采用的元器件可以全部国产。

本书设计经验: ①地铁屏蔽门供电线路长,在设计时应考虑线路电压降;②在考虑蓄电池容量时可将 1 次开/关门循环定为 1 次/min 的冲击;③高频模块电源效率高,占地面积小,建议优先采用;④建议优先采用免维护铅酸蓄电池。

第 7 章

样 机 测 试

屏蔽门从工厂生产到交付使用，有几个主要阶段性测试工作：样机测试、工程现场测试、整体测试、交付使用测试。样机测试检验新制作的屏蔽门是否达到各项性能指标，既验证设计、制造的质量，也是批量生产、工程的基础和起点。在所有阶段测试中样机测试项目最多，其他阶段的测试以其为蓝本，根据实际情况，选定或增选测试项目。合理制定样机测试项目，执行测试标准、重要指标是整个屏蔽门研究与工程设计中非常重要的工作，它基本上解决了屏蔽门的测试规范性问题。

本章将介绍样机测试，根据已有资料和试制屏蔽门样品的经验，确定重要的测试标准和具体要求。

7.1 样　　机

样机所使用的材料、工艺、设备、器件与将要批量生产所使用的完全一致，以检验样机的操作、控制、监视、报警和各种安全保护功能是否达到技术规格要求。样机测试项目应包括：运动性能测试，包括动能、运动速度曲线、关门力、手动开门力、关/开门时间；系统测试，包括模拟信号控制门动作、系统功能、障碍物检测、重开门；加载测试；寿命试验；电磁兼容试验；绝缘试验等。

屏蔽门性能测试的样机模型应包括以下几方面内容：

(1) 完整的驱动装置和门机控制器(DCU)、主控机(PSC)、屏蔽门操作指示盘(PSA)、站台端头控制盒(PSL)、模拟信号装置、模拟 EMCS 装置、与 PSC 互连的所有硬线和网络线。

(2) 一套完整的屏蔽门单元，包括活动门、应急门、固定门、顶盒、梁、柱、踏步板、支承座、预埋件、固定件、顶部绝缘与底部绝缘。

(3) 活动门、应急门的门锁，轨侧开门把手，站台侧开门钥匙等装置。顶盒上设有指示灯以及导向指示。

(4) 一套与机电设备监控系统(EMCS)接口相连的端子，并能模拟提供给 EMCS 屏蔽门的状态、故障信息。

(5) 一套询问/诊断装置。

7.2 运动性能测试

门开关循环应按屏蔽门工程技术规格要求进行,在操作循环中测试门的速度、动能、开关门力等与门位置的关系。DCU 内部贮存多条运动曲线,通过实测证实默认的运动曲线为最优,同时满足活动门的速度、动能、开关门时间等参数要求。

7.2.1 活动门运行动能试验

动能试验如图 7-1 所示,根据能量守恒定律,将活动门的动能转换为弹簧的势能来测得屏蔽门的动能曲线。屏蔽门在最大运行速度时,每扇活动门最大动能不超过 10 J。在最后 100 mm 关门行程中,每扇门动能不超过 1 J。

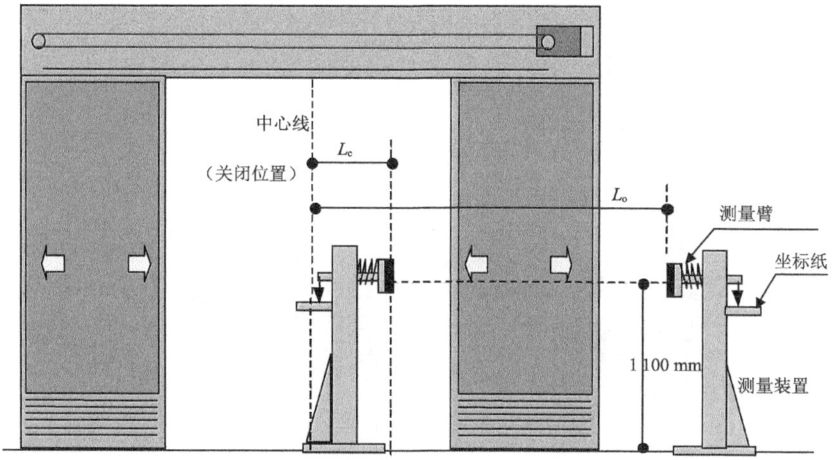

图 7-1 动能试验示意图

7.2.2 活动门运行速度曲线试验

检测活动门开/关门实际运行的速度曲线,以验证循环操作中其速度、动能与活动门的位置的关系是否符合设计要求。

应在带风负荷和不带风负荷两种情况下测试。速度曲线的测试是通过安装在直流电机上的外置式测速编码器和与编码器相连的存储记录仪来实现的，如图 7-2 所示。

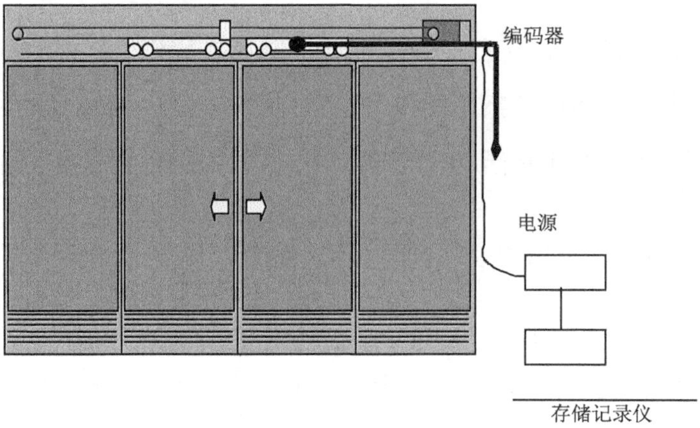

图 7-2 门速度曲线试验方法示意图

7.2.3 关门力试验

该试验(图 7-3)检测活动门在关门加速完成时，阻止其关门的力的大小。单扇门的阻止关门力应小于 150 N。

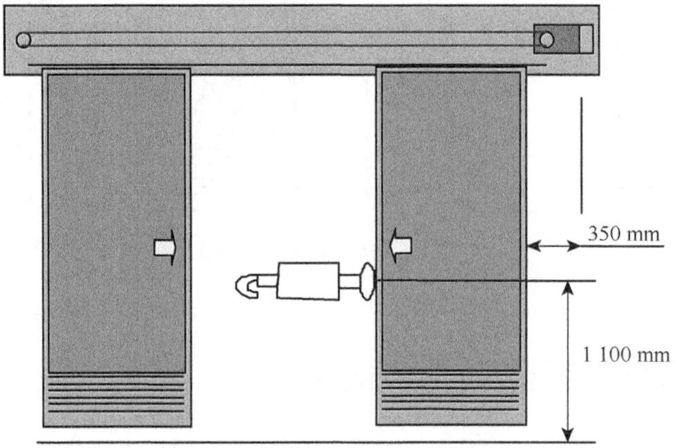

图 7-3 关门试验方法示意图

7.2.4　手动开门力试验

将电源切除，通过手动方式将门由关闭位打开到设计净开度时各个不同位置所需的力，以及通过轨道侧门把手解锁的力称为手动开门力，是衡量活动门、应急门运动阻力大小的指标。

活动门、应急门运动阻力的值应满足：手动解锁力应不大于 67 N；手动将门从关闭位打开时的力应不大于 150 N；门推动后，将其推开到设计净开度所需的力应不大于 67 N。

7.2.5　开/关门时间试验

分别用秒表测量屏蔽门的开/关门时间，与设计给定时间比较，其差值应不大于 0.1 s。

7.2.6　障碍物检测试验

屏蔽门系统应探测到如图 7-4 所示的门扇与平行门缘间 10 mm 厚的短棒。探测到短棒障碍物时，其运动情况相当于遇上障碍物，运动情形参见第 4 章。

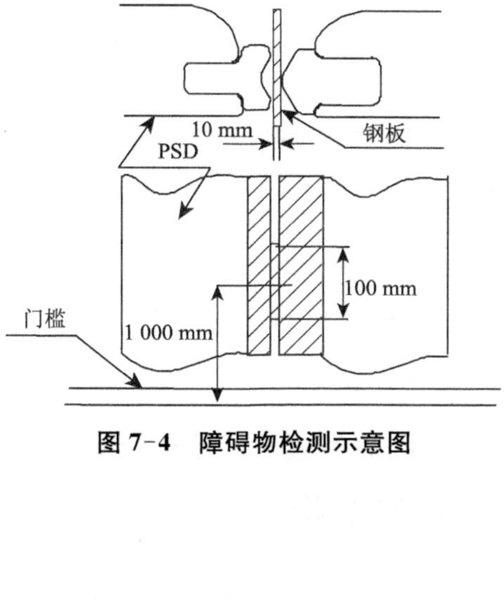

图 7-4　障碍物检测示意图

7.2.7 重开门试验

关门遇阻后自动打开，然后慢速关闭；再遇阻，再重新打开，后慢速关闭。门遇阻重开超过一定次数(该次数在0～10次之间可调，一般为3次)后，DCU向PSC发出关闭遇障碍警报，顶盒发出声光警告。

7.3 系统测试

该试验检验全部信号是否正确地发送与接收，通过模拟信号系统输入/输出信号，测试门的自动操作，检验屏蔽门的操作模式是否满足规定要求。

7.3.1 系统功能试验

测试PSC、PSL、PSA、DCU、就地控制盒5个主要控制部件的系统功能，以及它们相配合下的工作模式是否满足设计要求，是检验控制系统控制方案的一个重要试验。

屏蔽门控制系统应满足以下三种运行模式：

(1) 正常运行模式(系统级控制)；

(2) 非正常运行模式(站台级控制)；

(3) 紧急运行模式(手动操作)。

根据以上三种运行模式设置的七种控制方式(其中五种为电动控制，两种为手动控制)也应满足：

(1) 自动控制或列车司机室控制(正常运行模式)；

(2) 站台端头控制(PSL)(非正常和紧急运行模式)；

(3) 单樘门就地控制(维修)；

(4) 车站综合控制室控制(PSA)(紧急运行模式)；

(5) 屏蔽门设备室控制(PSC)(调试)；

(6) 活动门手动操作(非正常和紧急运行模式);

(7) 端头门的手动操作。

以上七种控制方式应具有优先级处理,手动控制优先于电动控制,站台端头控制优先于自动控制或列车司机室控制。

7.3.2 模拟信号控制活动门动作试验

由信号系统模拟装置发出开门/关门控制命令,检测屏蔽门系统与信号系统的接口功能。

7.4 加载测试

采取联合加载形式对模型进行变形测试,在采取风压与人群荷载时,应仔细检查模型以确定真正变形度,并进行听觉测试(表 7-1)。

表 7-1 加载测试工况

荷载	工况	
	情况 1	情况 2
人群荷载	*	/
冲击	/	*
风压	*	*
地震	*	*

注:(1) 风压状况应考虑正、负压,模拟风压荷载装置如图 7-5 所示。
(2) * 表示在分析中应考虑的负加荷载。
(3) 荷载数值参阅第 5 章力学模型,模拟人群荷载装置见图 7-6。

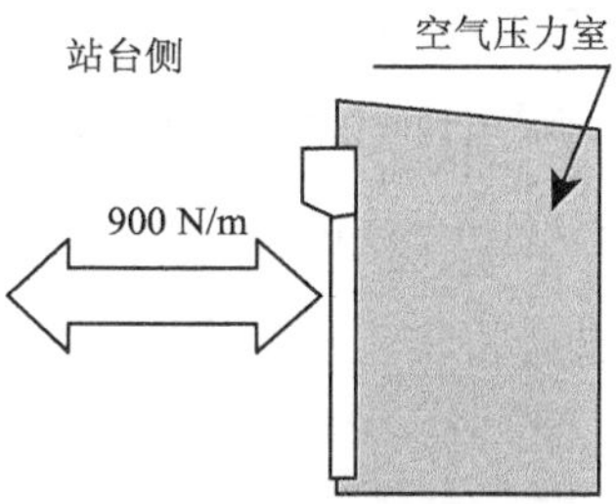

图 7-5 模拟风压荷载装置

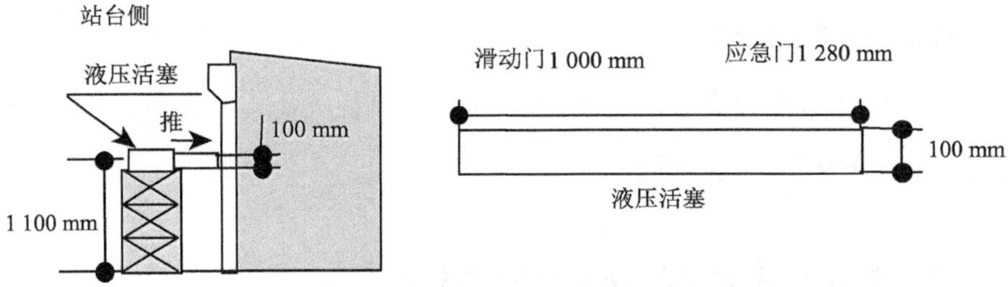

图 7-6　模拟人群荷载装置

各工况下已安装玻璃的屏蔽门系统在受力最恶劣情况下，屏蔽门各框架元件的最大弹性变形与静止状态相比不得超过 10 mm。保证在操作状态下，空气泄漏不产生任何明显气流或啸声，听觉限度应不大于 NR60(最大水平、最快反应)。加载测试主要包括以下两个方面。

7.4.1　挠度试验

测试在联合加载时，样机的真正变形度。已安装玻璃的屏蔽门系统在联合加载的情况下，屏蔽门各框架元件的最大弹性变形与静止状态相比不得超过 10 mm。风压荷载可用冲气气袋模拟得到。

7.4.2　密封试验

通过密封试验(图 7-7)对屏蔽门进行空气渗透性和风抗力测试，以保证空气渗漏在所有的操作条件下不会引起明显的气流或啸声。空气泄漏量达到规定的要求，不超过固定部分 2 $m^3/(h \cdot m)$、启动部分 8 $m^3/(h \cdot m)$ 的规定。用灯光目测，应无光线透过。

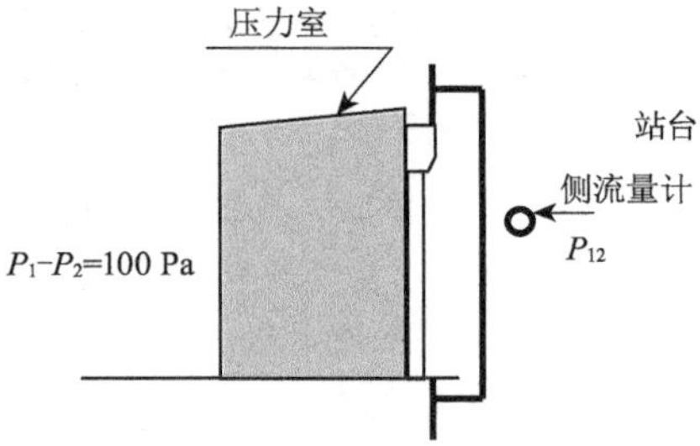

图 7-7　密封试验示意图

7.5 100 万次寿命试验

门应不少于 100 万次完整开/关循环。在测试期间，监测屏蔽门的速率轮廓值并将之与 DCU 内设定的值相比较，并对屏蔽门组件的初始故障和磨损进行严格试验。完成测试后，应拆卸门机的驱动机械、导轨、齿轮等运动组件和门组件进行严格检查，对过于磨损区域进行检验，拍摄照片以记录部件状况。

在安装现场让样机每天 24 h 连续操作，4 次/min 开/关循环。在试验过程中，非正常状态将存储于 PSC 中。其循环运行次数不少于 100 万次。

测试阶段和项目如下。

(1) 分别经过 1 万次操作、10 万次操作、50 万次操作和 100 万次操作，并通过视觉与测量检测以下项目：关门力的检测、手动关门力的检测、绝缘电阻检测、绝缘强度检测、系统各种功能检测。

(2) 进行解体检查，检查各主要运行件的磨损情况，记录测量值，每个部件不得有任何有害缺陷和过度磨损。

100 万次循环操作之后：①滑轮、减速齿轮、导槽、PSD 导块、皮带的磨损均不得高于 0.5 mm；②与前次测试测量值相比，门速的差异不得超过 10%；③整个皮带套的皮带张力不得松弛。

7.6 电磁兼容试验

检验屏蔽门控制系统是否超过工业环境下发射通用标准所规定的发射限制，其抗扰度是否满足通用标准所规定的抗扰度。根据国外公司屏蔽门电磁兼容方面的推荐和我国相关规定，选定以下内容作为方大集团的企业标准。

7.6.1 骚扰限值

骚扰限值按表 7-2 的规定执行。

表 7-2 屏蔽门设备骚扰限值

序号	项目	参考标准	极限值	备注
1	辐射骚扰限值	EN 50081－2：1993 (EN55011：1998，A 类)	30～230 MHz：40 dB(μV/m) 230 MHz～1 GHz：47 dB(μV/m) 10 m	极限值为准峰值
2	传导骚扰限值	EN 50081－2：1993 (EN 55011：1998，A 类)	0.15～0.5 MHz： QP 为 79 dB(μV) AV 为 66 dB(μV) 0.5～30 MHz： QP 为 73 dB(μV) AV 为 60 dB(μV)	QP 为准峰值 AV 为平均值
3	感应骚扰限值	国际电话与电报顾问委员会(CCITT)规定	对地最大电压幅值(连续)　60 V 对地最大电压幅值(故障状态)　430 V 噪声计测量最大电压　1 mV	

7.6.2 抗干扰值

屏蔽门设备抗电磁干扰试验按表 7-3 的规定进行。

表 7-3 屏蔽门设备抗电磁干扰试验

序号	项目	参考标准	试验规格	试验部位
1	抗静电放电干扰	IEC61000－4－2：1995/A1：1998	±6 kV　接触放电 ±8 kV　空气放电	所有可能被人员接触的电子、电气设备
2	抗射频电磁场辐射干扰 (调幅)	IEC61000－4－3：1996/A1：1998	80～1 000 MHz，20 V/m (1 kHz AM 80%)	所有设备，包括电缆接口

（续表）

序号	项目	参考标准	试验规格	试验部位
3	抗数字移动电话产生的辐射电磁场干扰 (脉冲调制)	ENV50204：1995	(900±5)MHz 10 V/m (200 Hz 脉冲调制，占空比为 50%)	所有设备，包括电缆接口
4	抗电快速瞬变脉冲群干扰 (电源端口)	IEC61000-4-4：1995	±2 kV(脉冲峰值) 5/50 ns(前沿/半峰值) 5 kHz(重复频率)	AC 电源线 采用直接耦合
5	抗电快速瞬变脉冲群干扰 (信号和控制端口)	IEC61000-4-4：1995	±1 kV (5/50 ns，5 kHz)	所有信号线、控制线、测量线的电缆接口 内部电源线(AC 和 DC)
6	抗浪涌冲击	IEC61000-4-5：1995	±2 kV(共模方式) ±1 kV(差模方式)	所有信号线、控制线、测量线的电缆接口 内部电源线(AC 和 DC)
7	抗浪涌冲击 (AC 输入线)	IEC61000-4-5：1995	±2 kV(共模方式) ±1 kV(差模方式)	AC 电源线
8	抗射频场感应场传导干扰 (调幅)	IEC61000-4-6：1996	0.15～80 MHz， 10 V (1 kHz AM 80%)	AC 电源线 所有信号线、控制线、测量线的电缆接口 内部电源线(AC 和 DC)
9	抗电网频率磁场干扰试验	IEC61000-4-8：1993	50 Hz，100 A/m	所有设备，包括电缆接口
10	电压跌落	IEC61000-4-11：1994	-30%，10 ms -60%，100 ms	AC 电源线
11	电压中断	IEC61000-4-11：1994	-95%，5 000 ms	AC 电源线
12	电压波动	IEC61000-4-11：1994	±10% 15 min	AC 电源线

7.7 绝缘试验

检测样机的门体顶部与底部绝缘情况,检验所有控制设备(门机控制器、主控机、站台端头控制盒、屏蔽门操作指示盘)元器件的插装、金属连接点、连接线、印制线路的布线、封装等是否充分远离周围的金属部件或紧固件。

7.7.1 绝缘电阻试验

在一个标准大气压下,检测样机的门体顶部与底部的绝缘电阻是否达到规定值。用万用表测量屏蔽门各部件是否可靠连接。

在部件可靠连接,其电阻小于 0.1 Ω 的情况下,用 500 V 兆欧表测量门体对相互短接的各底部支座和顶部转接件间的绝缘电阻,绝缘电阻应大于 0.5 MΩ。

在相互短接的控制设备插头(座)芯子和其金属机箱之间应满足:

(1) 额定直流电压≤60 V 时,用 250 V 兆欧表检测,绝缘电阻应不小于 5 MΩ。

(2) 额定直流电压≥60 V 时,用 500 V 兆欧表检测,绝缘电阻应不小于 5 MΩ。

7.7.2 绝缘强度试验

在一个标准大气压下,检测样机的门体顶部与底部的绝缘强度是否达到规定值。

门体绝缘强度试验:在绝缘电阻通过试验后,用工频耐压试验台在屏蔽门门体和相互短接的各底部支座和顶部转接件间施加 1 500 Vrms 电压 1 min。应无破坏性放电或闪电。在绝缘强度试验通过后,重做绝缘电阻试验,应仍能满足要求。

控制设备绝缘强度试验:在绝缘电阻通过试验后,根据各设备的额定工作电压,通过工频耐压试验台,在相互短接的插头(座)芯子和装置的金属机箱之间施加相应的试验电压(表 7-4)。

表 7-4 额定绝缘电压与试验电压的对应关系

额定绝缘电压 U_i(直流)	试验电压 U_s(有效值)
$U_i \leqslant 60$ V	500 V
$U_i > 60$ V	$2U_s + 1\,000$ V,最小值为 1 500 V

通过逐渐升压,将试验电压加到设备上,并在规定电压等级上保持 1 min。试验时应不产生破坏性放电或闪电。绝缘强度试验通过后,重做绝缘电阻试验,应仍能满足要求。

7.8 其他试验

7.8.1 高、低温试验

根据 IEC60068-2-1/2 标准,屏蔽门电子电气设备应进行高、低温试验。设备工作的环境温度为 0.2～40℃,因此,试验温度为 0～70℃。

7.8.2 电机的温升试验

在带风负载和不带风负载两种情况下,用电阻法测试电机线圈的温升,用温度测量仪测试电机表面的温升,检测屏蔽门循环操作时,电机的温升是否在规定范围内。

7.9 结　　语

本章参考实际工程经验和相关公司推荐,确定了屏蔽门样机组成、测试项目及相应标准,制定了相关重要参数。该研究对车站地铁设备国产化后,如何检验、测试,特别是设备的电磁兼容方面,有可借鉴之处。本书样机测试项目齐全,有些项目可以根据实际情况减少。

第 8 章

屏蔽门工程技术标准

8.1 屏蔽门工程概述

屏蔽门工程范围为：屏蔽门安装框架、门体设备、供电系统、驱动系统、控制系统、接地和绝缘设备等相关子系统，并负责系统设备的运输安装、各阶段的试验验收以及质保期内的维护保养、对业主和相关人员的培训等工作。

屏蔽门系统主要由钢架结构、顶盒、门体组合、下支承结构、门机、电气控制系统和供电系统七大部分组成。其中电气控制系统主要由主控机(PSC)、人机界面(HMI)、输入/输出接口、站台端头控制盒(PSL)、门机控制器(DCU)、屏蔽门上方声光告警装置、通信设备、就地控制盒及车站综合控制室内的操作指示盘(PSA)等组成，并以每个车站为单位构成一个完整的监控系统。系统内部的连接有现场总线和硬线两种连接方式。

8.2 屏蔽门工程设计依据

8.2.1 相关文件

(1)《城市轨道交通站台屏蔽门》(CJ/T 236)

(2) ××地铁××期工程屏蔽门(PSD)系统总包工程招标文件

(3) ××地铁××期工程屏蔽门(PSD)系统总包工程招标图纸

(4) 方大集团质量保证体系文件——《质量手册》《程序文件》《作业指导书》

(5) 其他有关文件：其他国家现行标准

8.2.2 规范和标准

(1)《建筑外窗抗风压性能分级及其检测方法》(GB 7106)

(2)《铝合金建筑型材》(GB/T 5237)

(3)《铝及铝合金阳极氧化膜规范》(GB/T 8013)

(4)《电梯制造与安装安全规范》(GB 7588)

(5)《电梯试验方法》(GB 10059)

(6)《夹层玻璃》(GB 9962)

(7)《钢化玻璃》(GB 79963)

(8)《建筑幕墙空气渗透性能检测方法》(GB/T 15226)

(9)《地下铁道设计规范》(GB 50157)

(10)《建筑结构荷载规范》(GBJ 9)

(11)《建筑抗震设计规范》(GBJ 11)

(12)《低压配电设计规范》(GB 50054)

(13)《玻璃幕墙工程技术规范》(JGJ 102)

(14)《民用建筑电气设计规范》(GB 51348)

(15)《不锈钢及合金化学成分》(GB/T 20878)

(16)《耐热钢棒》(GB/T 1221)

(17)《耐候结构钢》(GB/T 4171)

(18)《保证淬透性结构钢技术条件》(GB/T 5216)

(19)《建筑橡胶密封垫——预成型实心硫化的结构密封垫用材料规范》(HG/T 3099)

(20)《硫化橡胶或热塑性橡胶 密度的测定》(GB/T 533)

(21)《邵氏硬度计法(邵尔硬度)》(GB/T 531.1)

(22)《合成橡胶牌号规范》(GB/T 5577)

(23)《硫化橡胶或热塑性橡胶撕裂强度的测定》(GB/T 529)

(24)《工业用橡胶》(GB 5574)

(25)《漆膜厚度测定法》(GB/T 1764)

(26)《涂膜硬度铅笔测定法》(GB/T 6739)

(27)《漆膜耐冲击性测定法》(GB/T 1732)

(28)《色漆和清漆　不含金属颜料的色漆漆膜的20°、60°和85°镜面光泽的测定》(GB/T 9754)

(29)《色漆和清漆　漆膜的划格试验》(GB/T 9286)

(30)《电力工程电缆设计规范》(GB 50217)

(31)《低压成套开关设备》(GB 7251)

(32)《工业控制用软件评定规则》(GB/T 13423)

(33)《可编程序控制器》(GB/T I969)

(34)《低压直流成套开关设备》(JB/T 8456)

(35)《环境试验》(IEC68-2-6)

(36)《振动》(IEC68-2-6/7)

(37)《基础环境测试程序》(IEC68-2-30)

(38)《软件编程标准》(IEC68-2-30)

(39)《电气设备》(IEC60077)

(40)《印刷电路板》(IEC60326)

(41)《印刷电路板的基本材料》(IEC60249)

(42)《铁路公路车辆的电气牵引和电气转动设备》(IEC60349-2)

(43)《由屏蔽提供的保护等级(IP 规范)》(IEC60529)

(44)《(1～3 部分)铁路车辆用电子设备》(IEC60571)

(45)《(3、4 部分)工业测量和控制设备的电磁兼容性》(IEC60801)

(46)《工业环境发射通用标准》(EN50081-2)

(47)《工业环境抗扰度通用标准》(EN50082-2)

(48)《噪声等级》(ISO3095)

(49)《光线控制》(ISO1106-1)

(50)《铁路电线电缆》(UIC895)

(51)《有关电击危险的保护措施》(EN50153)

(52)《铁路乘客车辆设计和制造中的防火》(BS6853)

(53)《铁路车辆-车厢出入门,特性、操作、检查和测试》(NFF31054)

8.3 术语及缩写

ATC——列车自动控制系统

CCTV——中央摄像监视系统

CPU——中央处理器

DCU——门机控制器

EED——应急门

EMCS——机电设备监控系统

FIX——固定门

HMI——人机界面

I/O——输入/输出

MCBF——平均无故障周期

MDT——平均停机时间

MSD——端头门

MTBF——平均无故障时间

MTTR——平均维护时间

OTE——混凝土排热风道

PLC——可编程控制器

PSA——屏蔽门操作指示盘

PSB——站台监视亭

PSC——主控机

PSD——活动门

PSL——站台端头控制盒

SIG——信号系统

UPS——不间断电源

TN-S——在整个电源系统中，中性线(N)与保护线(PE)分开连接的接地方式

中　篇

工程设计范例

第 9 章

工程设计基本情况

9.1 工 程 概 述

深圳地铁一期工程范围为规划中的地铁 1 号线东段和 4 号线南段，1 号线从罗湖站至侨城东站，设车站 13 座；4 号线从皇岗站至少年宫站，设车站 5 座，其中皇岗站为地面站，会展中心站为 1 号线和 4 号线的换乘站。车站名称和站台型式如表 9-1 所示。

表 9-1 车站名称和站台型式

序号	车站名称	站台型式	序号	车站名称	站台型式
1 号线			10	香蜜湖站	岛式
1	罗湖站	两岛一侧三线	11	车公庙站	岛式
2	国贸站	重叠侧式	12	竹子林站	两岛三线
3	老街站	重叠侧式	13	侨城东站	岛式
4	大剧院站	岛式	4 号线		
5	科学馆站	岛式	14	皇岗站	暂时未定
6	华强路站	岛式	15	福民站	岛式
7	岗厦站	岛式	16	会展中心站	侧式
8	会展中心站	岛式	17	市民中心站	侧式
9	购物公园站	岛式	18	少年宫站	侧式

深圳地铁一期工程在全线的 18 个车站设置屏蔽门系统。设置屏蔽门的主要目的是隔断区间隧道内热空气与车站内空调风之间的热交换，使车站成为一个独立的空调场所，以显著降低车站空调的运行能耗，同时减少列车运行噪声和活塞风对车站的影响，防止人员跌落轨道发生意外事故，为乘客提供一个舒适、安全、美观的候车环境，提高地铁的服务水平。

本工程范围为：安装深圳地铁一期工程全部 18 个车站的屏蔽门框架、门体设备、供电系统、驱动系统、控制系统、接地和绝缘设备等相关子系统，并负责系统设备的运输安装、各阶段的试验验收，以及质保期内的维护保养、对业主和相关人员的培训等工作。

本工程设计依据见本书 8.2 节。

9.2　基本条件及总体性能

9.2.1　基本条件

1. 环境条件

深圳市位于广东省中南部的沿海地区，属亚热带气候，全年温、湿度较高，屏蔽门系统设置在地铁的地下和地面车站。

环境温度：最大 40℃，最小 0.2℃。

相对湿度：最大 100%。

2. 运行能力

每周 7 d、每天连续运行 18 h，每 2 min 开关门 1 次。

3. 荷载条件

人群荷载：1.5 kN/m(FL + 1 100 mm)。

风压：± 900 Pa。

冲击荷载：2 800 N(在 0.08 s 内)。

地震力：$\pm 0.1g$。

门体无破坏，且弹性变形量不大于 10 mm。

4. 电源条件

(1) 按一类负载供电，由车站低压配电系统引出两路独立的三相 380 V 交流电源，分别作为屏蔽门系统的主电源和备用电源，在主电源故障时，备用电源自动投入，保证屏蔽门系统的正常工作。

(2) 经计算,竹子林站所需的电源功率为 29.96 kW,罗湖站所需的电源功率为 32.25 kW。车站低压配电系统提供的 45 kW 功率容量满足屏蔽门系统的功率要求。

其余车站屏蔽门的功率需求为 28.57 kW,车站低压配电系统提供的 30 kW 功率容量满足屏蔽门系统的功率需求。

5. 列车条件

(1) 列车编组: 6 节车/列;

(2) 停车精度: ±250 mm;

(3) 车门数量: 5 档门/节;

(4) 车门间距: 4 560 mm;

(5) 车门宽度: 1 400 mm。

9.2.2 总体性能

1. 总体布置

(1) 站台形式一般分为两种: 一种为岛式站台,如图 9-1 所示;另一种为侧式站台,如图 9-2 所示。

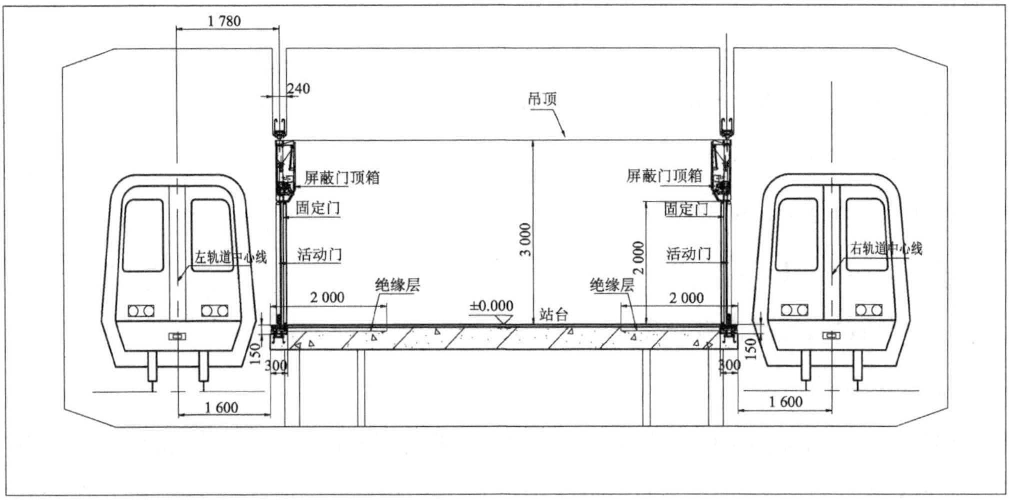

图 9-1 岛式站台

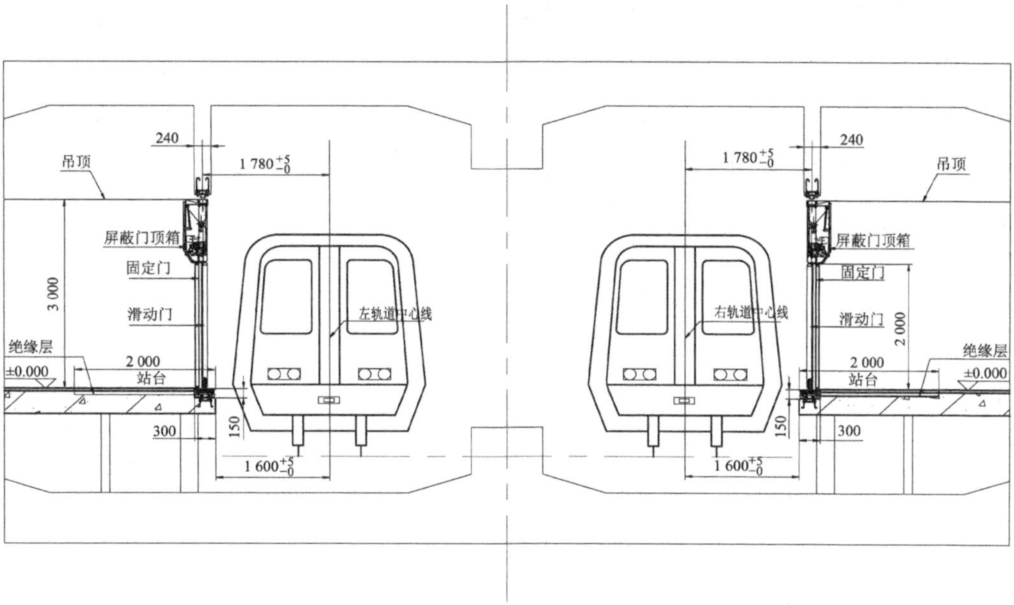

图 9-2　侧式站台

(2) 当列车停车精度在 ± 250 mm 时,列车驾驶室门能全开且不受任何阻碍,并且活动门与列车乘客门一一对应,乘客可以正常上下车,不受影响。

(3) 沿站台长度方向,屏蔽门以站台中心线居中对称布置,全长为 136 500 mm,该尺寸为两端立柱中心线距离。安装时,踏步板在站台全长上的平直度误差不大于 5 mm。

(4) 对于地下站,屏蔽门外轮廓在轨道侧与轨道中心线的距离为 1 710 mm(正公差为 5 mm),在站台全长上的安装误差不大于 5 mm(正公差 5 mm)。对于地面站,屏蔽门的布置满足限界要求,即屏蔽门外轮廓在轨道侧与轨道中心线的距离为 1 730 mm(正公差为 5 mm)。

(5) 在地下车站,屏蔽门的上部安装位置为环控 OTE 风道的侧墙,侧墙厚度为 240 mm,侧墙底面距站台装饰层的垂直距离为 3 100 mm,预埋件的轴线距线路中心线的距离为 1 780 mm ± 5 mm;屏蔽门的下部安装位置,站台边缘已经预留了 300 mm × 150 mm 的安装位置,预埋件的轴线距线路中心线的距离为 1 745 mm ± 5 mm,屏蔽门的所有结构设计、安装均以预埋件为基础并且满足上述要求。

(6) 地面站台有两种形式。

一种是敞开式,即屏蔽门与室外相通,屏蔽门受到的风压主要为地面风荷载,根据《建筑结构荷载规范》(GBJ9-87)可知对于垂直作用在屏蔽门上的风荷载标准值可按式(9-1)计算。

$$W_k = \beta_z \times \mu_s \times \mu_z \times W_o \tag{9-1}$$

式中:W_k ——风荷载标准值(kN/m^2);

W_o ——屏蔽门所在地区的基本风压(kN/m^2),查(GBJ9-87)深圳地区基本风压值 W_o 为 700 Pa;

β_z ——高度 Z 处的风振系数;

μ_s ——风荷载体型系数;

μ_z ——风压高度变化系数。

地面站台的另一种形式是非敞开式,即屏蔽门安装于室内,与室外不相通。该种形式屏蔽门与地下站屏蔽门基本相同,但设计施工时应考虑建筑伸缩缝和沉降缝对屏蔽门的影响。

(7) 对于曲线站台,根据不同的曲率半径设计不同的站台布置方案。通常对于曲率半径大的站台,屏蔽门站台的布置可以与每节列车车厢平行,而对于曲率半径小的曲线站台,需要将每个屏蔽门单元按折线布置。在曲线站台的两端,屏蔽门与列车车厢的距离大,在曲线站台的中间,屏蔽门距离列车的车辆限界最近并满足屏蔽门的限界要求,设计时应考虑列车断面对称轴线向圆心侧倾斜的影响。在单元与单元之间的立柱和面板处采取密封措施。

2. 控制系统

(1) 屏蔽门控制系统能够保证屏蔽门在正常和非正常状态下安全、可靠地运行,在紧急状态下能够保证乘客安全疏散。

(2) 屏蔽门控制系统遵从议定的接口与信号系统进行联络,能够满足与信号系统的接口要求。

(3) 屏蔽门控制系统遵从议定的接口协议与机电设备监控系统(EMCS)进行联络,能够满足与机电设备监控系统(EMCS)的接口要求。

(4) 屏蔽门控制系统采用集中供电方式,由驱动电源和控制电源向控制系统设备提供不间断的电源。

(5) 屏蔽门系统设备具有很强的防护能力,能适应深圳地区高温、潮湿的气候环境。

(6) 法维莱公司的门机采用机械方式进行锁定,门机控制器(DCU)按照故障安全的原则进行设计,能够保证在站台轨道区段无列车占用时及在任何故障情况下所有活动门处于闭锁状态,并且不会因元件、部件的失效导致任何一扇屏蔽门自动开启,详见本书门机控制器(DCU)部分。

(7) 采用的接线端子是已经得到广泛应用的成熟产品。考虑到深圳地区的气候环境,使用的接线器具有防水和耐腐蚀性能,同时为了保证产品质量可靠、性能优良,在深圳地铁项目上不采用塑料接线器和未能在铁路上成功使用的接线器。

(8) 屏蔽门设备室内安装有主控机(PSC)和电源设备。由于各个车站屏蔽门设备室的面积不同,本书选择其中面积最小的屏蔽门设备室为例。

3. 屏蔽门的运行模式

屏蔽门的运行模式有正常运行模式(系统级控制)、非正常运行模式(站台级控制)和紧急运行模式(手动操作)三种,详见第2.3.1小节。

4. 设计寿命

无故障使用次数大于等于100万次,将通过样机试验予以确认。

设计方案满足"所有门体组合、顶盒、钢架结构等金属结构件,在30年内无须更换和大修"要求。

1) 钢材的热浸镀锌

为满足上述要求,屏蔽门系统中的所有钢结构件均采用了热浸镀锌处理的工艺,热浸镀锌的厚度不小于60 μm。

金属构件浸在液态金属中，经过一段时间后，构件表面上会黏附一层金属保护层，这种工艺称为热浸镀。热浸镀仅限于以低熔点金属作保护层。热浸镀工艺比较简单、方便。钢是热浸锌的良好基底金属。由于保护层的金属能向基底金属内扩散，在镀层和底层金属之间产生一层合金带，从而使镀层与基底金属之间有较大的附着力，金属喷涂层锌与基体金属碳钢的结合强度为 4.90～5.88 MPa。镀锌层与原金属的性能比较见表 9-2。

表 9-2　镀锌层与原金属的性能比较

名称	密度(g/cm^3)		硬度(HB)		抗拉强度(MPa)		延伸率	
	原金属	热浸金属	原金属	热浸金属	原金属	热浸金属	原金属	热浸金属
锌	7.14	5.5～6.8	24	32	117.6～137.2	31.8	40%～50%	1.3%

热浸镀锌在大气中具有良好的抗腐蚀能力。在大气中，锌的腐蚀速度非常缓慢，为钢腐蚀速度的 1/25～1/10，锌表面能产生致密的氧化膜，对内部钢材起保护作用。

根据《建筑防腐蚀材料设计与施工手册》，镀锌层在我国广东地区的腐蚀速度：室外每年的腐蚀速度为 0.66 μm，室内每年的腐蚀速度为 0.052 μm。30 年的镀锌层腐蚀层厚度为 $0.66 \times 30 = 19.8$(μm)，因此，热浸镀锌 60 μm 是可以满足地铁环境中 30 年的使用寿命的。

2）铝型材氟碳喷涂

KYNAR500 © PVDF 树脂的化学结构为 $-\left[\begin{matrix} F & & H \\ C & - & C \\ F & & H \end{matrix}\right]_n$ ，其熔点为 160℃，是高分子量、半结晶体的氟聚合物。氟原子的电负性最大(4.0)，氟碳键键能高达 447.8 kJ/mol，这些特点赋予氟碳树脂特殊性能，如耐热、电气绝缘、不燃烧、耐化学药品(酸、碱、盐等)、抗水、吸水率低、摩擦系数低、低温柔韧性好、伸长率大、密度大、耐候性好等。

氟碳聚合物中的 C—F 键是强极性共价键，而 C—C 主键被氟原子所带的多余负电荷包围,相邻键节间由于负电性发生相斥力,但分子间又有引力,两种力抵消,使表面能很低(23 dyne/cm)。这种高化学惰性源于 C—F 键上的 F 原子对 C—C 键骨架的屏蔽保护作用。相邻的两个氟原子的体积恰好把 C—C 键间空隙全部填满,使其他原子无法侵入;而且 C—F 键呈高极性,氟原子带有多余的负电荷,使整个分子形成一层负电保护层,使极性溶剂难于接近。由于氟碳和氧不易反应,故具有不燃性和优良的耐紫外光性能,即优良的耐候性。国外从 1965 年氟碳涂料研制成功之后就大量使用,几十年的实践证明氟碳涂料不仅可以保护基板,还可以长久地保持原有颜色。

氟化物及氟碳聚合物有以下特点:

(1) 氟碳聚合物以及含有氟碳添加剂的聚合物具有低的表面能,因此具有不可润湿性,即憎水性。

(2) 由于氟碳聚合物的黏附性能差,作为涂料具有优异的防粘性和防沾污特性。

(3) 氟碳聚合物另一个突出特点是低的摩擦性能,因此氟碳涂料呈现的优异物理性能是一般涂料难以比拟的。

由于氟碳聚合物以上的性能特点,使得氟碳涂料广泛应用于诸多领域,如在高层建筑外墙涂装,工业先进国家的不少建筑物采用了氟碳涂料装饰,至少 20 年内不必清洗和重涂,减少大量人力和财力。氟碳涂料应用在位于地表以下的深层建筑和构筑物中,如地铁站大厅等,不仅具有防水作用,更能防止油气和地下尘埃污染,也可以减少高速运行的地下机车的空气阻力。

氟碳涂料从树脂生产到涂料生产再到涂装施工有近 30 年的历史,从技术上讲具有相当高的要求和复杂程度。因此,国外的主流厂商采用了一套严格的质量承诺和保证制度。具体讲就是树脂生产企业给涂料生产企业发生产许可证,涂料生产企业再给涂装生产企业发许可证。埃尔夫阿托化学公司把其产品 KYNAR500® 树脂提供给认证的涂料生产商,认证过程非常严格,被认证的涂料生产商必须达到一系列认证要求,并且必须保证以 KYNAR500® 命名的涂料,至少含有 70%的 KYNAR500® 树脂重量比,若含量低于 70%,不允许使用 KYNAR500® 涂料的名称。其认证的涂料生产商有 Akzo-Nobel、Lilly、PPG 等。维持这一质量保证制度的核心或纽带是大家都遵循统一的产品质量标准,即美国建筑业协会 AAMA2605 标准。

现有设备及技术力量可以确保铝合金氟碳涂层组织及厚度满足深圳地铁环境下 35 年的防腐寿命。

9.2.3 主要技术参数

(1) 工程量:深圳地铁一期工程的全部 18 座车站 41 侧站台屏蔽门系统,共 1 230 档门。在每一侧站台上,对应一列编组 6 节列车,共设 30 档屏蔽门及 2 扇端头门。其中:

① 18 档标准屏蔽门单元(A 型门);

② 10 档应急屏蔽门单元(B 型门),对应于首尾车厢各设置一档 B 型门,其他车厢设置二档 B 型门;

③ 2 档屏蔽门边门单元(C 型门),位于站台屏蔽门系统的两端,对应于首尾列车的第一档门;

④ 在站台两端头处,设有 2 扇向站台侧开启的端头门(D 型门)。

(2) 门体的总厚度小于等于 180 mm。

(3) 活动门型式:中分双开式(2 扇),单扇门体约重 60 kg。

(4) 活动门的开门净高度为 2 000 mm。

(5) 活动门的开度为 2 000 mm。

(6) 应急门的开度大于 1 100 mm。

(7) 端头门的开度为 900 mm。

(8) 活动门关闭时,能够探测到的障碍物的最小厚度为 10 mm。

(9) 阻止活动门关闭的力≤150 N。

(10) 活动门解锁后的人工开启力≤150 N。

(11) 每扇活动门运动的最大动能≤10 J。

(12) 关门时,每扇活动门最后 100 mm 行程范围内的动能≤1 J。

(13) 活动门的开启速度为 0.10～1.0 m/s,关闭速度为 0.10～0.8 m/s,全程无级调速。

(14) 活动门的开启时间为 2.0～2.5 s,关闭时间为 2.5～3.0 s。实际开/关门时间和设计给定时间之差≤0.1 s。

(15) 一侧站台 30 档活动门的启闭保持同步,启闭时间差为 0.3～0.5 s。

(16) 在站台纵向位置,要求屏蔽门以站台中心线居中对称布置,全长为 136 500 mm。

(17) 屏蔽门外侧与线路中心线的距离为 1 710 mm,在站台全长上的安装误差不大于 5 mm(即正公差 5 mm)。

(18) 屏蔽门能够承受的土建结构最大变形量为 35 mm。

(19) 更换任一档屏蔽门的作业时间不大于 2 h。

(20) 屏蔽门外侧与站台边缘的距离为 110 mm(皇岗站为 130 mm)。

(21) 屏蔽门钢架结构与门体的总变形量不大于 10 mm,门体结构在外力的综合作用下,不侵入站台设备限界。

(22) 安装时,地坎踏面在站台全长上的平直度误差不大于 5 mm。

(23) 屏蔽门保证具有一定的气密性,以防止气体的过度泄漏,泄漏量指标为:固定门<2 $m^3/(h \cdot m^2)$、活动门<8 $m^3/(h \cdot m^2)$。

(24) 屏蔽门系统不作防火墙考虑,但其所有零部件均采用不易燃烧的材料。在燃烧时,屏蔽门系统的所有材料不会发出有毒气体,并且所有材料为低烟、低热量的阻燃材料。

(25) 玻璃黏结胶和门框密封、垫圈、绝缘等多种橡胶、硅铜树脂、塑料和其他非金属材料按 BS IS04589-2 检测满足氧指标 33 要求。按 BS 6853 检测大于 300℃的温度指标。

(26) 润滑油和油脂与其他密封件,表面处理材料互不溶解,以保证屏蔽门表面美观和设计性能。润滑油选用防火类型,按 IP36 标准检测,闪点温度大于 180℃,按 ASTMD-2155 标准检测,燃点温度大于 450℃。

(27) 门体采用氟碳喷涂铝合金型材,玻璃采用单层钢化玻璃。

(28) 屏蔽门系统在开/闭操作以及列车全速通过时由车辆活塞风作用所发出的振动噪声，在距屏蔽门 1 m、站台地面 1.5 m 高处，所测得的值小于等于 70 dB(A)。

(29) 屏蔽门门体与站台土建结构绝缘，在 500 V 直流试验电压下，门体与土建结构间的绝缘电阻>0.5 MΩ。

(30) 端头门(MSD)与站台土建结构、站台侧墙绝缘，在 500 V 直流试验电压下的绝缘电阻>0.5 MΩ。

(31) 屏蔽门系统采用 TN-S 接地方式，将中性导体(工作零线)和保护导体(保护地线 PE)在系统中分开，其中中性导体采用淡蓝色导线，PE 线采用绿、黄相间的导线。

(32) 在屏蔽门设备室内提供一个干净的接地体，该接地体不受从低压配电系统来的共模干扰的影响，用于屏蔽门控制系统设备的接地。将控制系统的工作地线和保护地线分别连接后，接至该接地体。

(33) 屏蔽门上方顶盒内控制设备的外壳(即保护地)与屏蔽门门体连接，即与钢轨保持等电位，顶盒内的控制系统设备的工作地线与门体隔离，采用悬浮式接地方式。在每个车站，设置列车轨道与大地之间的短接器柜，限制钢轨与大地之间的电位不大于 90 V。

(34) 门机控制器(DCU)及传动装置具有很高的响应速度，能够保证屏蔽门系统收到开/关屏蔽门指令后，在 0.3 s 内开启/关闭屏蔽门。

(35) 为了防止顶盒上方的接触网断线后与门体接触，给系统设备和人员带来危害，采取两方面的措施来消除这种隐患。一方面将屏蔽门的所有金属部件通过合适的方式相互连接(其总电阻≤0.1 Ω)，使各部位处于等电位，最终通过电缆(或铜排)一点接钢轨，使屏蔽门金属部件与列车上的金属部件等电位，连接的电缆截面为 240 mm^2，保证故障电流迅速泻流；另一方面将屏蔽门门体与站台结构绝缘(绝缘电阻≥0.5 MΩ)，并且在站台上敷设 2.5 m 宽的绝缘带(由其他承包商施工)，以保证屏蔽门结构与站台地面之间的隔离，防止屏蔽门带电对乘客和车站工作人员造成的危害。

(36) 在坡度不大于 3‰的站台，屏蔽门整体垂直于站台坡面，且屏蔽门的顶线、底线等与站台板的设计坡度保持一致。

第 10 章

门体结构及性能

工程设计中的门体结构由钢架结构、底部支撑结构、顶盒、活动门、固定门、应急门和端头门组成。

10.1 钢架结构

钢架结构主要由立柱上部预埋件、高度调节装置、绝缘衬垫、横梁、立柱、支柱、立柱盖板、支柱盖板等组成。

屏蔽门的立柱和钢架均采用 Q235 钢,立柱的规格为(65×110×4)mm 钢方,横梁的材料规格为(60×60×4)mm 钢方,在横梁上焊接着三个(60×60×5)mm 的钢方通吊柱,所有钢材表面均为热浸镀锌,镀锌厚度不小于 60 μm,可以满足地铁环境下 30 年的设计寿命。

在立柱和支柱的外表面分别采用扣接形式外包 6063(LD31)铝合金型材,型材表面经氟碳喷涂处理,喷涂工艺为三涂二烤,涂层厚度不小于 35 μm,可以满足地铁环境下 30 年的防腐寿命要求。在立柱顶部装有万向调节伸缩装置,万向调节伸缩装置中上部支撑件的轴可在球形套中上下滑动。上部支撑件采用的材料是 ZG200-400。

10.2 结构材料

1. 钢材

屏蔽门的材料中钢材(Q235)占有较大的比例,它主要制作立柱、支柱、角码、螺栓等,其材质应符合以下有关国家标准:

(1)《普通碳素结构钢技术条件》(GB 700)

(2)《优质碳素结构钢钢号和一般技术条件》(GB 699)

(3)《合金结构钢技术条件》(GB 3077)

(4)《普通碳素结构钢和低合金结构钢薄钢板技术条件》(GB 912)

(5)《普通碳素结构钢和低合金结构钢热轧钢板技术条件》(GB 3274)

Q235 钢的化学成分见表 10-1。钢中含碳多了就不利于焊接，一般在焊接结构中含碳量常限制在 0.2%以内。

表 10-1　Q235 钢的化学成分

等级	化学成分					脱氧方法
	C	Mn	Si	S	P	
			不大于			
A	0.14%～0.22%	0.30%～0.65%	0.30%	0.05%	0.045%	F, b, Z
B	0.12%～0.20%	0.30%～0.70%		0.045%		
C	≤0.18%	0.35%～0.80%		0.04%	0.04%	Z
D	≤0.17%			0.035%	0.035%	TZ

注：Q235A、B 级沸腾钢锰含量上限为 0.60%。
A、B、C、D—分别为质量等级；F—沸腾钢；b—半镇静钢；Z—镇静钢；TZ—特殊镇静钢。

Q235 钢的物理性能为：弹性模量 $E=210$ GPa，剪切模量 $G=80$ GPa，线膨胀系数 $\alpha=2.1\times10^{-5}$/℃，密度 $\rho=7\,850$ kg/m^3，泊松比 $\mu=0.3$。

钢材力学性能见表 10-2。

表 10-2　Q235 钢材机械性能标准

钢种		组别	屈服点 σ_S MPa (kgf/mm^2) 不小于	抗拉强度 σ_b MPa (kgf/mm^2)	伸长率 δ5	伸长率 δ10	180°冷弯试验 d = 弯心直径 a = 试样厚度	
					不少于		型钢	钢板
Q235	沸腾钢	第 1 组	235(24)	370～460 (28～42)	26%	22%	$d=0.5a$	$d=1.5a$
		第 2 组	215(22)					
		第 3 组	205(21)					
	镇静钢	第 1 组	235(24)	370～460 (38～47)	26%	22%	$d=0.5a$	$d=0.5a$
		第 2 组	225(23)					
		第 3 组	215(22)					

2. 铝合金型材

铝合金型材符合《铝合金建筑型材》(GB/T 5237—2000)的有关规定。LD31(6063)铝合金型材为高温挤压成型其化学成分符合《铝及铝加工产品的化学成份》(GB3190—72)的规定(表 10-3)。

表 10-3 LD31 铝合金型材化学成分

Cu	Mg	Mn	Fe	Si	Zn	Cr	Ti	其他		Al
								单个	合计	
0.1	0.45~0.9	0.1	0.35	0.2~0.6	0.1	0.1	0.05	0.15		余量

化学成分对机械性能有重大影响,过量的镁会降低材料强度,过量的硅有损型材的挤压性能,如果硅含量过少,则会降低型材的机械性能。

铝合金型材力学性能见表 10-4。

表 10-4 铝合金型材的力学性能

合金牌号	状态	拉伸试验			硬度试验	
		抗拉强度 σ_b(MPa)	规定非比例伸长应力 $\sigma_{P0.2}$(MPa)	伸长率 δ	试样厚度(mm)	HV
		状态				
LD31	RCS(T5)	157	108	8%	0.8	58
	CS(T6)	205	177	8%	—	—

铝合金型材弹性模量 $E = 70$ GPa,线膨胀系数 $\alpha = 2.3 \times 10^{-5}$/℃,密度 $\rho = 2\,700$ kg/m^3。

铝合金型材表面质量:

(1) 型材表面应清洁,不允许有裂纹、起皮、腐蚀和气泡存在。

(2) 型材表面允许有轻微的压坑、碰伤、擦伤和划伤存在,其允许深度应符合表表 10-5 的规定;由模具造成的纵向挤压痕深度,LD31(6063)合金不得超过 0.05 mm。

表 10-5 铝合金型材表面允许压痕深度

合金状态	允许深度(mm)			
	装饰面		非装饰面	
	普通级	高精级、超高精级	普通级	高精级、超高精级
RCS	≤0.08	≤0.05	<0.20	<0.15
其他	≤0.15	≤0.1	<0.20	<0.15

3. 绝缘材料

1) 环氧层压玻璃布板材料

在本工程中绝缘材料板材选用环氧层压玻璃布板材料，它是一种新型材料，初期称作增强塑料。其绝缘性能好，具有较高的机械强度。

环氧层压玻璃布板的主要性能如下：

(1) 拉伸强度：461×10^6 Pa;

(2) 压缩强度：310×10^6 Pa;

(3) 弯曲强度：520×10^6 Pa;

(4) 体积电阻率：$10^{15}\sim10^{18}$ Ω · cm;

(5) 介电常数：(4.7～5.2)×60 Hz;

(6) 介电强度：13～30 kV/mm;

(7) 耐温：100～120℃;

(8) 耐酸碱性能好。

2) 轴套类绝缘材料

轴套类绝缘材料选用尼龙 66，它具有较高的疲劳强度和刚度，耐磨性好，摩擦系数低，为 0.15～0.4，适用于无润滑条件下的耐磨受力传动零件。

其主要性能如下：

(1) 拉伸强度：830×10^6 Pa;

(2) 压缩强度：$1\,200\times10^6$ Pa;

(3) 密度：1.14～1.15 g/cm^3;

(4) 硬度：118R(洛氏);

(5) 弹性模量(抗弯)：$2.9\times10^5\sim3.0\times10^5$ MPa；

(6) 弹性模量(抗拉)：$3.2\times10^5\sim3.3\times10^5$ MPa；

(7) 体积电阻：10^{14} Ω · cm；

(8) 介电常数：40×60 Hz；

(9) 击穿电压：15～19 kV/mm。

10.3 钢架部件

钢架结构是由钢方通过螺栓连接而组成的一个完整的受力构件，可以把屏蔽门受到的荷载传递给土建结构。它是屏蔽门的垂直荷载、水平风荷载(隧道通风系统产生的风压、列车运行活塞风压)以及乘客挤压力和地震等荷载的主要受力构件。立柱顶部装有万向调节伸缩装置，该装置能有效吸收土建顶梁不平度误差，能消除顶梁及站台面的不均匀沉降对屏蔽门系统的影响。能够满足受力和土建结构变形 35 mm 的伸缩量。立柱顶部的法兰板上垫有绝缘板，联接螺栓上套有绝缘的尼龙套，使屏蔽门系统与站台厅顶梁结构绝缘。

10.3.1 顶盒

顶盒由门机机体、后封板、门楣梁以及前、后盖板组成，内部安装有门机驱动装置、门控单元、闭锁机构等。

1. 材料

1) 门机机体

屏蔽门的门机及其门机机体由专业厂家提供，门机机体的材料是 LD31(6063)铝合金型材，表面氧化处理。

2) 前、后盖板

前、后盖板采用 3003H14 3 mm 合金铝板，表面用氟碳喷涂处理，涂层厚度不小于 35 μm。

3）后封板和门楣梁

后封板和门楣梁采用 LD31(6063)铝合金型材，表面用氟碳喷涂处理，涂层厚度不小于 35 μm。

单层铝合金板的主要性能：单层铝板符合 GB 3191 要求。铝板表面采用氟碳树脂喷涂处理。正面采用氟碳涂层(含不少于 KNYAR500 或 HYLAR5000)，并采用三涂工艺，厚度为 35～40 μm。反面采用聚酯涂层并符合 AAMA、ASTM 测试标准，见表 10-6。

表 10-6 氟碳树脂表面涂层特性

项目	试验方法	要求
涂层厚度	GB/T 1764-79	≥40 μm
硬度	GB6739-86	≥HB
光泽度	GB/T 9754-88	低、中光泽
冲击韧性	GB/T 1732-93	无裂，无剥离
膜附着力	GB/T 9286-88	≥1 级
屈曲试验	ASTM D-4145-83	≤2T
耐洗涤性	AAMA 2605	浸入 3%合成洗涤剂溶液中，72 h 无异状
颜色耐久性	ASTMD-2244-93	人工老化 3 000 h，颜色变化不超过 5E
耐粉化性	ASTMD-4214-89	人工老化 3 000 h，粉化率不超过 8 级

表面质量：当从 3 m 远的距离用眼睛垂直观察铝板涂层表面时，涂层无裂纹，气泡或其他表面缺陷。涂层外表面每平方米内的划伤、擦伤符合表 10-7 的规定。

表 10-7 涂层表面划伤和擦伤允许范围

观察项目	要求
划伤深度	不大于涂层厚度
划伤总长度/mm	≤100
擦伤总面积/mm^2	≤300
划伤擦伤总处数	≤4

单层铝板燃烧性能等级为 A 级(不燃性),燃烧不产生有毒气体。

2. 功能

(1) 门楣梁是钢架支柱的上支点。

(2) 门机机体上部装有走线槽,来固定动力线和系统控制线等。门机机体安装时可进行三维调节。门机机体的安装除两端与钢质立柱联结外,中部由横梁吊柱从上方吊挂,使门机与钢结构融为一体,结构合理可靠。

(3) 在前盖板的四周粘有单面胶条,在活动门与门机连接处即门楣梁和后封板之间设有毛刷,这些措施都对顶盒内部的各种设备提供了密封防水保护作用,可以有效地防止站台侧和轨道侧的灰尘进入顶盒,并消除列车运行和活动门运动时产生的震动和噪声。

(4) 前盖板可向上开启,顶盒内设有前盖板开启的支撑装置,保证前盖板打开后有足够开度,方便门机系统的安装、调试和维修。前盖板在高度方向上为一个整块,线条简捷、舒展、大方,颜色与车站建筑相协调。前盖板兼作车站导向指示牌和站台边缘光带反射板,每个前盖板上配有两把面板锁,面板锁钥匙可与门锁钥匙通用。

(5) 门机机体与活动门的连结板为 L 形铝合金型材板,插入门机机体铝型材的凹槽内并且用螺栓固定,联结可靠,满足地铁环境下的受力要求,并且在活塞风作用下不会产生噪声。

(6) 顶盒的所有外包材料均为金属材料,具有屏蔽电磁波的性能,可以保证顶盒内门控单元的正常工作。

(7) 顶盒与站台的吊顶采用绝缘法安装。

10.3.2 门体材料

门体组合由活动门、固定门、应急门、端头门、门锁机构、气密材料和填充材料等组成。

1. 门体材料

门体材料主要有氟碳喷涂铝合金型材、密封胶(D. C993 结构密封胶、D. C791N

耐候密封胶)、8 mm 钢化玻璃和密封胶条等。

2. **钢化玻璃**

钢化玻璃由平板玻璃加热处理而成,是安全玻璃的一种。方法是将普通平板玻璃或浮法玻璃原片在特制的加温炉中均匀加温到软化点,随后在高速气流中迅速冷却。这个过程导致玻璃表面及边缘形成压应力区,而玻璃中心部分为拉应力区。经过热处理的钢化玻璃提高了玻璃的机械性能,它对均匀荷载、热应力和大多数冲击荷载的抵抗能力大约是退火玻璃的 4 倍,而且破碎时,玻璃碎成小颗粒,有较高安全性。

钢化玻璃的外观质量和性能应符合国家现行标准规定,如表 10-8 所列《钢化玻璃》(GB 9963—1988)。

表 10-8　钢化玻璃外观质量要求

<table>
<tr><td rowspan="2">缺陷名称</td><td rowspan="2">说明</td><td colspan="2">允许缺陷数</td></tr>
<tr><td>优等品</td><td>合格品</td></tr>
<tr><td>爆边</td><td>每片玻璃每米边长上允许有不超过 20 mm 的长度,自玻璃边向玻璃板表面延伸不超过 6 mm,自板面向玻璃厚度延伸深度不超过厚度一半的爆边</td><td>1 个</td><td>3 个</td></tr>
<tr><td rowspan="2">划伤</td><td>宽度在 0.1 mm 以下的轻微划伤</td><td colspan="2">距离玻璃表面 600 mm 处观察不到的不限</td></tr>
<tr><td>宽度在 0.1～0.5 mm 之间,每 0.1 mm² 面积内允许存在的条数</td><td>1 条</td><td>4 条</td></tr>
<tr><td>缺角</td><td>玻璃的四角残缺以等分角线计算,长度在 5 mm范围之内</td><td>不允许有</td><td>1 个</td></tr>
<tr><td>夹钳印</td><td>玻璃的挂钩痕迹中心与玻璃边缘的距离</td><td colspan="2">不大于 2 mm</td></tr>
<tr><td>结石</td><td colspan="3">均不允许存在</td></tr>
<tr><td>疙瘩、气泡、线道、疙瘩砂粒</td><td>优等品不得低于平板玻璃一等品的规定</td><td colspan="2">合格品不得低于平板玻璃二等品的规定</td></tr>
</table>

平面钢化玻璃的弯曲度,弓形时不超过 0.5%,波形时不超过 0.3%。

8 mm 厚钢化玻璃,其面上的强度设计值是 84.0 N/mm²,边缘强度是 58.8 N/mm²。

钢化玻璃抗弯强度:取 30 块试样,其强度平均值不低于 200 MPa。

钢化玻璃热稳定性：钢化玻璃的耐温急变性按 GB9963—1988 规定方法试验，3 块试样均不应破碎。

3. 密封胶

屏蔽门用密封胶分为结构密封胶和耐候密封胶两种。结构玻璃装配使用的密封胶只能是硅酮结构密封胶，它的主要成分是二氧化硅，是非常稳定的化学物质。结构密封胶对热应力、风荷载或地震作用，均有相应的抵抗能力。

1）耐候密封胶：屏蔽门采用 D.C791N 耐候密封胶，其性能见表 10-9。

表 10-9　D.C791N 耐候密封胶性能

项目	指标
颜色	灰色、黑色、铜色
指触干时间	90 min 以下
固化时间(25℃)	3 d
全面附着	7～14 d
下垂度	无
可操作时间	15～30 min
固化后(25℃,50%R.H 施工 7 d 后)	
硬度(邵 A)	26
抗拉强度	1.4 MPa
固化后 14 天的变位承受能力	±25%

2）结构密封胶：屏蔽门采用 D.C993 双组分结构密封胶，其性能见表 10-10。

表 10-10　D.C993 双组份结构密封胶性能

项目	指标
颜色	白
相对密度	1.4
贮存时间	12 个月
供应品——固化剂	
颜色	黑

（续表）

项目	指标
相对密度	1.03
能否燃烧	不能
贮存时间	12 个月
固化——(主剂与固化剂的含量(混合含量)根据重量比 12∶1 或成分比 8.8∶1)	
颜色	黑
相对密度	1.36
可操作时间	20～25 min
腐蚀性	不腐蚀
下垂性	不流泻
在 24 h 内全面附着	36 min
可操作时间	3 h
固化——室温下 7 d 后	
抗拉强度	2.2 MPa
伸长率	240%
硬度(邵 A)	45
撕裂强度	9 800 N/m
剥离强度玻璃	1.4 MPa
剥离强度铝片	1.4 MPa
黏附强度	1 MPa
流体蠕变	可忽略
抗热度	190℃
变位承受能力	±12.5%

4. 密封胶条

门密封胶条主要采用三元乙丙橡胶。橡胶硬度 61°～70°密封胶条挤出成形，橡胶块压模成形。密封胶条符合下列国家标准的规定：

(1)《建筑橡胶密封垫预成型实芯硫化的结构密封垫用材料》(GB 10711)；

(2)《硫化橡胶密封密度的测定方法》(GB 533)；

(3)《邵氏硬度计法(邵尔硬度)》(GB/T 531.1);

(4)《合成橡胶牌号规范》(GB/T 5577);

(5)《硫化橡胶或热塑性橡胶撕裂强度的测定》(GB/T 529);

(6)《工业用橡胶》(GB 5574)。

屏蔽门系统采用聚乙烯低发泡间隔双面胶带,其性能满足表 10-11 的要求。

表 10-11 聚乙烯低发泡间隔双面胶带的性能

项目	技术指标
密度	0.21 g/cm^2
邵氏硬度	40°
拉伸强度	0.87 N/mm^2
延伸率	125%
承受压应力(压缩率 10%)	0.18 N/mm^2
剥离强度	27.6 N/mm
剪切强度(停留 24 h)	40 N/mm^2
隔热值	0.41 W/(m^2 · K)
使用温度	−44～75℃
施工温度	15～52℃

5. 填充材料

屏蔽门填充材料采用聚乙烯发泡材料,其密度不大于 0.037 g/cm^3。聚乙烯发泡填充材料的性能满足表 10-12 的要求。

表 10-12 聚乙烯发泡填充材料性能

项目	直径(mm)		
	10	30	50
拉伸强度(N/mm^2)	0.35	0.43	0.52
延伸率	46.5%	52.3%	64.3%
压缩后变形率(纵向)	4.0%	4.1%	2.5%
压缩后恢复率(纵向)	3.2%	3.6%	3.5%

（续表）

项目	直径(mm)		
	10	30	50
永久压缩变形率	3.0%	3.4%	3.4%
25%压缩时的纵向变形率	0.75%	0.77%	1.12%
50%压缩时的纵向变形率	1.35%	1.44%	1.65%
75%压缩时的纵向变形率	3.21%	3.44%	3.70%

10.3.3　固定门

1. 固定门结构

固定门是车站与区间隧道隔离和密封的屏障，采用在铝合金型材上用结构密封胶（以下称结构胶）粘 8 mm 厚透明钢化玻璃。玻璃的周边有 40 mm 宽的彩釉边，可遮挡结构胶粘贴面。固定门采用挂接方式固定，侧边采用了三个挂销结构与立柱联结，下端采用垫块的结构，垫块固定于踏步板上。

2. 固定门的更换方法

先将固定门四周的耐候密封胶割掉，用吸盘将固定门玻璃吸住，将固定门垂直向上抬起约 10 mm，这样固定门的挂件会离开固定在立柱上的挂销，然后将固定门向站台侧方向水平移动，就可以将固定门拆卸下来；再将新的固定门上边沿靠近门楣梁向轨道侧水平移动，使固定门的挂件位于立柱上固定的挂销的正上方，轻轻将固定门向下移动，直到固定门上的挂销正好扣在立柱上的挂销上。将固定门的四周用聚乙烯发泡材料作填充后，再用耐候密封胶密封，固定门即安装完毕。单扇固定门在 20 min 内更换、维修方便。

10.3.4　活动门

1. 活动门的结构

活动门采用铝合金型材制作，表面氟碳喷涂处理。铝合金型材与玻璃之间用

DC.993结构胶粘结。玻璃采用8 mm透明钢化玻璃，周边印有40 mm宽的彩釉边，可遮挡硅酮结构胶粘贴面。活动门的下部导向板可承受活动门所受的侧向荷载，导向板上装有尼龙66制造的导靴，尼龙66具有良好的耐磨和自润滑性能，摩擦系数小，可以方便地更换。导靴与地坎之间的间隙不大于0.2 mm。导靴在活动门运行期间无须经常更换。

活动门的下部导向结构中，方大集团针对深圳地铁的特点设计了一种活动门导槽放在踏步板下方的结构作为推荐方案：踏步板表面为完整的平面，活动门下部安装有弯折的导向板，导向板沿踏步板下部凸出的边缘滑动，这样可以大大减少导槽的清理工作，保证活动运行过程中灵活自如。另外，导向板凸出踏步板边缘的尺寸为15 mm，会造成踏步板与列车之间的距离增加15 mm。

2. 活动门更换方法

打开顶盒面板，松开悬挂装置上的螺栓将活动门拆卸下来，再将新的活动门框装上，并拧紧驱动系统中悬挂装置上的螺栓即可。单扇活动门在20 min内更换、维修方便。

3. 活动门功能与控制

活动门为中分双开式门，关闭时隔断站台和轨道，正常运行时作为乘客上下车的通道，在非正常模式和紧急模式下作为乘客的疏散通道。

活动门能满足三级控制方式要求，即系统级控制、站台级控制和手动操作，手动操作为优先级。系统级控制由列车驾驶员在驾驶室内对活动门进行开关门控制，站台级控制是系统级控制失效时，由驾驶员到站台就地控制盘上进行开/关操作，手动操作由站台工作人员在站台侧用钥匙或乘客在轨侧用开门把手进行开门操作。

4. 活动门的两种安全装置

(1) 活动门设有自锁装置：活动门关闭后该装置自动锁紧，可防止乘客在站台将门打开。开门时，门框内的机械解锁装置可使锁紧装置释放。

(2) 门机上设计有障碍物探测装置，探测障碍物厚度不小于10 mm。该装置能有效防止活动门关闭时意外夹伤乘客。

5. 活动门门锁

活动门在轨道侧设有开门把手，当系统级控制和站台级控制失败时，乘客可从轨道侧将门打开；活动门在站台侧设钥匙孔，车站工作人员可用钥匙进行手动开门操作。所有活动门的钥匙可以通用。

1）乘客从轨道开启活动门

活动门的轨道侧设有开门把手，把手旁设有简单醒目的操作标示，把手通过圆柱销安装在把手支座上，把手支座通过沉头螺钉固定在活动门竖框上，把手和连动轴一体，可绕把手支座转动，安装在门框内的锁座上装配有顶杆，顶杆可以垂直向上运动。手动开门时，双手握住左右把手向门的开启方向拉动，把手将向下转动一定角度，手柄连动轴带动锁座上的顶杆向上运动，顶到门机内的手动解锁装置，从而将锁解开，继续拉动把手，活动门开启。将把手松开，则顶杆由于重力作用回到原位，同时把手也回到原位。

2）车站工作人员手动开门操作

活动门的站台侧设有开门锁孔，锁孔座固定在玻璃上，锁孔的位置设在离站台踏步板高度为 1.1 m 处防止无关人员的破坏。锁芯转轴装在锁套中，可在锁套中灵活转动。锁套安装在锁孔座中。安装在门框内的锁座上装配有顶杆，顶杆可以垂直向上运动。当用专用钥匙开锁时，锁芯转轴转动，连动轴带动锁座上的顶杆向上运动，顶到门机内的手动解锁装置，从而将锁解开。将钥匙取出，则顶杆由于重力作用回到原位。

活动门关门、锁紧、解锁、开门等操作均由顶盒内驱动系统中的位置传感器将状态信号反馈到 PSC。

10.3.5　应急门

1. 应急门结构

在列车正常运行时，应急门的作用与固定门一样。在每个站台的一侧每节车厢中各设有两档应急门。

应急门上设有应急门锁装置，车站工作人员可用“通用”钥匙在站台侧开启应急门。轨道侧设有开门推杆，推杆与门锁联动，乘客在轨道侧推压开门推杆将门打开，门打开后能自动复位关闭，应急门向站台侧旋转90°平开。

应急门的顶部设有闭门器，门打开角度不大于90°时，闭门器可使门自动缓慢复位关闭；门打开角度为90°时，闭门器可使门停止在此位置上。

应急门门扇材料及其他结构与固定门相同。

2. 应急门更换方法

先松开应急门顶上的闭门器与门框的联接螺栓，去掉闭门器与门框的联接杆，再打开顶盒面板，松开应急门上转轴组件与顶盒下封板相联接的螺栓，去掉上转轴，将应急门向上抬起，就可以将应急门拆卸下来，然后将新的应急门装上，并拧紧上、下转轴组件的螺栓并安装好闭门器即可。单扇应急门可在25 min内更换。

3. 应急门锁

应急门锁的主要结构安装在铝合金型材内部，在站台侧需在玻璃上打孔，作为钥匙孔，轨道侧有锁座和推杆，三个锁点均在门的侧面。当关门时，锁销在固定于侧板上的锁块上滚动摩擦，推动滑动板在铝型材中向上移动，从而带动锁销向上移动，最后落到锁块的凹槽内。打开门时，在站台侧用钥匙开锁或轨道侧推动应急锁杆，利用圆柱斜面推动滑动板向上移动，带动锁销向上越过锁块凸台即可。

10.3.6 端门

端门是列车在区间隧道内故障时的乘客疏散通道，也是车站人员进出隧道维修的通道。

端门及端头门上的锁的结构和工作原理与应急门相同。

10.3.7 玻璃与门框粘贴方法

结构密封胶使用时，所采用的双面胶条、泡沫棒、铝材、玻璃等材料须具有国家指定的检测中心出具的相溶性试验报告。相溶性试验报告包括《建筑用硅酮结构密封胶》(GB16776)附录 A 的全部性能,项目不全或试验日期与加工日期不符者为无效报告。

结构密封胶注胶前按规定对基材严格清洁。清洁后 10～15 min 内要立即进行注胶加工。加工条件及注意事项如下:

(1) 用双组分结构密封胶 DC.993 将铝材等框架和玻璃进行粘结,在符合国家标准的洁净注胶房内进行。

(2) 加工环境温度。注胶房温度保持 20℃～28℃,被粘结件温度必须低于 30℃,空气相对湿度为 50%～75%;使用结构密封胶注胶温度在 25℃。

(3) 加工工具。双组分结构密封胶专用混胶注胶机。注胶用整形修饰用刮刀、割刀和注胶工作平台。

(4) 同一组单元构件,只准使用同一牌号的结构密封胶。

(5) 注胶时要保持适当速度,使空腔内的空气排出,并将挤胶时的压缩空气排出,注胶速度要均匀,保持胶缝饱满。一个单元组件注胶结束,立即用刮勺或空胶筒尾部将胶缝压实刮平。

10.3.8 密封方案

屏蔽门采用中空橡胶密封条和毛刷相结合的密封方式,以隔离噪声,阻止站台与轨道之间空气及热量的对流,提高环控效率。屏蔽门的密封主要靠活动门四周的橡胶密封条和毛刷,在活动门的内侧边上镶嵌有凸凹相对的橡胶条,橡胶条在踏步板和顶盒下封板之间形成密封带。这对橡胶条可以在不拆卸活动门的情况下直接更换。

动门的外侧和上下侧均设有密封毛刷,上部密封毛刷设在顶盒后封板和门楣梁之间,在固定门和应急门上分别设密封毛刷,通过与下部导轨、顶盒及固定门的有效接触实现门体的密封。所有密封处的毛刷均可在不拆卸任何零件的情况下直接更换。所有密封处均可达到泄漏量控制指标:固定门＜2 $m^3/(h \cdot m^2)$、活动门＜8 $m^3/(h \cdot m^2)$。

为了确保上述方案达到密封要求,方大集团采用三元乙丙橡胶条作为屏蔽门的主要密封材料,性能见表 10-13。

表 10-13 三元乙丙的性能参数

性能参数	技术指标
邵尔 A 硬度(度)	65±5
拉伸强度(MPa)	≥7.0
压缩永久变形(1 000 ℃×22 h×25%)	≤50%
耐臭氧(1 000 pph;拉伸 20% 40℃×24 h)	不龟裂
低温硬度(−10℃×7 d);度	≤10
低温压缩永久变形(100℃×22 h×25%)	≤50%
硬度变化度	0～15
拉伸强度变化	≥−25%
扯断伸长率变化	≥−50%
质量损失	≤3.0%
低温脆性	≤−40℃

10.3.9 障碍物探测

活动门在运动循环过程中探测到障碍物时,活动门立即停止并且再打开一段距离(此范围可调)。活动门在消除关闭力和开启力的情况下将停止一段时间(在 0～5 s 内可调),这时可用手移动门。之后,活动门将自动地恢复关闭力和再关闭力。如果障碍物仍然存在,这个过程可执行几次(次数在 2～5 范围内可调)。然后活动门将打开至全开的位置保持静止,同时 PSC 将发出“活动门或应急门关闭报警”,等待站台人员清除障碍物,手动关闭且锁定活动门。

10.3.10 屏蔽门的操作

(1) 在正常运行模式下,列车司机或信号系统发出的开/关屏蔽门指令,通过信号系统传给屏蔽门系统的主控机(PSC),再由主控机(PSC)传给各档屏蔽门的门机控制器(DCU),由门机控制器(DCU)控制电机运动,驱动活动门进行开/关门动作。

(2) 当列车司机无法将列车停在规定的范围内且偏离量不多,乘客仍能从活动门中进出时，或屏蔽门控制系统与信号系统之间发生通信故障等情况时，则由列车司机操作站台端头控制盒(PSL)上的开门/关门按钮对活动门进行控制；当列车司机无法将列车停在规定的范围内且偏离量大而乘客不能从活动门中进出时，则由列车司机通过车内广播指导乘客打开应急门(EED)进行疏散。

(3) 当个别门故障需要修复时，通过操作屏蔽门上方的就地控制盒上的转换开关，将该档屏蔽门与整个屏蔽门控制系统隔离，个别门的故障不会影响其他门的正常动作。

(4) 如果活动门在关闭过程中检测到有人或物被夹(即检测到障碍物)，则该档活动门立刻停止关闭并自动打开，然后重新关闭，若重复3次(在实际运行过程中可作适当调整)仍不能完全关闭并锁紧，则该档活动门自动打开，并发出故障报警，通知站台工作人员处理。

(5) 当屏蔽门控制系统自身发生故障时，可以通过手动操作开/关活动门，即在轨道侧通过应急把手由乘客打开屏蔽门，或者在站台侧由授权的站台工作人员用“通用”钥匙开/关活动门。

(6) 在紧急运行模式下，站台工作人员通过操作车站控制室内的操作指示盘(PSA)发出控制指令，执行活动门的开/关门操作，也可以通过站台端头控制盒(PSL)进行操作。

(7) 应急门(EED)和端头门(MSD)均可手动操作，即在轨道侧通过把手、在站台侧由授权的站台工作人员用“通用”钥匙开/关应急门(EED)和端头门(MSD)。

(8) 应急门(EED)和端头门(MSD)上装有可靠的门开/关状态检测器，检测器可以将门的开/关状态传给屏蔽门控制系统，通过屏蔽门控制系统与信号系统的联络，最终由信号系统传给列车司机室，作为列车司机发车与否的判断依据。其中端头门(MSD)的开/关状态检测器没有与安全回路发生联系，因为在列车正常运行期间，站台工作人员可以打开端头门(MSD)。

(9) 应急门(EED)和端头门(MSD)上安装有性能优良、安全可靠的闭门器装置，能够保证应急门(EED)和端头门(MSD)未到达全开位置时，均有自动复位关闭并锁定的功能;但当到达全开位置时,应急门(EED)和端头门(MSD)保持全开状态并保持稳定。

10.3.11 活动门的运动学特性

已知条件：活动门的总行程为 2 000 mm,即单扇活动门的行程为 1 000 mm;活动门的开启时间为 2.0～2.5 s,关闭时间为 2.5～3.0 s;两扇门由一个电机控制。

1. 活动门 2 s 打开速度

门体质量估算。

玻璃的体积密度：2.56×10^{-6} kg/mm^3;

铝型材的体积密度：2.7×10^{-6} kg/mm^3;

玻璃质量：$2.56\times10^{-6}\times1\,015\times1\,850\times8=38.5$(kg);

铝合金型材质量：$[774\times(1\,978\times2+1\,031)+2\,255\times1\,031]\times2.7\times10^{-6}=16.7$(kg);

每扇门的初步估算质量：$38.5+16.7=55.2$(kg);

考虑到其他解锁装置、悬挂装置等附件的质量,每扇门质量：60 kg;

每扇活动门宽：$b=1\,031$ mm;

玻璃厚度：$\delta=8$ mm;

门体质量：$m=60$ kg;

门行程：$l=1\,000$ mm;

最大开门速度 v_{max}：0.57 m/s;

打开门时间：2.0 s(在范围内)。

2. 活动门 2.5 s 关闭过程中动能计算

每扇活动门宽：$b=1\,031$ mm;

玻璃厚度：$\delta=8$ mm;

门体质量：$m=60$ kg;

门行程：$l=1\,000$ mm;

最大关门速度 ν_{max}：0.56 m/s；

最后 100 mm 爬行速度 ν：0.17 m/s；

关门时间：2.5 s(在范围内)；

动能计算：

$$E=\frac{1}{2}\times m\times v_{max}^2=\frac{1}{2}\times 60\ \mathrm{kg}\times(0.56\ \mathrm{m/s})^2=9.4\ \mathrm{J}<10\ \mathrm{J} \tag{10-1}$$

爬行阶段动能：

$$E=\frac{1}{2}\times m\times v^2=\frac{1}{2}\times 60\ \mathrm{kg}\times(0.17\ \mathrm{m/s})^2=0.87\ \mathrm{J}<1\ \mathrm{J} \tag{10-2}$$

结论：满足关门过程中最大动能不大于 10 J、最后 100 mm 爬行阶段动能小于 1 J 的要求。

10.3.12　活动门的动力学特性

1. 计算依据及说明

(1) 活动门上部产生的摩擦力主要是由于门机驱动装置中滚珠螺杆运行时产生的滚动摩擦以及锁销上装有滚珠，锁销外表面安装的树脂材料，树脂材料与滚珠之间的滚动摩擦，树脂材料在铝合金型材导轨上的滚动摩擦等，因此，取活动门上部的摩擦系数为 0.1。

(2)《机械设计手册》中，尼龙板在铝合金型材上的滑动摩擦系数取 0.15。

一扇门质量取 60 kg，其重量：60×9.8 = 588 N≈600 N。活动门高度为 2 m，一扇活动门的宽度为 1 m。给定风压值为 900 Pa。

(3) 法维莱电机的性能参数。

电机启动扭矩：20 N · m；

电机绝缘性能：F 级；

电机驱动轴直径：0.020 m；

传动装置的传动效率：η = 0.65。

2．活动门打开时在上运行轨和下导轨上产生的阻力

(1) 匀速运行时，在上行导轨上一扇门产生的滚动摩擦力：

$$F_1 = 600 \times 0.1 = 60(\text{N})$$

(2) 活动门启动时，在下行轨道上一扇门产生的滑动阻力(它是由隧道通风荷载对活动门产生的水平压力产生的)：

$$F_2 = P \times S \times \frac{\mu}{2} = 900 \times 2 \times 1 \times \frac{0.15}{2} = 135(\text{N})$$

3．与速度图相对应的动力学曲线

1) 活动门开门动力图

对应活动门开启速度图，活动门开启时经过以下四个阶段。

(1) 活动门打开时的启动力。

根据速度曲线，活动门的启动加速度：$a = (0.57 - 0) \div 0.3 = 1.9(\text{m/s}^2)$

活动门启动时的加速驱动力：$F_3 = m \times a = 60 \times 1.9 = 114(\text{N})$

活动门打开时，在上行导轨上一扇门产生的滚动摩擦力(其垂直于导轨的压力为重力与风压对活动门产生的压力的合力)：

$$F_1 = (600^2 + 135^2)^{1/2} \times 0.1 = 61.5(\text{N})$$

开门瞬间，驱动两扇门需要的启动力为：

$$F_{a1} = (F_1 + F_2 + F_3) \times 2 = (61.5 + 135 + 114) \times 2 = 621(\text{N})$$

因为在门开 0.3 s 时滑动开启了 86 mm，此时可以卸掉隧道通风荷载，因此活动门在此时需要的驱动力为：

$$F_{a2} = (F_1 + F_3) \times 2 = (60 + 114) \times 2 = 348(\text{N})$$

活动门在加速过程中需要的平均驱动力：

$$F_a = (F_{a1} - F_{a2}) \div 2 + F_{a2} = (621 - 348) \div 2 + 348 = 484.5(\text{N})$$

开门时需要的电机启动扭矩为：

$$T = F_a \times \frac{r}{\eta} = 484.5 \times \frac{0.020}{0.65} = 14.9(\mathrm{N \cdot m})$$

(2) 活动门匀速运行时的驱动力。

此时活动门作匀速运动，活动门仅需克服上行轨道的滚动摩擦力，活动门的驱动力大约为 $F_b = 60 \times 2 = 120(\mathrm{N})$。

(3) 活动门作减速运动时，对应速度曲线上的加速度为：

$$a = (0.57 - 0.43) \div (1.42 - 1.8) = -0.37(\mathrm{m/s^2})$$

活动门需要的制动力为：

$$F_c = m \times a + F_1 = (-60 \times 0.37 + 60) \times 2 = 37.8(\mathrm{N})$$

(4) 最后一段匀速运动时，活动门为匀速运动。

活动门仅需克服上行轨道的滚动摩擦力，活动门的驱动力大约为：

$$F_d = 60 \times 2 = 120(\mathrm{N})$$

根据以上计算结果可作出活动门开启动力图。

2) 活动门 2.5 s 关门动力图

对应活动门关闭速度图，活动门关闭过程经过以下四个阶段。

(1) 关门启动段，根据速度曲线，活动门的启动加速度：

$$a = (0.56 - 0)/0.35 = 1.6(\mathrm{m/s^2})$$

一扇门关闭需要的电机驱动力：

$$F_3 = m \times a = 60 \times 1.6 = 96(\mathrm{N})$$

驱动两扇门需要的启动力为：

$$F_a = (F_1 + F_3) \times 2 = (60 + 96) \times 2 = 312(\mathrm{N})$$

关门时需要的电机启动扭矩为：

$$T = F_a \times \frac{r}{\eta} = 312 \times 0.020/0.6 = 10.4(\mathrm{N \cdot m})$$

(2) 活动门匀速运行时的驱动力。

此时活动门作匀速运动,活动门仅需克服上行轨道的滚动摩擦力,活动门的驱动力大约为

$$F_b = 60 \times 2 = 120(\mathrm{N})$$

(3) 活动门作减速运动时,对应速度曲线上的加速度为:

$$a = (0.17 - 0.56)/(1.9 - 1.55) = -1.11(\mathrm{m/s^2})$$

两扇活动门需要的制动力为:

$$F_c = (m \times a + F_1) \times 2 = (-60 \times 1.11 + 60) \times 2 = -6.6(\mathrm{N})$$

(4) 最后 100 mm 匀速运动时,活动门为匀速运动。

活动门仅需克服上行轨道的滚动摩擦力,活动门的驱动力大约为:

$$F_d = 60 \times 2 = 120(\mathrm{N})$$

10.3.13 推荐活动门的运动学特性

推荐理由:因两扇活动门是由一个电机驱动的,根据法维莱公司对活动门动能与活动门的质量和关门时间的测试、试验,测试曲线的左上方为活动门可以满足 10 J 的质量和关门时间的取值区域。为了保证活动门在关门时的最大动能小于 10 J,开门时间取为 2.5 s,关门时间取为 3 s。如果设定开门时间为 2 s 关门时间为 2.5 s,则开、关门速度过高或最后的制动速度过高,易产生振动和噪声。

(1) 活动门 2.5 s 打开速度

每扇活动门宽:$b = 1\,031$ mm;

玻璃厚度:$\delta = 8$ mm;

门体质量:$m = 60$ kg;

门行程:$l = 1\,000$ mm;

最大开门速度：0.5 m/s；

打开门时间：2.5 s(在范围内)。

(2) 活动门 3 s 关闭过程中的动能计算

每扇活动门宽：$b = 1\,031$ mm；

玻璃厚度：$\delta = 8$ mm；

门体质量：$m = 60$ kg；

门行程：$l = 1\,000$ mm；

最大关门速度：0.5 m/s；

最后 100 mm 爬行速度：0.12 m/s；

关门时间：3.0 s(在范围内)；

动能计算：

$$E = \frac{1}{2} \times m \times v^2 = 1/2 \times 60 \times 0.5^2 = 7.5\ \text{J} < 10\ \text{J}$$

爬行阶段动能：

$$E = 1/2 \times m \times v^2 = 1/2 \times 60 \times 0.12^2 = 0.43\ \text{J} < 1\ \text{J}$$

结论：满足关门过程中最大动能不大于 10 J、最后 100 mm 爬行阶段动能小于 1 J 的要求。

注：法维莱公司按照门体质量为 60 kg 作出以下活动门关门速度测试曲线，曲线前的 0.3 s 为 DCU 接到关门命令的反应时间。最大关门速度同上述数据，最后 100 mm爬行阶段速度为 0.12 m/s。

10.3.14　活动门在 2.5 s 打开和 3 s 关闭的动力学特性

1. 计算依据及说明

(1) 取活动门上部的摩擦系数为 0.1。

《机械设计手册》中，尼龙板在铝合金型材上的滑动摩擦系数取为 0.15。

(2) 一扇门质量取 60 kg，其重量：$60\times9.8=588(\mathrm{N})\approx600(\mathrm{N})$。

活动门高度为 2 m，一扇活动门的宽度为 1 m。

(3) 给定风压值为 900 Pa。

(4) 法维莱公司电机的性能参数如下。

电机启动扭矩：20 N·m；

电机绝缘性能：F 级；

电机驱动轴直径：20 mm＝0.020 m；

驱动装置的传动效率：$\eta=0.65$。

2. 活动门 2.5 s 打开，开启时在上运行轨和下导轨上产生的阻力

(1) 匀速运行时，在上行导轨上一扇门产生的滚动摩擦力：

$$F_1=600\times0.1=60(\mathrm{N})$$

(2) 活动门启动时，在下行轨道上一扇门产生的滑动阻力(它是由隧道通风风荷载对活动门产生的水平压力产生的)：

$$F_2=P\times S\times\frac{\mu}{2}=900\times2\times1\times\frac{0.15}{2}=135(\mathrm{N})$$

3. 与速度图相对应的动力学曲线

1) 活动门开门动力图

对应活动门开启速度，活动门开启时经过以下四个阶段。

(1) 活动门打开时的启动力

根据速度曲线，活动门的启动加速度：

$$a=(0.5-0)\div0.4=1.25(\mathrm{m/s^2})$$

活动门启动时的加速驱动力：

$$F_3=m\times a=60\times1.25=75(\mathrm{N})$$

活动门打开时，在上行导轨上一扇门产生的滚动摩擦力(其垂直于导轨的压力为重力与风压对活动门产生的压力的合力)：

$$F_1 = (600^2 + 135^2)^{1/2} \times 0.1 = 61.5(\mathrm{N})$$

开门瞬间，驱动两扇门需要的启动力为：

$$F_{a1} = (F_1 + F_2 + F_3) \times 2 = (61.5 + 135 + 75) \times 2 = 543(\mathrm{N})$$

因为在门开 0.4 s 时滑动开启了 100 mm，此时可以卸掉隧道通风负荷，因此活动门在此时需要的驱动力为：

$$F_{a2} = (F_1 + F_3) \times 2 = (60 + 75) \times 2 = 270(\mathrm{N})$$

活动门在加速过程中需要的平均驱动力为：

$$F_a = (F_{a1} - F_{a2}) \div 2 + F_{a2} = (543 - 270) \div 2 + 270 = 406.5(\mathrm{N})$$

开门时需要的电机启动扭矩为：

$$T = F_a \times \frac{r}{\eta} = 406.5 \times \frac{0.020}{0.65} = 12.5(\mathrm{N \cdot m})$$

(2) 活动门匀速运行时的驱动力。

此时活动门作匀速运动，活动门仅需克服上行轨道的滚动摩擦力，活动门的驱动力大约为 $F_b = 60 \times 2 = 120(\mathrm{N})$

(3) 活动门作减速运动时，对应速度曲线上的加速度为：

$$a = (0.24 - 0.5) \div (2.1 - 1.8) = -0.87(\mathrm{m/s^2})$$

活动门需要的制动力为：

$$F_c = m \times a + F_1 = (-60 \times 0.87 + 60) \times 2 = 15.6(\mathrm{N})$$

(4) 最后一段匀速运动时，活动门为匀速运动。

活动门仅需克服上行轨道的滚动摩擦力，活动门的驱动力大约为：

$$F_d = 60 \times 2 = 120(\mathrm{N})$$

2) 活动门 3 s 关门动力

对应活动门关闭速度图,活动门关闭过程经过以下四个阶段。

(1) 关门启动段

根据速度曲线,活动门的启动加速度:

$$a=(0.5-0)\div 0.4=1.25(\mathrm{m/s^2})$$

一扇门关闭需要的电机驱动力:

$$F_3=m\times a=60\times 1.25=75(\mathrm{N})$$

驱动两扇门需要的启动力为:

$$F_\mathrm{a}=(F_1+F_3)\times 2=(60+75)\times 2=270(\mathrm{N})$$

关门时需要的电机启动扭矩为:

$$T=F_\mathrm{a}\times\frac{r}{\eta}=270\times\frac{0.020}{0.65}=8.3(\mathrm{N\cdot m})$$

(2) 活动门匀速运行时的驱动力:

此时活动门作匀速运动,活动门仅需克服上行轨道的滚动摩擦力,活动门的驱动力大约为

$$F_\mathrm{b}=60\times 2=120(\mathrm{N})$$

(3) 活动门作减速运动时,对应速度曲线上的加速度为:

$$a=(0.12-0.5)\div(2.1-18)=-1.27(\mathrm{m/s^2})$$

两扇活动门需要的制动力为:

$$F_\mathrm{c}=(m\times a+F_1)\times 2=(-60\times 1.27+60)\times 2=-32.4(\mathrm{N})$$

(4) 最后 100 mm 匀速运动时,活动门为匀速运动。

活动门仅需克服上行轨道的滚动摩擦力,活动门的驱动力大约为:

$$F_\mathrm{d}=60\times 2=120(\mathrm{N})$$

10.3.15 电气制动的方式

门机采用直流有刷电动机驱动，门机控制器对电机采用 PWM 方式控制，从而对门的整个运动过程进行制动和加速控制。电机的制动采用电阻能耗制动的方式。DCU 的具体控制方式详见本书门机控制器部分。

10.3.16 玻璃耐冲击试验方法

钢化玻璃的耐冲击性、碎片状态、霰弹袋冲击等性能检验由国家安全玻璃质量监督检验中心负责，按《钢化玻璃》(GB/T 9963—1988)的规定进行，见表 10-14。

表 10-14 钢化玻璃检验

检验项目	试样规格	标准要求
耐冲击性	610×610×8.0(mm)	质量为(1 040 ± 2)g 的钢球(直径 63.5 mm)，落下高度 1 000 mm，冲击后，试样不得破坏
碎片状态	1 200×1 000×8.0(mm)	用尖端曲率半径为(0.2 ± 0.05)mm 的小锤或冲头进行冲击，使试样破碎，在任一 50 mm×50 mm 的正方形内，碎片数不少于 40 块，且允许有少量长条形碎片，其长度不超过 75 mm
霰弹袋冲击	1 930×864×8.0(mm)	质量为(45 ± 0.1)kg 的霰弹袋，落下高度 0.3～1.2 m，冲击后，试样破坏，并且每块试样的最大 10 块碎片质量的总和不得超过相当于试样的 65 cm^2 面积的质量，即 8.0 mm 玻璃最大 10 块碎片质量的总和不大于 130.00 g

10.3.17 隔振性能设计

为消除活动门在运行过程中由于刚性接触而产生的“尖叫声”“撞击声”及其他不正常的响声，减小列车与活动门在运行过程的振动对电机及顶盒内控制设备的影响，在屏蔽门系统中采取了如下减振措施。

(1) 在门机锁装置中，锁销装有滚珠并且上面镶嵌有橡胶滚筒，可以在锁槽内滚动，既可以保证锁销与滑槽的平稳接触，使门体在导轨上平稳运动，又可以减少门在运行过程中产生的振动。

(2) 在门机自动锁装置中，在垂直锁槽镶嵌有橡胶条，可以保证锁销与滑槽的平稳接触，使活动门运动到关闭位置，锁销自动落到垂直滑槽时不会产生“撞击声”，减少活动门在自动锁闭过程中产生的振动。

(3) 在门机传动装置中采用滚珠螺杆。滚珠螺杆的传动特点是运行灵活、平稳、噪声小，滚珠螺杆加润滑油可以减小活动门在运动中产生的噪声。

(4) 在门机传动装置中，电机输出轴端用橡胶材料作联轴器，可以减少在动力传递过程中产生的振动和噪声。

(5) 活动门的四周均有毛刷或橡胶条，在门玻璃面板四周均有结构胶和耐候胶，这些措施都可减少门在运行时产生的振动，并且可以减小门在操作过程中的噪声。

(6) 在活动门的下部导向板和导轨接触处，设计有减振耐磨导靴，其材料为尼龙 66，具有良好的耐磨性、自润滑和隔振性能，可减小运行阻力和噪声。

(7) 电机及顶盒内控制设备盒的安装均采用柔性材料隔垫的弹性安装，具有良好的缓冲隔振性能。

10.4 下部支撑结构

10.4.1 组成

下部支撑结构由 T 型铸钢支架、调节装置、绝缘衬垫和踏步板组成。

10.4.2 材料

铸钢主要用于制造下部支撑结构和上部支撑件，其材质符合《一般工程用铸造碳钢件》(GB11352)要求见表 10-15、表 10-16。

表 10-15 铸钢件的化学成分

牌号	元素最高含量					铸件厚度(mm)
	C	Si	Mn	S	P	
ZG200-400	0.20%	0.50%	0.80%	0.04%		<100%

表 10-16 铸钢件的力学性能

牌号	室温下试样力学性能(最小值)						
	σ_S 或$\sigma_{0.2}$		δ	ψ	根据合同选择		
	N(mm^2)				冲击韧性		
					A_{KV} (J)		a_{KU} (J/cm^2)
ZG200-400	200	400	25%	40%	40	30	60

下部支撑结构采用 T 型铸钢支架,T 型板上铸有螺纹孔座。两块 T 型板只需简单加工,便可组成三维调节结构。踏步板采用 LD31 铝合金型材,表面氧化,氧化膜厚度达到 AA20 级可以满足地铁环境下 30 年的防腐设计寿命。氧化膜厚度级别应符合规定,合同中氧化膜厚度级别一般按 AA20 供货,如表 10-17 所示。

表 10-17 氧化膜厚度分级

级别	最小平均膜厚(μm)	最小局部膜厚
AA15	15	12
AA20	20	16

氧化膜封孔质量应符合表 10-18 的规定。

表 10-18 氧化膜封孔质量

试验方法	合格指标
磷铬酸浸蚀重量损失法	≤30 mg/dm^2
酸浸后重量损失法	≤20 mg/dm^2
导纳法	<20 μs

色泽应符合供需双方协商确定的实物标样。型材表面不允许有腐蚀斑点、电灼

伤、黑斑、氧化膜脱落等缺陷存在;非装饰面上允许有轻微的不均(不均度由供需双方协商);允许距型材端头 80 mm 内局部无膜。

10.4.3 功能

(1) 下部支撑结构是三维可调节结构。屏蔽门系统与站台地面土建结构绝缘。

(2) 踏步板采用 LD31 铝合金型材制造,表面设有防滑齿形槽,具有耐磨、防滑和安装拆卸方便的特点。

(3) 踏步板起活动门导槽的作用,踏步板是最先安装的屏蔽门部件之一,是门体结构安装的基准。每一个屏蔽门单元采用 3 块踏步板,可方便地进行活动门踏步板的更换。踏步板导槽中开有腰形排屑孔,可排出落入导槽中的细小杂物与尘土。

(4) 在立柱法兰和下部支撑结构之间装有绝缘板,在联结立柱法兰板和 T 型铸钢板的螺栓上均安装有绝缘套,绝缘材料为尼龙 66。在安装好下部支撑结构后在下部支撑的所有外露部分均涂上绝缘胶,以保证屏蔽门系统的绝缘性能达标。

10.5 门　　机

10.5.1 门机的布置

门机的主要支撑结构由热浸镀锌钢立柱组件构造而成,门机上方由钢方通吊梁悬挂在横梁上,门机支撑梁由钢支柱外包铝合金型材组成。

10.5.2 门机的组成

门机作为一个完整的部件装配在屏蔽门顶盒内。门机中的电气线路已预先连接好,并且接线于端子板上,这为 PSD 与 PSDIP/MMS 的电气接口提供了接线口。此部件有很多附件组:

一个用于双扇门的驱动螺杆机构；

一个用于每扇门的锁定装置；

一个用于双扇门的自动解锁装置；

一个用于双扇门的手动解锁装置；

一个用于每扇门"门锁定"位置的检测装置。

10.5.3 门机功能

(1) 满足正常运行模式、非正常运行模式和紧急运行模式的控制要求。

(2) 按设定的速度曲线控制活动门的开/闭。

(3) 具有活动门的自动和手动的机械锁定以及自动解锁功能。

(4) 门的驱动系统采用一个电机控制滚珠螺杆使活动门运行平顺、易于调换，无窜动等现象，能够保证两扇活动门同步、稳定运动。

(5) 驱动装置和其他运动设备安装有减振措施。

(6) 屏蔽门系统的闭锁机构工作可靠，工作寿命满足要求。

(7) 电机为有刷直流永磁电机，它的保护等级为 IP54。

(8) 电机能驱动两扇 75 kg 的活动门，开/闭曲线可调。

(9) 门在关闭状态下自锁，能防止站台侧在外力作用下打开活动门。

(10) 驱动电机由于是低速运转，DCU(门控制器)中的微处理器通过比较活动门实际速度与内置的速度曲线中的参数，调节电机输出 PWM 信号，从而控制电机的转动，指示活动门的位置。

10.5.4 传动装置

此装置由一个驱动螺杆与滚珠螺母组成。螺杆由三个安装在支撑横梁的轴承支撑，根据活动门运动的方向分为左旋和右旋。此驱动装置装配有两个与对应活动门扇相联接的螺母。螺母上装配有一个滚筒(锁定销)，它在主横梁的滑槽上滚动。此锁销在移动过程中可以防止螺母转动。

10.5.5 传动装置与活动门扇的接口安排

滚珠螺母与活动门扇的连接是通过带有滚珠的叉形咬合装置来实现的。由于这种连接方式,门机的安装方便灵活,不需要准确定位。

10.5.6 自动锁定装置

锁定装置是基于阻止滚珠螺母平移的原理来进行设计的。在主横梁滑槽中央有一个垂直于螺杆的锁定槽。滚筒锁定销(与螺母一起)在滑槽内移动,当门扇到达“门锁定”位置时,锁定销插入垂直锁定槽,门扇就被锁定了。门扇的转动锁定是在下列作用下通过滚筒锁定锁实现的: 在自动关门期间,通过电机施加在螺杆上的扭矩实现;在手动关门时,返回弹簧促使滚筒锁定销弹回锁定槽。由于设计简易,锁定/解锁系统不需要另外的驱动。这种结构为系统的操作提供了绝对的可靠性。

10.5.7 自动解锁装置

在自动开启过程中,解锁装置是通过电机在螺杆上施加扭矩使螺母转动而获得的。

10.5.8 手动解锁

每个门单元的活动门上都装有手动解锁装置,以便让轨道侧的乘客操作门把手,紧急打开门。

手动解锁的动作通过门扇竖料中的解锁装置带动手动解锁装置而实现平移。然后,连接在驱动螺杆/螺母系统中央轴承的插销转动滚珠螺母,使滚筒从垂直锁定槽移到水平槽,实现解锁动作。锁销是通过连接在手动解锁装置的钢丝绳实现驱动的。驱动的动作是通过旋紧在槽轮上并且与锁定销相连接的钢丝绳驱动实现的,同时返回弹簧驱使它滑向锁定位置。手动解锁装置可以通过轨道侧的手动把手或站台侧的授权钥匙进行驱动操作。

10.5.9　手动解锁开关(MRS)

当转动在轨道侧的手动解锁把手或在站台侧用专门钥匙进行人工解锁时，镶嵌在滚筒锁定销里的凸轮将激活门手动解锁开关。然后，它将电力反复电路信号传给DCU，然后DCU截断直流电机的输入电流，因此保证门机不会将相反的转矩施加在手动解锁的装置上。“手动解锁打开门”的操作是门机与活动门配合的一个重要功能。

10.5.10　“门锁定位置”检查开关(LLS)

活动门机械锁定状态是由两个开关组成的电子装置进行监控的，这个装置能够探测到锁销已旋转进入锁定槽，并且将“门锁定”信号传给DCU。每个开关有2个“正常开启”的触点和2个“正常关闭”的触点，它们在机械上是互相连接的，在电力控制上是互相独立的：一个触点用于传输信号至门以关闭联锁电路，另一个触点用于门的内部控制。

10.5.11　驱动装置

每个门单元需要一个电机装置。它由几个安装于驱动螺杆的端头部件组成(一个电力马达、马达支撑件以及一个联轴器)。驱动螺杆通过弹性联轴器连接在电机上，而弹性联轴器起到了良好的减振作用。电机以及其控制装置的设计能够探测到障碍物。电机控制程序会减少电机过热。电机输出轴装有一个连接器，在维护操作时，能够迅速地拆卸与装配。电机是一个直流永磁电动机，电机的控制程序可以防止电机的过热危险。

电机的主要参数如下。

额定电压：72 V(最大电压 110 V，最小电压 24 V)；

电机最大输入功率：720 W；

电机 *Ke* 电压常数：71 V/(1 000 r/min)(在 72 V 时)；

电机 $K\tau$ 转矩常数：0.68 N·m/A(在 72 V 时)；

电机保护等级：IP54；

最大瞬间电流：10.98 A(在 72 V 时)。

这种型式的电机在法维莱电动门上的应用已超过 30 年，电机在不同的屏蔽门工程上的应用请参阅本书 14.2 节。由于在活动门开关的循环中电机的转速低、运转数量少，电机的寿命可以超过 300 万次，这已经由电机的 300 万次型式试验不需要维修得到证明。

第 11 章

电气控制系统

提供给中国深圳地铁一期工程的屏蔽门控制系统性能优良、技术先进，并且经过了世界许多国家和地区的地铁屏蔽门项目的应用和验证。

11.1 电气控制系统组成

控制系统主要由主控机(PSC)、站台端头控制盒(PSL)、门机控制器(DCU)、声光告警装置、就地控制盒、操作指示盘(PSA)及总线网络组成。

岛式站台以 60 档屏蔽门为控制对象，构成一个完整的控制系统。其中操作指示盘(PSA)设置 2 个，分别安装在车站控制室及站台监视亭内；主控机(PSC)设置 1 台，安装在屏蔽门设备室内；站台端头控制盒(PSL)设置 4 个，分别安装在两侧站台的端头、端尾；门机控制器(DCU)、声光告警装置、就地控制盒分别设置 60 套，分别安装在每侧站台的屏蔽门顶盒内部及面板上。

侧式站台以 60 档屏蔽门为控制对象，构成一个完整的控制系统，其中，操作指示盘(PSA)设置 3 个，分别安装在车站控制室及每侧站台的站台监视亭内；主控机(PSC)设置 1 台，安装在屏蔽门设备室内；站台端头控制盒(PSL)设置 4 个，分别安装在两侧站台的端头、端尾；门机控制器(DCU)、声光告警装置、就地控制盒分别设置 60 套，分别安装在每侧站台的屏蔽门顶盒内部及面板上。

两岛式站台以每个岛式站台上的 60 档屏蔽门为控制对象，构成两个完整的控制系统。两个系统通过总线连接，达到系统信息共享的目的。其中，操作指示盘(PSA)设置 3 个，分别安装在车站控制室(1 个)及每个岛式站台的站台监视亭内。主控机(PSC)设置 2 台，安装在屏蔽门设备室内；站台端头控制盒(PSL)设置 8 个，分别安装在四侧站台的端头、端尾；门机控制器(DCU)、声光告警装置、就地控制盒各设置 120 套，分别安装在每侧站台的屏蔽门顶盒内部及面板上。

两岛一侧式站台共设置三个完整的控制系统，其中，两个控制系统控制两个岛式站台的 120 档屏蔽门，第三个控制系统控制一侧的 30 档屏蔽门，三个控制系统通过总线连接，达到系统信息共享的目的。操作指示盘(PSA)设置 4 个，分别安装在站台监视亭(3 个)及车站控制室(1 个)；主控机(PSC)设置 3 台，安装在屏蔽门设备室内；站台端头控制盒(PSL)设置 10 个，分别安装在五侧站台的端头/端尾；门机控制器(DCU)、声光告警装置、就地控制盒各设置 150 套，分别安装在每侧站台的屏蔽门顶盒内部及面板上。

不论是何种型式的站台，安装在车站控制室内的操作指示盘(PSA)均需设置对屏蔽门的开/关控制功能(“紧急操作”情况下)，安装在站台监视亭内的操作指示盘(PSA)不设置对屏蔽门的开/关控制。

将严格遵循屏蔽门系统与其他系统(如信号系统、EMCS 系统)之间的接口协议，其中屏蔽门系统与机电设备监控系统(EMCS)之间的通信协议在设计联络时确定。

11.2 系统功能要求

11.2.1 概述

侧式和岛式站台的屏蔽门控制系统与上下行信号系统配合，分别控制两侧站台的屏蔽门；两岛式站台的屏蔽门控制系统分别与上下行信号系统及事故线接发车作业配合，分别控制四侧屏蔽门；两岛一侧式站台屏蔽门控制系统分别与上下行信号系统及事故线接发车作业配合，分别控制五侧屏蔽门。每侧屏蔽门的控制完全独立，相互之间不设置互锁。考虑到车站低压配电系统为屏蔽门系统安排的电源容量有限，对于两岛式站台及两岛一侧式站台，为了防止超过两侧站台的屏蔽门同时开/关，建议对来自信号系统的开/关门命令做出逻辑处理(这个逻辑处理需要在信号系统设备中完成)，保证不同时对第三侧的屏蔽门发出开/关门命令。控制方式满足行车组织的要求。

11.2.2 系统的控制功能

屏蔽门设置有三种运行模式，即正常运行模式（系统级控制）、非正常运行模式（站台级控制）和紧急运行模式（手动操作），以达到屏蔽门系统运行与安全的要求。

三种运行模式可以归纳为六个控制级别：

(1) 远程自动控制（系统级）；

(2) 紧急操作（车站级）；

(3) 紧急控制（站台级）；

(4) 站台端头控制（站台级）；

(5) 就地控制（门级）；

(6) 单个 PSD/EED 手动操作（门手动级）。

手动控制具有最高的优先权，远程自动控制具有最低的优先权。换句话说，假如 PSD 处于手动控制模式下，那么远程自动控制将不起作用，直到手动操作完成为止。

1. 正常运行模式（系统级控制）

在系统正常运行时，列车到站并且停止位置在允许的误差范围内，屏蔽门接收信号系统指令自动或经列车司机确认后控制活动门的开/关。

正常运行的前提条件是所有的 PSD/EED 关闭且锁定，因此安装在每个门顶盒内的安全回路已经动作，安装在主控机（PSC）内的安全继电器已经带电动作。

1) 开门操作

当列车到站，信号系统确认列车的停止位置在允许的范围内，信号系统发出“列车占用轨道”持续的信息，列车员在司机室内按下开门按钮，信号系统发出开门命令，该命令通过屏蔽门主控机（PSC）传给门机控制器（DCU），门机控制器（DCU）接收到开门命令后，按顺序执行解锁、开门等操作，此时安全回路打开，主控机（PSC）停止发送“PSD/EED 关闭且锁定”状态信息给信号系统，门机顶盒上的指示灯及门顶盒内的蜂鸣器做相应的动作。在开门过程中，顶盒上的指示灯闪烁，PSA、PSC 上“所有 PSD 全开”状态指示灯亮，PSL 上“PSD/EED 关闭且锁定”状态指示灯灭。当门开到位后，顶盒上指示灯常亮。

2) 关门操作

列车需要离开站台时(此时“列车占用站台轨道”信息依然保持),列车员在司机室启动关门命令,信号系统通过主控机(PSC)向门机控制器(DCU)发出关门命令(此时主控机(PSC)应先停止向 DCU 发送开门命令)。门机控制器(DCU)接收到关门命令后,按顺序执行关门、闭锁等操作。在所有屏蔽门关闭且锁定后,面板上的指示灯熄灭,并且主控机(PSC)向信号系统发出所有屏蔽门关闭并锁闭的状态信息,允许列车离站。在关门过程中,顶盒上的指示灯闪烁,在所有屏蔽门关闭且锁闭后,顶盒上指示灯和操作指示盘(PSA)及主控机(PSC)上“所有 PSD 全开”状态指示灯灭,主控机(PSC)及站台端头控制盒(PSL)面板上的“PSD/EED 关闭且锁定”状态指示灯点亮。

2. 障碍物探测的关闭

屏蔽门在关闭的过程中探测到障碍物,活动门停止关闭并且重新打开(在设计联络阶段,确定重开的宽度),然后重新关闭。活动门连续进行 3 次(次数可以调整)关闭与重开循环,如障碍物仍旧没有消除,活动门将完全打开并保持静止,发出报警,等待站台工作人员或乘客消除障碍物。障碍物消除后,手动关闭且锁定活动门。

3. 紧急操作(车站/站台级)

当系统出现紧急情况时,如列车停位不正确,或者在列车非运营期间进行测试,通过设置在车站控制室内的操作指示盘(PSA)来实施紧急操作的功能(不经过信号系统),授权的站台工作人员用专用的钥匙开启车站控制室内的操作指示盘(PSA)上的钥匙开关,并操作开门/关门按钮。该种操作模式称作车站级紧急操作。

通过对站台端头控制盒(PSL)的操作,同样可以实现紧急操作模式。只有在车站控制室内的操作指示盘(PSA)上实施了紧急操作的功能,并且“紧急操作”信号传给了主控机(PSC),才能实现站台端头盒(PSL)的“紧急操作”功能。该种操作模式称作站台级紧急操作。

“车站级紧急操作模式”与“站台级紧急操作模式”的选择是通过设置在车站控制

室内的操作指示盘(PSA)上的转换开关来实现的,这个转换开关有三个档位,分别是“正常”“车站级”“站台级”,详细的描述见操作指示盘(PSA)部分。

在紧急操作模式下,同样可以通过就地控制盒,或站台侧通过专用钥匙,或轨道侧通过解锁把手来对屏蔽门进行操作。

4. 站台端头控制(站台级)

通过操作设置在站台端头的站台端头控制盒(PSL)来实现站台级控制。站台级操作是由站台工作人员使用专用的钥匙操作“PSL 操作允许”转换开关,然后按动开/关门按钮来实现的。

只有信号系统将“列车占用站台轨道”信号传到屏蔽门系统或者授权的站台工作人员通过操作车站控制室内操作指示盘(PSA)上的“紧急操作”转换开关,将“紧急操作”执行命令传送给主控机(PSC)后,才能执行站台端头控制。

5. 门关闭后无法发车

假如屏蔽门系统不能将“所有 PSD/EED 关闭且锁定”信号传给信号系统,并且确认没有乘客或物体夹在屏蔽门中间,且屏蔽门已经关闭且锁定,列车司机(或授权的站台工作人员)可以通过专用的钥匙操作位于站台端头的 PSL 上的“PSL 操作允许”转换开关(此时 PSC、PSA 上的“PSL 操作允许”状态指示灯点亮),列车司机再用钥匙打开站台端头控制盒(PSL)上的“PSD/EED 互锁解除”开关(此时 PSC、PSA 上的“PSD/EED 互锁解除”报警指示灯点亮),允许列车离开站台;当信号系统允许发车时,列车司机用钥匙关闭站台端头控制盒(PSL)上的“PSD/EED 互锁解除”转换开关和“PSL 操作允许”转换开关(此时 PSC、PSA 上的“PSL 操作允许”状态指示灯和“PSD/EED 互锁解除”报警指示灯熄灭)。

6. 单个 PSD 故障(门级)

当单个屏蔽门故障时(如门锁定开关故障),可以通过操作设置在门顶盒内的就地控制盒上的控制转换开关执行相应的控制模式,控制转换开关是一个三位转换开关,有自动、隔离、就地控制三种控制模式选择。

(1) 自动: 在此位置时,系统可以正常操作。

(2) 隔离：在此位置时切断门机控制器(DCU)的电源。该种模式主要是在进行故障门维修时采用。

(3) 就地控制：在此位置时，安全回路被旁路，允许使用就地控制盒上的开/关门按钮进行开/关门的操作。该种模式主要用于单个门的维护。

7. **手动操作**

1) 紧急条件下单个 PSD 的手动操作(门级手动操作)

一旦出现系统故障，比如系统电源故障、单个 PSD 故障或紧急撤离等，授权的站台工作人员在站台侧通过专用的钥匙、乘客在轨道侧通过操作手动解锁装置进行人工操作，打开屏蔽门。

2) 应急门的手动操作

当列车无法在规定范围内停车，且偏离量较大，乘客无法从活动门进出时，站台工作人员在站台侧用钥匙打开应急门或由列车司机通过广播指导乘客用开门把手打开应急门(EED)。

3) 端头门的手动操作

当隧道内发生火灾等情况，需要在隧道内停车时，乘客将从车厢疏散到隧道，用开门把手打开端头门(MSD)，乘客通过端头门(MSD)进入站台。

11.3 软件功能

深圳地铁项目有功能强大的监控软件、编程软件、通信软件、驱动软件、设计软件等，这些软件都拥有友好和相似的用户界面，图形功能强，能支持多种图形格式，支持中文界面，组态中能支持树状结构图，有独立的报警监视功能，可在线增加、修改、删除远程节点的数据。这些软件能够充分满足深圳地铁屏蔽门项目的性能、操作及维护要求。

操作系统软件选用正版 Windows NT 操作系统。

屏蔽门系统中所有应用软件都是按照 IEC61131-3 的规定,依据深圳地铁项目的具体要求进行编制的。

1) 软件的功能

(1) 实时数据采集功能,现场过程参数的采集、监测功能;

(2) 逻辑控制功能,包括顺序控制和组合控制功能;

(3) 屏蔽门系统报警监视功能;

(4) 画面显示、打印报警数据功能;

(5) 屏蔽门各个控制单元之间的数据通信功能;

(6) 自诊断功能和掉电保护功能。

2) 软件编制的原则

(1) 依据“故障分散”的原则进行分散配置,保证各个子系统的软件(如: DCU 软件、PSA 软件)不依赖主控机(PSC)的软件,各个子系统的软件能够独立完成所管辖区域的监控;

(2) 软件的编制采用模块化结构,便于方便、灵活地实现系统的功能扩展;

(3) 具有最简易的可操作性,尽量以菜单式的操作进行设计;

(4) 用高级语言进行应用软件的编制;

(5) 配置完整的系统监控软件,以便检查程序错误及屏蔽门系统出现故障时能够查找故障的具体部位;

(6) 所有软件不带有任何计算机病毒,在现场验收后,向业主提交软件原始证书和使用权证书。

11.3.1 主控机(PSC)软件包

主控机(PSC)软件包括以下功能软件:

(1) 操作系统软件;

(2) 网络管理软件;

(3) 数据库软件;

(4) 应用软件；

(5) 接口软件；

(6) 综合测试软件；

(7) 自诊断软件；

(8) 实现系统功能的其他软件。

应用软件是 Faiveley 公司依据 IEC61131-3 标准，按照深圳地铁项目的要求，结合 Faiveley 公司的软件质量计划、测试计划进行编制的，与其他的功能性软件相结合，可以实现站台屏蔽门的监视、控制功能，故障报警、数据的采集与管理功能，以及屏蔽门系统的测试、自诊断和远程维护功能。手提电脑通过主控机(PSC)的网络接口读取各档门机速度曲线、门体夹紧力阈值、重关门延迟时间和重关门次数等参数，也可将这些参数对每档屏蔽门门机进行重新设置，以调整各档屏蔽门的开/关速度、时间等参数。

11.3.2　门机控制器(DCU)软件包

门机控制器(DCU)软件包存储开门过程和关门过程的电机速度曲线(在满足屏蔽门开/关时间、门运动最大动能的条件下可以任意设置)、门体夹紧力阈值(可调，最大为 150 N)、重关门延迟时间(0～10 s，可调)和重关门次数(0～3 次，可调)等参数。其具有与 PSC 兼容的网络软件。

门机控制器(DCU)软件包包括系统软件和应用软件。系统软件管理门的运动，应用软件控制门的动作。

1) 系统软件

系统软件由软件模块组成，有如下功能：

(1) 通电后门机控制器(DCU)电路板的自测试管理；

(2) 来自门机控制器(DCU)内部、外部的所有逻辑数据的接收及处理；

(3) 模拟量的接收，诸如电机的电压和电流；

(4) 门机控制器(DCU)的数据管理；

(5) 逻辑输出控制(如：发光二极管、静态输出、继电器)；

(6) 根据电机旋转情况对门所处位置的计算(不需要通过位置传感器判断)；

(7) 控制马达扭矩及速度；

(8) 控制驱动直流马达的脉冲宽度调制桥式电路；

(9) 主要故障管理；

(10) RS232 串行接口的驱动及维护保养；

(11) 驱动数据传输网络总线。

2) 应用软件

应用软件满足本工程的要求,依据软件质量计划进行开发。其功能主要有：

(1) 按照深圳地铁屏蔽门工程的要求控制门开/关；

(2) 控制障碍物检测系统；

(3) 检测和控制系统的故障(由系统软件检测的故障除外)；

(4) 监控屏蔽门系统的警报、状态、事件；

(5) 提供本工程规范要求的所有特别功能。

11.3.3 操作指示盘(PSA)软件包

操作指示盘(PSA)软件包主要包括上层人机界面监控管理软件包、网络通信驱动软件包、人机界面编程软件包。

1. 上层人机界面监控管理软件

上层人机界面监控管理软件用于数据采集、监控和信息管理。它具有良好的中文界面,包括菜单、组态运行画面以及在线帮助等,它还支持 Windows NT 中文版。操作指示盘(PSA)与主控机(PSC)之间采用网络通信驱动软件进行通信。

上层人机界面监控管理软件可方便地实现：

(1) 控制过程总貌显示；

(2) 标准棒状图的组态显示；

(3) 强大的控制帮助组态显示；

(4) 控制系统状态显示。

上层人机界面监控管理软件有完善的配方管理、编辑及调用功能，具有内置数据报表打印功能，并且可以输出到 Excel，使用户获得完美的报告或报表打印效果。

项目级的安全措施可以为用户或用户组进行授权，对所使用的显示画面、命令、标签进行不同级别的限制。

上层人机界面监控管理软件设置了开关量或模拟量报警控件，利用报警摘要窗口显示报警信息。为使操作员更容易了解情况，还可按照报警严重程度设置不同的颜色，并可以驱动报警器发出声音报警。此外，还可按报警程度或时间顺序进行分类、过滤，以提取用户所需的报警信息。

2. 网络通信驱动软件

利用网络通信驱动软件可以将实时采集的现场数据(通常由网络采集而来)进行分析、存储、显示等。该软件有以下几个特点：

(1) 支持多个通信设备并行运行；

(2) 直观的用户界面；

(3) 通过网络可以与其他子系统实现数据共享；

(4) 可与传统网络联通；

(5) 可满足用户升级的要求。

3. 人机界面编程软件

人机界面编程组态软件可以很容易地为操作指示盘(PSA)上的人机界面终端设计控制面板及应用程序，或对以前设计的应用程序进行转换和利用。为简化应用程序的设计过程，软件使用了菜单、对话框及 Windows 中的标准工具，通过使用符号、目标、图表以及重要位图映像等工具，可以容易地进行屏幕组态，编制业主满意的良好人机界面。此外，在多种人机界面应用程序内部或之间，可使用剪切、拷贝、粘贴和目标输入/输出等功能，从而简化应用程序的设计。

11.4 控制系统主要部件结构及功能

屏蔽门控制系统设备的主要部件都是国际知名公司的成熟产品。电缆、电线将采用防火、低烟卤素的产品,控制系统设备的设计、安装及配线都遵照《电气产品的要求》(BS 7671—1992)执行。

11.4.1 主控机(PSC)

1. 安装位置与操作条件

主控机(PSC)安装在屏蔽门设备室内,能够在以下气候条件下顺利运行:

(1) 良好通风条件的房间;

(2) 最高气温 40℃;

(3) 相对湿度 100%,无冷凝现象。

2. 主控机(PSC)总体功能概述

主控机(PSC)是屏蔽门控制系统的主要接口设备,是屏蔽门控制系统的核心,为车站信号室内的信号系统设备、车站控制室内的机电设备监控系统(EMCS)、位于站台两个端头的站台端头控制盒(PSL)、站台监视亭及车站控制室内的操作指示盘(PSA)、屏蔽门设备室内的电源系统、所有的门控制器(DCU)、安全回路提供接口连接。

主控机(PSC)主要由控制接口单元、主监控系统、数据记录模块、PSD 系统及门机控制器(DCU)软件管理系统等组成。每个模块或系统都有各自的功能,完成各自需要处理的命令、状态、报警的任务,全部安装在主控机(PSC)盘内(详见附录附图 8 屏蔽门控制系统结构图)。

主控机(PSC)的主要功能是通过两个截然不同的系统来保证的:

控制接口:控制接口由机-电模块(包括安全继电器)组成,主要处理 PSD 系统的控制命令及状态信息,以确保列车的顺利运营。

主监控系统：监控系统处理 PSD 系统及单个门的报警/状态/事件信息，并将这些信息发送到相关的监控点，用于人机交流。

主控机(PSC)的控制接口和主监控系统为屏蔽门系统提供如下功能：

(1) 为指定的信号系统承包商提供接口。

(2) 为指定的机电设备监控系统(EMCS)承包商提供接口。

(3) 为屏蔽门系统内部的其他子系统(如：PSL、PSA、DCU、安全回路、电源系统等)提供连接的接口。

(4) 提供处理命令及状态信息的继电器逻辑模块。

(5) 通过主控机(PSC)的监控模块从单个 PSD 和每个子系统采集屏蔽门系统的报警/状态/事件信息。

(6) 通过监控软件处理报警/状态/事件信息。

(7) 通信模块通过数据传输总线向操作指示盘(PSA)传送相关的信息。

(8) 提供与笔记本电脑连接的通信接口，用来显示相关的报警/状态/事件信息。

(9) 数据记录系统可以记录系统的报警/状态/事件信息，以便故障查询及严重事故的调查。

(10) 通过主控机(PSC)内的通信接口，可以与便携式电脑相连，用于获取已经存储的报警/状态/事件信息，下载门机控制器(DCU)的软件及调整门机控制器(DCU)的参数。

3. **主控机(PSC)的控制接口**

主控机(PSC)的控制接口是由处理所有安全命令/信号的继电器逻辑模块组成的，这些命令/信号包括远程开/关门命令(信号系统发出)、“紧急操作”执行信号、“紧急开门”命令、“紧急关门”命令、站台端头控制命令、“所有 PSD/EED 关闭且锁定”信号、“PSD/EED 互锁解除”信号等。整个系统是按照故障-安全的重要原则来设计的。

1) 从信号系统至主控机(PSC)的控制命令

“开门”命令：由信号系统发出开门命令(脉冲信号)，此信号将被锁存在主控机(PSC)内(锁存后脉冲信号将转换为连续信号)，并且向门机控制器(DCU)发出该连续信号，直到主控机(PSC)收到“PSD/EED 关闭且锁定”信号。

“关闭”命令：由信号系统发出关门命令(脉冲信号)，此信号将被锁存在主控机(PSC)内(锁存后脉冲信号将转换为连续信号)，并且向门机控制器(DCU)发出该连续信号，直到门机控制器(DCU)收到“门打开”信号。

“列车占用站台轨道”信号：为了保证系统的安全，该信号应是一个连续的信号，该信号将由信号系统发出，由主控机(PSC)接收。该信号也是站台端头控制盒(PSL)操作的先决条件，只有列车停靠站台，才能操作站台端头控制盒(PSL)。

需要注意的是，如果信号系统故障，无法向屏蔽门系统传送“列车占用站台轨道”信号时，通过设置在车站控制室内的操作指示盘(PSA)上的“紧急操作”钥匙转换开关，将“列车占用站台轨道”信号旁路，允许操作站台端头控制盒(PSL)。

2) 从主控机(PSC)至信号系统的状态信号

在正常运行条件下，当通过安全回路证实“所有 PSD/EED 关闭且锁定”时，“所有 PSD/EED 关闭且锁定”的状态信息将发送至信号系统。

当“所有 PSD/EED 关闭且锁定”状态信息没有传给信号系统，而司机或站台工作人员确认列车可以离开站台时，通过操作站台端头控制盒(PSL)上的“PSD/EED 互锁解除”钥匙转换开关，向列车发送一个取代“所有 PSD/EED 关闭且锁定”的信号(即“PSD/EED 互锁解除”信号)，以便允许列车在以下情况下离开站台：“列车占用站台轨道”信号送至站台端头控制盒(PSL)，并且“所有 PSDS/EEDS 关闭且锁定”信号未激活，并且列车司机或位于站台端头控制盒(PSL)处的站台人员操作“PSL 操作允许”钥匙开关之后，启动“PSD/EED 互锁解除”钥匙开关。

3) 来自站台端头控制盒(PSL)的站台端头控制信号

假如信号系统已经将“列车占用站台轨道”信号传送给主控机(PSC)，而且站台端头控制盒上的“PSL 操作允许”钥匙开关已经动作，则通过操作站台端头控制盒(PSL)面板上的“开门”/“关门”按钮，将开/关门命令送至主控机(PSC)。

站台端头控制盒(PSL)提供下列信号给主控机(PSC)：

(1) 操作站台端头控制盒(PSL)上的“PSL 操作允许”钥匙开关后的“PSL 操作允

许”信号；

(2) “开门”命令信号将通过主控机(PSC)传给门机控制器(DCU)；

(3) “关门”命令信号将通过主控机(PSC)传给门机控制器(DCU)；

(4) “PSD/EED 互锁解除”信号传给主控机(PSC)，以便通过主控机(PSC)向信号系统提供一个取代“所有 PSD/EED 关闭且锁定”的信号。

4) 操作安全的设计

(1) 门开/关命令的处理

由信号系统、站台端头控制盒(PSL)、操作指示盘(PSA)发给主控机(PSC)的开/关门命令信号的脉冲宽度至少为 100 ms，开/关门命令的脉冲信号经过主控机(PSC)的处理后，变为连续的信号(开门命令为高电平，关门命令为低电平)。出于安全的考虑，当在同一时刻给出开门命令和关门命令时，关门命令总是比开门命令更具有优先权。

(2) PSA/PSL 操作时信号系统控制的失效

基于系统操作安全的考虑，系统级控制的优先权低于车站控制室内的操作指示盘(PSA)及站台端头控制盒(PSL)的控制，因此一旦车站控制室内的操作指示盘(PSA)及站台端头控制盒(PSL)处于操作状态，任何来自信号系统的远程自动控制命令将处于失效状态。

4. 主控机(PSC)主监控系统

1) 主控机(PSC)主监控系统的作用

(1) 收集每个 PSD 的信息；

(2) 检查子系统(PSA、PSL、就地控制盒、手动装置等)的操作状况；

(3) 为操作人员提供屏蔽门系统关键的报警/状态/事故信息；

(4) 为屏蔽门系统及单 PSD 模块的日常维护提供信息；

(5) 为屏蔽门系统门机控制器(DCU)的参数修改提供通信媒介；

(6) 为下载新的门机控制器(DCU)软件提供通信媒介。

2) 主监控系统的通信概述

主监控系统安装在主控机(PSC)盘内。一个主监控系统监控两侧站台上所设置的所有监控点。这些监控点可以监控整个屏蔽门系统或单个门的报警/状态/故障信息。各个监控点的报警/状态/故障信息通过数据传输总线及硬接线传向主监控系统。

3) 主监控系统与门机控制器(DCU)的通信

活动门的动作是通过门机控制器(DCU)对螺杆结构的驱动装置的控制来实现的,门机控制器(DCU)与主监控系统之间的通信是通过使用数据传输网络总线来实现的。每个门机控制器(DCU)在网络上都有一个唯一的地址,为了便于管理和标识,门机控制器(DCU)的地址取决于门机控制器(DCU)在站台上的位置。因此,主监控系统能辨别每个门机控制器(DCU)的地址,并从门机控制器(DCU)处获取信息。在维护时如果门机控制器(DCU)需要更换,它的地址依然存在,更换后不需要重新设置其网络地址。

4) 主控机(PSC)操作的监控

屏蔽门系统的其他子系统与主监控系统之间的监控信号是通过可靠的硬线连接来实现的。每个子系统将为主监控系统的逻辑输入模块提供其操作状态(逻辑电平信号)。由主监控系统监控的屏蔽门系统的基本操作状态如下:

(1) 来自信号系统的“列车占用站台轨道”持续信号;

(2) “所有 PSD/EED 关闭且锁定”的信号;

(3) 来自站台端头控制盒(PSL)上的“PSL 操作允许”信号;

(4) 命令信号:由站台端头控制盒(PSL)启动的开/关门命令信号;

(5) 来自站台端头控制盒(PSL)的“PSD/EED 互锁解除”信号;

(6) 来自车站控制室操作指示盘(PSA)的“紧急操作”信号;

(7) 命令信号:由车站控制室操作指示盘(PSA)启动的开/关门命令信号;

(8) 屏蔽门电源系统的状态信息。

5) 在线可替换器件的诊断

当主监控系统从子系统或单个门处收到信息之后,主监控系统将这些信息进行处理,分别通过数据传输总线将关键信息传送给站台监视亭中的操作指示盘(PSA)

和车站控制室内的操作指示盘(PSA),并且通过硬线及数据总线网络传送给机电设备监控系统(EMCS)。

通过查询反馈的信息,主监控系统能够找出故障的具体细节,从而在故障维修时找出需要更换的器件。

5. 人机界面(HMI)

报警/状态/故障信息由主监控系统发出,送至站台监视亭中的操作指示盘(PSA)和车站控制室内的操作指示盘(PSA)。这些信息将通过友好的人机界面(发光二极管以及液晶显示器)显示在主监控系统(建议采用手提电脑作为人机界面)、站台监视亭中的操作指示盘(PSA)和车站控制室内的操作指示盘(PSA)上。

为了选择最佳的显示方式,将需要显示的屏蔽门系统的信息分为以下六个级别:

(1) 系统报警;

(2) 系统运行状态;

(3) 系统运行故障;

(4) 单个门的报警;

(5) 单个门的运行状态;

(6) 单个门的运行故障。

在上述的六个级别的信息中,“系统报警”与“系统运行状态”信息对于操作人员来说是关键的信息,因为其中任何一个报警如果没有得到及时处理,都将可能影响列车的正常运营。故,这些信息将被视为最高级别的信息,并且通过发光二极管进行显示,以便为人机交流提供最为直接的界面。其他被认为略低级的信息将通过液晶显示器来显示。

6. 主控机(PSC)的数据记录系统

1) 使用数据记录系统(DLS)的目的

使用数据记录系统(DLS)主要是为了保证屏蔽门系统有足够大的内存空间用于记录相当长时间内的屏蔽门系统的事故/报警/状态信息,这些信息可以作为系统诊断的依据,以及事故发生后,用于进一步调查事故的记录。这些数据信息可以通过手提电脑从数据记录系统(DLS)中进行提取。

2) 数据记录系统(DLS)的设置

数据记录系统(DLS)与主监控系统通过数据传输总线进行连接,安装在主控机(PSC)柜体内。数据记录系统(DLS)是一个存储器模块,带有与 PC 相连的输入/输出接口,数据记录系统(DLS)能够储存三种类型的数据:

(1) 存储屏蔽门系统运行的各种事故信息;

(2) 记录屏蔽门系统的各种报警信息;

(3) 记录屏蔽门的关键报警信息。

这些信息可以在存储器里保存 8 h,并且可以通过 PC 进行读取。如果有新的信息需要存入存储器,且存储器里已经存满数据,按照"先进先出"的原则为新的信息腾出存储空间。

7. 屏蔽门系统与门机控制器(DCU)软件的管理

1) 升级软件的下载

通过将手提电脑与主监控系统的通信接口连接,可以将软件下载至每个 PSD 单元的门机控制器(DCU)。这些软件编码由 PC 传给主监控系统存储器,再由主监控系统存储器传给所有的门机控制器(DCU)。当软件编码全部下载至所有的门机控制器(DCU)后,主监控系统将对软件编码进行校验,并且将校验的结果反馈给 PC。一旦校验出一个或几个门机控制器(DCU)有差错,主监控系统将自动为这些有差错的门机控制器(DCU)重新下载软件,直到所有的门机控制器(DCU)都成功安装升级的软件。

2) 门参数的修改

门机控制器(DCU)的参数可以通过主监控系统与门机控制器(DCU)连接的数据总线网络进行调整,门机控制器(DCU)可调整的参数有:

(1) 门开/关时间;

(2) 门的关闭力;

(3) 障碍物的大小;

(4) 有障碍物时重开门的宽度;

(5) 门重新关闭前的等待时间;

(6) 关门/开门响铃持续的时间。

8. **主控机(PSC)技术要求**

1) 主控机(PSC)输入电源具有过流、过压保护。

2) 主控机(PSC)具有抗震、防尘、防潮及抗电磁干扰功能,能够满足在地铁环境条件下正常运行的要求,防护等级 IP31。

3) 主控机(PSC)盘体外形尺寸为 800 mm×2 260 mm×800 mm(宽×高×深)。

4) 主控机(PSC)盘面布置:

(1) "所有 PSD 全开"状态指示灯(绿色);

(2) "PSL 操作允许"状态指示灯(绿色);

(3) "PSD/EED 关闭且锁定"状态指示灯(绿色);

(4) "PSD/EED 互锁解除"报警指示灯(红色);

(5) "PSD/EED 关门故障"状态指示灯(红色);

(6) "PSD/EED 开门故障"状态指示灯(红色);

(7) "网络故障"状态指示灯(红色);

(8) "电源故障报警"状态指示灯(红色);

(9) 故障复位按钮指示灯(绿色);

(10) 主控机(PSC)盘面灯"测试按钮"(绿色)。

11.4.2　站台端头控制盒(PSL)

1. **站台端头控制盒(PSL)的安装位置及环境条件**

考虑到深圳地铁的地铁列车双向运行的要求,每侧站台两端(端头/端尾)均安装一套站台端头控制盒(PSL)(在轨道侧,不在备用门内侧),每个站台端头控制盒(PSL)靠墙安装,放置位置与列车正常停车时列车驾驶室的门相对应。允许列车员或站台人员用专用钥匙进行操作。

工作温度范围：0℃/+40℃。

湿度：相对湿度100%。

站台端头控制盒(PSL)的电力：由控制电源供应。

2. 站台端头控制盒(PSL)的配置

所有主控机(PSC)与站台端头控制盒(PSL)间的命令信号都是通过硬线连接的。站台端头控制盒(PSL)包括下列配置：

(1) 1个"PSL操作允许"钥匙开关：该开关是一个自动复位的双位钥匙开关(正常状态为"自动控制"，打开位置为"站台端头控制")，只要信号系统通过主控机(PSC)向站台端头控制盒(PSL)传送了"列车占用站台轨道"持续信号，操作该钥匙开关将会启动"PSL操作允许"信号，允许站台授权人员在站台级控制PSD的操作。

(2) 1个"开门"按钮指示灯(绿色)：该开关是一个弹性自复位开关，按下且释放之后将恢复到原来的位置。

(3) 1个"关门"按钮指示灯(红色)：该开关是一个弹性自复位开关，按下且释放之后将恢复到原来的位置。

(4) 1个"PSD/EED互锁解除"钥匙开关：该开关是一个自动复位的双位钥匙开关。操作"PSD/EED互锁解除"钥匙开关后，可以向列车发出"PSD/EED互锁解除"信号，允许列车离站(只有操作"PSL操作允许"开关，才能保证操作"PSD/EED互锁解除"的有效性)。

(5) 1个"所有PSD/EED关闭且锁定"的指示灯：当系统确认所有PSD关闭且锁定时，指示灯亮。

(6) 1个"指示灯测试"按钮：此按钮用于测试面板上的指示灯状况。

(7) 1个"PSL操作允许"状态指示灯：在操作"PSL操作允许"钥匙开关后，该指示灯点亮。

3. 站台端头控制盒(PSL)的操作逻辑

1) 正常运行条件下屏蔽门的站台端头控制

当收到信号系统发出的"列车占用站台轨道"信号，而且"PSL操作允许"钥匙开关处于打开位置(“PSL 操作允许”信号将送至 PSC)时,操作站台端头控制盒(PSL)上的“开门”按钮可以打开活动门。

当收到信号系统发出的“列车占用站台轨道”信号,并且“PSL 操作允许”钥匙开关处于打开位置(“PSL 操作允许”信号将送至 PSC)时,按下站台端头控制盒(PSL)上的“关门”按钮,系统将关闭活动门。

注意:在执行站台端头控制操作之后,信号系统将处于锁闭状态。“PSL 操作允许”改变它的操作状态,例如,由“自动控制”位转为“站台端头控制”位(或反之)时,所有打开的活动门(PSD)将自动关闭。

2）紧急运行模式下屏蔽门的站台端头操作

当“PSL 操作允许”钥匙开关处于“站台端头控制”位置(“PSL 操作允许”信号将送至 PSC),并且已收到来自车站控制室内的操作指示盘(PSA)的“紧急操作”信号时,可以通过操作站台端头控制盒(PSL)上的“开门”按钮让系统打开活动门。

当“PSL 操作允许”钥匙开关处于“站台端头控制”位置(“PSL 操作允许”信号将送至 PSC),并且已收到来自车站控制室内的操作指示盘(PSA)的“紧急操作”信号时,可以通过操作站台端头控制盒(PSL)上的“关门”按钮让系统关闭活动门。

用车站控制室内的操作指示盘(PSA)的“紧急操作”信号对站台端头控制盒(PSL)设置连锁,主要目的是保证在信号系统故障且“列车占用站台轨道”信号无法传到屏蔽门系统的情况下,仍能通过站台端头控制盒(PSL)控制屏蔽门的开/关。

3）“PSD/EED 联锁取代”钥匙开关

唯有在下列条件都满足时,“PSD/EES 联锁取代”信号将送至信号系统:

(1)“PSL 操作允许”钥匙开关已激活;

(2) PSD/EED 关闭且锁定”信号没有动作;

(3)“PSD/EED 联锁取代”钥匙开关已被操作。

注意:出于安全的考虑,在紧急控制模式下,“PSD/EED 互锁解除”功能将被锁闭而不起作用。

4. 站台端头控制盒(PSL)技术性能

(1) 站台端头控制盒(PSL)的输入电源具有过流、过压保护。

(2) 站台端头控制盒(PSL)具有抗震、防尘、防潮及抗电磁干扰要求,能够满足在地铁环境条件下正常运行的要求,防护等级 IP54。

(3) 站台端头控制盒(PSL)盘体外形尺寸为 300 mm × 500 mm × 200 mm(宽 × 高 × 深)。

11.4.3 门机控制器(DCU)

1. 概述

门机控制器(DCU)位于每个 PSD 的顶盒内,每个屏蔽门单元有一个门机控制器(DCU)。门机控制器(DCU)的电气连接和机械安装均采用易于拆装的设计,便于快速更换。

门机控制器(DCU)用于控制 PSD 的动作,由微处理器、存储器、输入/输出电路、网络接口、电机驱动电路等组成,其主要功能为:

(1) 执行主控机(PSC)发出的指令;

(2) 为活动门的运动及驱动装置提供就地控制;

(3) 按预先设定的开/关时间、速度曲线控制 PSD 的动作,计算门的位置,限制最大驱动力等;

(4) 完成某些特定的任务,如障碍检测、检测输入 DCU 的控制指令(当控制指令出现逻辑错误时自动关闭屏蔽门)等;

(5) 记录并处理来自活动门及相邻应急门(EED)/端头门(MSD)的输入信号(如门位置检测器、开关、灯控制器);

(6) 通过网络接口与主监控系统进行通信,即向主监控系统发送报警/状态/事件信息;

(7) 控制门顶盒上的指示灯及顶盒内的蜂鸣器;

(8) 具有自学习能力。

2. 门机控制器(DCU)运行的环境条件

封闭保护：门机控制器(DCU)应安装在防止水进入的区域。其封闭保护为 NFC20 010-IP20 级。

电磁兼容性：门机控制器(DCU)的电磁兼容性(EMC)按照 EN 50121-3-2(1996)标准设计。

欧洲规范：门机控制器(DCU)符合 EN 50155 标准 S3/T3 类(1995)(与机车用电子设备的设计相关的欧洲规范)。

3. 硬件配置

驱动电源通过双极自动开关为门机控制器(DCU)提供电源，在电源故障和接地隔离故障时，双极自动开关可以保护门机控制器(DCU)电路板。

电源转换模块为门机控制器(DCU)的逻辑电路和模拟电路提供不同等级的电压。电源转换模块包含一个线性滤波器，可以抑制线路干扰。

逻辑输入模块用来缓冲输入微处理器的数据阵列，可以防止输入信号的涌流及过压。

在门机控制器(DCU)的输出部分，直流电机由脉冲宽度调制(PWM)控制器驱动的 IGBT 桥式电路提供驱动电力。

开门继电器(OR)是故障安全配置，该继电器的一个触点串联在开门电机的电源回路中，该信号与微处理器(CPU)输出的控制信号(该信号是 PWM 调制信号，控制可控硅的门极)相结合，共同控制 IGBT 桥式电路的输出。继电器(RL)的一个触点作为微处理器(CPU)的一个控制信号(继电器 R 只有在输入端有电位差时才能动作)，保证开门/关门命令在出现逻辑错误时，微处理器(CPU)不能驱动电机开门。

微处理器(CPU)是摩托罗拉 68332 处理器，其中数据存储在 SRAM，一些可调参数存储在 EEPROM。软件存储在 FLASH 存储器。

逻辑输入模块用来缓冲输入微处理器(CPU)的数据阵列，防止输入信号的涌流和过压。

逻辑输出允许微处理器驱动 IGBT 门极，为电机提供驱动的电力。

门机控制器(DCU)的网络接口通过数据总线与主监控系统连接。

PC 机通过 RS232 接口与门机控制器(DCU)连接,用于下载软件及修改单个门的参数(不通过数据总线网络)。

门机控制器(DCU)中还提供了控制蜂鸣器及指示灯的控制信号。

4. 门机控制器(DCU)控制下的门的运动

门的运动是由门机控制器(DCU)控制的。在开门时,需要为电机提供正向的电压;在关门时,需要向电机提供反向的电压。正反向的控制是由三个继电器来实现的:

(1) 开门继电器(OR)受"开门"/"手动"/DCU 软件控制;

(2) 关门继电器(CR)受 DCU 软件控制;

(3) 手动解锁继电器(MRR)受手动解锁装置控制。

开门阶段:当 DCU 收到"开门"命令,DCU 发出指令,控制 OR 动作时,CR 与 MRR 应不带电动作,给电机一个正向的电压,电机驱动门打开。

关门阶段:当 DCU 收到"开门"命令,DCU 发出指令,控制 CR 动作时,OR 与 MRR 应不带电动作,给电机一个反向的电压,电机驱动门关闭。

手动解锁阶段:当从站台侧/轨道侧手动开门时,MRR 就会动作时,MRR 将切断电机的电源,消除门关闭的动力,可以让乘客或车站工作人员很容易地将屏蔽门打开。经过一段调整时间后,DCU 将控制 MRR 复原(回到手动解锁前的状态),重新为电机提供一个关门用的反向电力,将门慢慢关闭。

5. 可靠性

操作故障率 $\lambda = 6 \times 10^{-6}\ f/h$(故障次数 /h)

6. 维护保养

1) 软件升级

加载在门机控制器中的软件存储在 FLASH 存储器。该软件升级后的新版本可由 PC 机通过 RS232 串行接口下载到门机控制器(DCU),并且可以通过 PC 机进行维护保养。

2）内置设施

门机控制器（DCU）执行自测试，以检查其自身的硬件、执行功能测试以及检测屏蔽门的异常操作。

7. **门机控制器（DCU）的技术性能**

（1）门机控制器（DCU）内部存储有多条电机速度曲线、多组门体夹紧力阈值（夹紧力阈值最大不超过 150 N）、重关门延迟时间（2 s，在 0～10 s 内可调）和重关门次数（3 次，根据实际情况可作适当调整）等参数。

（2）门机控制器（DCU）能根据指定的速度曲线和各个活动门的特性对门机的调节实施智能控制，满足各个活动门开闭的同步性和一致性要求。

（3）门机控制器（DCU）输入电源具有过流、过压保护。

（4）门机控制器（DCU）经过了严格的电磁兼容性测试，具有防震、防尘、防潮、抗电磁干扰及静电干扰的功能，防护等级达到 IP55，完全满足地铁环境要求。

（5）门机控制器（DCU）外形尺寸为 250 mm×300 mm×200 mm（长×高×深）。

11.4.4　声光告警装置

1. **声告警**

每档屏蔽门单元都设置有一个声告警装置，用于在屏蔽门动作前对乘客发出告警，并在屏蔽门故障时提醒车站工作人员采用相应的对策。

（1）列车进站时发出悦耳铃声，用于提醒站台工作人员做好接车准备，提醒乘客做好上车准备。

（2）屏蔽门关闭前发出悦耳铃声，提醒乘客和车站工作人员列车准备发车。

（3）屏蔽门故障时发出告警声，提醒乘客和车站工作人员采取适当的措施，排除相应的故障。

2. **光告警**

在每档屏蔽门单元的顶盒中央，都设置一个光告警装置（指示灯），用于在屏蔽门动作时对乘客发出告警，并在屏蔽门故障时提醒车站工作人员采用相应的对策。

(1) 屏蔽门开/关过程中，指示灯闪烁，用于提醒乘客“屏蔽门尚未打开，不要急于上车”。

(2) 屏蔽门故障时，指示灯闪烁，提醒站台工作人员和乘客采用相应对策排除故障。

(3) 当屏蔽门处于开状态时，指示灯常亮，为乘客上车提供指引。

(4) 当屏蔽门处于关状态(锁紧)时，指示灯熄灭。

11.4.5 就地控制盒

就地控制盒位于靠近门机控制器(DCU)的顶盒内。就地控制盒面板上安装有一个三挡位转换开关和两个控制按钮。

通过转换开关的三个挡位可选择以下操作模式。

1) “自动”位

当转换开关处于“自动”位置时，PSD 的动作由主控机(PSC)控制。

2) “隔离”位

当转换开关处于“隔离”位置时，单个的 PSD 单元与系统隔离，隔断本单元的电力供应。该模式主要是为了系统维修。隔离的状态并不会影响整个系统的正常工作。

3) “就地控制”位

当转换开关处于“就地控制”位置时，通过操作就地控制盒上的“开门”“关门”按钮可使 PSD 动作。在此模式下，系统的安全环路中绕过了本单元的“门关闭且锁定”开关。

11.4.6 屏蔽门指示灯控制盒

屏蔽门指示灯控制盒位于靠近门机控制器(DCU)的顶盒内。它由一个继电器逻辑模块组成，用于提供下列功能：

(1) 根据屏蔽门锁定开关的状态来控制指示灯的状态；

(2) 检测屏蔽门指示灯的故障并将故障的状态发送到门机控制器(DCU)。

11.4.7 操作指示盘(PSA)

操作指示盘(PSA)是地铁站台屏蔽门系统的一个重要的监控装置,显示屏蔽门系统重要的运行状态信息,为站台工作人员采取相应的处理措施提供判断依据。

操作指示盘(PSA)布置在每个车站的车站控制室及站台监视亭内。操作指示盘(PSA)显示各档屏蔽门的开关状态和故障与否,车站控制室内的操作指示盘(PSA)还具有在紧急状态下对各侧屏蔽门的开关功能。设在站台监视亭内的操作指示盘(PSA)不设置对屏蔽门的控制功能。

1. 监视亭内的 PSA

为了处理来自屏蔽门系统各个子系统的大量信息,屏蔽门系统的所有信息都是通过 Control-net 网络由主控机(PSC)内的主监控系统传给操作指示盘(PSA)的。

1) 操作指示盘(PSA)的配置

操作指示盘(PSA)的配置主要包括以下部件:

(1) 一个用于数据处理的微处理器(CPU)模块;

(2) 一个用于与主控机(PSC)进行通信的通信模块;

(3) 用于驱动报警指示灯的逻辑输出模块;

(4) 用于人机交流友好界面的液晶显示器;

(5) 指示灯安装在操作指示盘(PSA)的面板上,用于报告报警/状态/事件信息;

(6) 确认按钮安装在操作指示盘(PSA)面板上,用于确认系统的报警/状态/事故信息;

(7) "信号灯测试"按钮安装在操作指示盘(PSA)的面板上,用于检验信号灯的状况;

(8) 一个蜂鸣器安装在操作指示盘(PSA)箱体内,一旦出现报警信息,它将提供一个声音报警信息。

2) 操作指示盘(PSA)盘面的布置

屏蔽门系统重要的信息报警指示灯:

(1) PSD/EED 开门报警(红色);

(2) 安全回路检测报警(红色);

(3) PSD 主监控系统故障报警(红色);

(4) PSD 供电电源故障报警(红色);

(5) PSD 关门故障报警(红色);

(6) 驱动电源故障报警(红色)。

状态指示灯:

(1) “紧急操作”状态指示灯(橙色);

(2) “PSL 操作允许”状态指示灯(绿色);

(3) “PSD/EED 互锁解除”状态指示灯(红色);

(4) “所有 PSD/EED 关闭且锁定”状态指示灯(绿色);

(5) “所有 PSD 全开”状态指示灯(红色)。

按钮:

(1) 消音按钮;

(2) 指示灯测试按钮。

蜂鸣器:

3) PSA 的主要技术性能

(1) 操作指示盘(PSA)的输入电源具有过流、过压保护。

(2) 操作指示盘(PSA)具有抗震、防尘、防潮及抗电磁干扰、抗静电干扰功能,能够满足在地铁环境条件下正常运行的要求,防护等级 IP31。

(3) 操作指示盘(PSA)盘体外形尺寸为 400 mm×450 mm×120 mm(宽×高×深)。

2. 车站控制室内的操作指示盘(PSA)

车站控制室内的操作指示盘(PSA)与站台监视亭内的操作指示盘(PSA)的配置及功能基本相同,它们的区别在于车站控制室内的操作指示盘(PSA)能够在紧急状况下对屏蔽门进行开/关操作,或者在非运营期间用于 PSD 系统的测试。车站控制室内的操作指示盘(PSA)与主控机(PSC)之间所有控制命令的传递都是通过硬线连接实现的。

1) 面板布置

车站控制室内的操作指示盘(PSA)的面板布置基本与站台监视亭内的操作指示盘(PSA)相同,此外,车站控制室内的操作指示盘(PSA)面板上还有如下的开关/按钮。

(1) “紧急操作”钥匙开关:“紧急操作”钥匙开关是一个三位转换开关。在正常的状态下,它自动处于“正常”位(中间位置),屏蔽门处于系统级控制模式;当“紧急操作”钥匙开关处于“车站级”位置时,系统处于车站级紧急控制模式,可以通过车站控制室内的操作指示盘(PSA)来实现车站级的“紧急操作”;当“紧急操作”钥匙开关处于“站台级”位置时,可以通过站台端头控制盒(PSL)来实现站台级的“紧急操作”。

(2) “开门”指示灯按钮:“开门”指示灯按钮具有自复位功能,按下之后能够返回原来的位置,带绿色信号灯显示,用于显示系统处于“紧急操作”模式。

(3) “关门”指示灯按钮:“关门”指示灯按钮具有自复位功能,按下之后能够返回原来的位置,带红色信号灯显示,用于显示系统处于“紧急操作”模式。

2) PSD 的紧急操作控制

授权的站台工作人员通过钥匙将“紧急操作”钥匙开关转到相应的紧急操作位置,“紧急操作”信号将送至主控机(PSC),此时可以操作站台端头控制盒(PSL)或操作指示盘(PSA)面板上的“开门”按钮对屏蔽门进行开门控制。

授权的站台工作人员通过钥匙将”紧急操作”钥匙开关转到相应的紧急操作位置,“紧急操作”信号将送至主控机(PSC),此时可以操作站台端头控制盒(PSL)或操作指示盘(PSA)面板上的“关门”按钮对屏蔽门进行关门控制。

在进行系统测试时,测试人员可以按照此种方式开/关屏蔽门。

注意:

(1) 在紧急操作模式下,信号系统将处于失效状态。

(2) “紧急操作”钥匙开关改变操作状态,例如,由相应的“紧急操作”位转为“正常”位(或反之),所有打开的 PSD 将自动关闭。

3) “PSD/EED 互锁解除”功能失效

“紧急操作”钥匙开关处于“站台级”紧急操作模式下,“紧急操作”信号将送给主控机(PSC),并且使站台端头控制盒(PSL)面板上的“PSD/EED 互锁解除”钥匙开关操作无效,防止列车在任何情况下离开站台。

11.4.8 站台监视亭(PSB)

站台监视亭内设置下述设备,其中操作指示盘(PSA)由屏蔽门总包商提供。

(1) 设有操作指示盘(PSA),实现操作指示盘(PSA)的所有监视功能,不设置对屏蔽门的控制功能。

(2) 设有 CCTV,监视站台屏蔽门的开/关及故障情况。

(3) 设有电话、广播设备,当发现屏蔽门运行过程中发生故障或发生其他异常情况时,及时采取相应措施解决问题。

11.5 网络系统的结构与技术要求

11.5.1 数据传输网络体系结构及协议

屏蔽门控制系统采用现场总线技术,按照控制系统分散化、网络化、智能化发展的要求,把挂接在总线上、作为总线节点的各设备连接为网络集成式的全分布控制系统,以实现对屏蔽门的控制、参数修改、报警、显示、监视等综合自动化功能。

在屏蔽门控制系统中,主控机(PSC)、操作指示盘(PSA)和门控制器组(DCU)、机电设备监控系统(EMCS)通过网络总线构成开放的网络系统,它们可同时传送数据,并能共享系统的信息。

11.5.2 主控机(PSC)与门机控制器(DCU)数据传输的网络结构体系及协议

1. 网络结构及协议

主控机(PSC)与门机控制器(DCU)之间采用 LonWork 总线。

主控机(PSC)与门机控制器(DCU)数据传输是通过主控机(PSC)内的主监控系统来实现的,用来实现主监控系统的请求、门机控制器(DCU)的应答以及与操作指示盘(PSA)的数据交换。每个门机控制器(DCU)在网络上有唯一的编码,通过连接器(编码连接器)挂接在总线上。在网络中,主监控系统是命令者(主),门机控制器(DCU)是响应者(从)。

LonWork 是世界通用的标准局部操作网络,其使用开放通信协议 LonTalk 为设备之间交换控制状态信息建立了一个通用的标准,LonTalk 协议的最大特点是对 OSI 的七层协议的支持,也是直接面向对象的网络协议,具体实现即采用网络变量的形式。网络变量使节点之间的数据传递仅通过网络变量的相互连接便可完成。另外,LonTalk 协议发送的报文都是很短的数据(通常为几个到几十个字节),可靠性高,实时性强。

神经元芯片是 LonWork 技术的核心,它不仅是 LonWork 总线的通信处理器,也可以作为采集和控制的通用处理器,LonWork 技术中所有关于网络的操作实际上都是通过它来完成的。LonWork 总线的神经元芯片有三个处理单元,分别用于链路层的控制、网络层的控制和用户的应用程序,同时包含 11 个 I/O 接口,这样在一个神经元芯片上就能实现网络和控制功能。

按照 LonWork 标准网络变量来定义数据结构,也可以解决和不同厂家产品的互操作性问题,可以与其他按照 LonMark 规范设计的产品更容易地集成,用户不必为日后的维护和扩展费用担心。LonWork 总线可以支持多种通信介质,并且可以互连。深圳地铁屏蔽门项目采用双绞线电缆。

变压器耦合接口能够满足屏蔽门系统高性能、高共模隔离及噪声隔离的作用,因此收发方式采用变压器耦合方式,网络的拓扑结构为总线形,节点数为 64 个,传输速率为 78 kbps,传输的最大距离为 500 m。

2. 数据传输

通过 LonWork 网络可以传输不同类型的数据,网络上的所有通信及对话都是由主监控系统发起请求、各个节点进行应答的。这些请求包括综合请求、参数请求和软件下载请求。

1) 综合请求

综合请求包括状态请求和 DCU 应答。

(1) 状态请求：主监控系统每 500 ms 向网络上的各个 DCU 发送一次状态请求，状态请求由 DCU 的编码和命令组成。DCU 编码的逻辑电平将决定网络上哪个 DCU 应答主监控系统的请求，命令将决定该 DCU 传输的信息内容。如果需要传输的是“状态信息”，DCU 将把状态信息传输到主监控系统。

(2) DCU 应答：接收到主监控系统的请求后，被请求的 DCU 将向主监控系统传输诸如 DCU 编码、状态、逻辑输出、电机开门/关门过程中的平均电流、开/关门时间、报警状态等信息。

2) 参数请求

当操作人员需要通过主控机(PSC)对 DCU 的参数进行读/修改/写时，参数请求将由主监控系统发送到 DCU。

(1) “读参数”请求：

① 由操作人员选择某档门的 DCU，该请求将发送到被选择的 DCU。

② 将 PC 连接到主监控系统，由 PC 发出“读参数”请求，DCU 将把参数(如开门时间/关门时间/门关闭力等)通过主监控系统传输到 PC。

(2) “修改参数”请求

① 当操作人员需要修改一个或多个 DCU 参数时，该请求将被发送到被选择的 DCU，这些参数包括开门时间/关门时间/门关闭力/重开门次数/重开门幅度等。

② 当 DCU 收到主监控系统发出的“修改参数”请求后，DCU 组将检查新参数值的正确性，并将新的参数写入可擦除的存储器内。如果操作人员需要检查新的参数值，所有的参数将由 DCU 发送到主监控系统中。

(3) “写参数”请求

① 当操作人员需要修改一个或更多个 DCU 的参数时，“写参数”请求将被发送到被选择的 DCU。

② 当 DCU 收到“写请求”后，DCU 将把存储在可擦除存储器的参数值复制到不可擦除的存储器内，以便在系统电源掉电的情况下，不丢失这些数据。

3）软件下载请求

（1）下载请求：当操作人员通过便携式电脑发出“软件下载”请求时，该请求将由主监控系统传给 DCU，DCU 通过编码和状态来应答该请求。

（2）长请求：当所有的 DCU 准备完毕时，一个数据编码块将从主监控系统传送到 DCU。

（3）DCU 应答：当 DCU 收到并且存储这些数据块后，DCU 将计算这些软件的 CRC，并且与通过主监控系统传输的参数值进行比较，以校验这些数据块的正确性。如果 DCU 存储的参数是正确的，DCU 将向主监控系统发送正确信息，主监控系统将发出“结束”信息；如果参数是错误的，主监控系统将发出“重新开始”请求，开始重新下载。

11.5.3 主控机与机电监控系统的网络结构

屏蔽门系统与机电设备监控系统（EMCS）之间的接口协议采用串行通信接口协议。通信规约在设计联络时确定。

11.5.4 主控机与操作指示盘的网络结构

操作指示盘（PSA）与主控机（PSC）之间采用 LonWork 总线协议。

11.5.5 主控机与电源系统的网络结构

主控机（PSC）与电源系统（包括驱动电源和 UPS 部分）通过 RS485 总线连接，主要是收集电源系统的有关监控信息。

RS485 是当今世界上现场总线应用最多的总线协议之一，由于其通信特性和稳定性均比 RS232C 好，因此中短距离通信多采用 RS485 总线。

RS-485 通信的构成及其特点有：

(1) 工作方式：差动；

(2) 发送器个数：32 个；

(3) 接收器个数：128 个；

(4) 通信距离：1 200 m；

(5) 数据传输最大波特率：10 M 波特；

(6) 传输方式：全双工多点；

(7) 传输介质：一对双绞线。

RS485 通信距离可达 1.2 km。传输通信距离与传输速率有关，速率低，传输距离远。传输介质用一对普通绞线组成双绞线（在通信环境良好的情况下，如距离小于 100 m，附近无电磁干扰，则对线型无特殊要求），可以实现点对点半双工通信；若用 RS485 两对双绞线，可以实现多点之间的全双工通信。

RS485 采用差动工作方式，具有很强的抗电磁辐射和电源干扰的能力，通信可靠，正确性高，而且传输介质的成本低，通信线的架设方便。通信方式的硬件构成很简单，是一种适用于中短距离的通信总线协议。

LonWork 总线、RS-485 总线都是目前世界上较为先进和流行的标准总线，具有开放的网络协议，网络物理层接口采用国际标准接口，满足地铁环境的电磁兼容要求，因此屏蔽门网络系统的组成具有开放性、先进性、可靠性和成熟性等特点。

11.5.6 屏蔽门系统的硬线连接方式

为增加屏蔽门系统控制的可靠性，所有控制线路通过硬线连接，监控系统采用标准的国际工业网络数据总线进行连接。采用这种方式可以与地铁的行车组织良好匹配，同时保证了系统操作的可靠性。主控机（PSC）与信号系统之间是通过硬接线方式来连接的；主控机（PSC）与门机控制器（DCU）之间、主控机（PSC）与机电设备监控系统（EMCS）之间除了总线连接外，对于重要的控制/状态信号，采用硬接线的方式连接。

第 12 章

供 电 系 统

深圳地铁屏蔽门电源系统包括门机驱动电源和控制电源。车站低压配电系统提供两路独立的三相 380 V 交流电源，两路分别为一主一备，通过交流自动切换装置互为备用。驱动电源和控制电源设备均设置在屏蔽门的设备室内。

12.1 驱动电源

地铁屏蔽门系统驱动电源主要为门机提供稳定的电源。驱动电源引出直流馈线至屏蔽门顶盒内的电源接线端子，接着再从电源接线端子引入门机控制器(DCU)，其中 DCU 的逻辑电路和模拟电路的电源由其内置的电源变换器提供，门机的电源由一个 IGBT 桥式电路提供，其中可控硅的门极电路由内置的微处理器提供控制信号(PWM 方式)。

竹子林站(两岛式)和罗湖站(两岛一侧式)的驱动电源配置为三块屏(充电屏、馈线屏、电池屏)，其余各车站驱动电源配置为两块屏(充电馈线屏、电池屏)。电源屏的外型尺寸为 800 mm×2 260 mm×800 mm(宽×高×深)。

12.1.1 驱动电源的运行原则

1. 正常运行

正常情况下，屏蔽门的驱动电源由主电源供应，当主电源故障时，电源自动切换装置自动将主回路切换到备用电源，将备用电源投入。

充电模块将三相交流电转换为直流电，经隔离二极管隔离后，一方面对蓄电池组进行浮充电，另一方面通过降压装置(硅链)给 60 档屏蔽门的门机供电。

2. 故障运行

充电模块采用 $N+1$ 冗余配置。当某个充电模块发生故障时，高频开关固有的特性使其不会对其余充电模块产生影响，其余充电模块继续给负荷供电。

当主电源、备用电源均发生故障时，由电池组经降压硅链对 60 档屏蔽门的门机供电。蓄电池的容量满足交流断电后完成开/关屏蔽门三次循环的要求。当交流电源恢复供电时,系统具有自启动功能,保证交流电恢复时能自动恢复正常运行。

12.1.2 驱动电源的组成

驱动电源主要由电源自动切换装置、充电模块、降压硅链、微机监控装置、绝缘监测装置、防雷装置、进口免维护蓄电池和馈线回路等构成。

1. **电源自动切换装置**

电源自动切换装置保证在主电源故障的情况下自动将主回路切换到备用电源,将备用电源投入。

2. **充电模块**

充电模块采用高频开关模块式充电机,三相380 V交流电经过尖峰抑制及EMI滤波以后,经过整流后变成脉动的直流输出,通过无源功率因数校正(PFC),将脉动的直流电转换为平直的直流电,再由DC/AC高频逆变器将直流电转换为高频交流电,高频交流电经过高频整流转换为高频脉动的直流电,通过高频滤波后输出所需的稳定直流电压。

高频开关充电模块具有以下特点:

(1) 采用三相无源功率因数校正技术,模块功率因数≥0.95。

(2) 充电模块自带RS485接口,通过接口与监控模块通信,达到“四遥”功能,同时充电模块也可脱离监控装置单独工作,即工作在自主方式。

(3) 模块本身具有完善的保护及报警功能,包括交流输入缺相、过压、欠压及直流输出过压、欠压、过流,以及模块内部过热保护及报警功能。

(4) 采用先进的软开关技术,可以减小功率开关器件的开关损耗,提高转换效率;同时,由于电压变化率($\mathrm{d}v/\mathrm{d}t$)或电流变化率($\mathrm{d}i/\mathrm{d}t$)很小,功率开关器件承受的电应力较小,可靠性得到了提高;另外,由于$\mathrm{d}v/\mathrm{d}t$或$\mathrm{d}i/\mathrm{d}t$的减小,高频开关电源产生的电磁干扰也有很大改善,被称为“绿色电源”。

(5) 充电模块间采用PWM均流技术,使得模块并联运行时均流性能优异,并联运行时保证最大电流不平衡度误差为±2.5%。

3. 微机监控装置

微机监控装置采用分散测量及控制、集中管理的集散模式，具有大屏幕液晶显示和全汉字菜单，可通过人机交互操作方式对系统进行参数设置和控制。它是电源系统控制、维护和管理的核心，具有“四遥”功能，可使电源系统达到无人值守的要求。

微机监控装置主要监测系统的电源自动切换装置、充电装置、蓄电池组、直流馈电单元、电池检测仪、微机绝缘监测装置等。微机监控装置负责的监控内容、监测内容、报警信号如表 12-1 所示。

表 12-1 微机监控装置监控、监测、报警内容

序号	装置名称	监控内容	监测内容	报警信号
1	电源自动切换装置	自动切换	两路交流相电压	交流主电源失电
2	充电装置	均/浮充转换； 开/关机； 输出电压调整； 限流值调整	充电输出电压； 充电输出电流； 各模块电流、电压	充电装置故障； 各充电模块故障； 输入电压过高、过低、缺相； 输出过流、过压； 输出欠压
3	蓄电池组	—	端电压(电池单体)； 充/放电电流	电池欠压、过压
4	直流馈电单元	—	—	馈电开关状态
5	微机绝缘装置	—	直流母线及各支路正负极对地电压	电压过高、过低、绝缘电阻过低
6	其他	—	—	防雷器故障

微机监控装置主要有以下特点：

(1) 对母线电压、负载总电流、输入电网电压及直流各输出支路通断状态、电池组熔断器通断状态进行检测。

(2) 接收外部输入的开关量信号，控制充电模块的启动和停止。

(3) 按内部程序要求，自动启动和停止整流充电模块，自动实现均浮充的切换。

(4) 对充电模块的输出电流实行限流控制、对充电模块输出电压进行调节控制。

(5) 采用大屏幕八行汉字显示,操作简便,声光报警。

(6) 信号的输入、输出具有电气隔离能力,抗干扰性能好。

(7) 具有蓄电池智能管理及蓄电池浮充电压自动补偿功能。

(8) 能对整流充电模块、电池检测仪、绝缘检测仪等智能设备进行数据采集并加以显示;亦能根据系统的各种设置参数进行告警处理、历史数据管理等作业;同时,能对这些处理的结果加以判断,根据不同的情况实行电源管理、输出控制和故障回叫等操作。

(9) 具有与上位管理系统进行通信的接口(RS-232 或 RS-485)。

4. 降压硅链

降压硅链串联在电池组与直流母线之间。在正常情况下,充电模块输出电压,经降压硅链降压后便可输出一个适合 DCU 正常工作的直流电压(DC96V)。降压硅链可调降压范围为 0～35 V。

5. 绝缘装置

徽机型绝缘监测装置用于实现直流母线及各支路正负极对地绝缘状况的检测,自动显示正负极对地电压和接地电阻值,在系统过压、欠压、绝缘电阻过低时进行报警,报警值可整定。

6. 馈线回路

馈线回路采用单母线分段的方式,每段母线配置十路馈出。其中,岛式、侧式、重叠侧式等站台配置 10 路馈出,竹子林站(两岛式站台)配置 20 路馈出,罗湖站(两岛一侧式站台)配置 25 路馈出,分别向对应侧的门机供电。

所有馈线开关均选用高分断能力的直流断路器,并设有辅助的脱扣报警触点。各馈线开关的选用考虑了上下级配合,保证直流侧故障时各馈线支路既能可靠分断,又不越级跳闸。为了显示各馈线支路的通断状态,每个馈线支路均设置了状态指示灯。

7. 蓄电池

蓄电池部分主要由进口免维护电池、电池检测仪和温度补偿采样装置构成。本书选用的是具有卓越耐重负荷特征的德国阳光牌胶体 dryfit A700 系列铅酸免维护蓄电池。其具有以下优点：

(1) 它的整个寿命期间内都不需要维护。

(2) 采用 dryfit 技术，电解液固定在胶质中，保证应用的可靠性。

(3) 能经受深度放电而不遭受损坏。

(4) 有极佳的大电流放电特性。

(5) 有极低的自放电率，即使存放 2 年以上也不需要再充电便可立即投入运行。

(6) 再充电时间短。

(7) 具有良好的循环性能，长寿命，使用寿命达到 12 年以上。

12.1.3 驱动电源装置的主要特点及功能

(1) 采用两路交流电输入，一主一备，自动/手动切换。

(2) 装置采用多级防雷措施，选用进口高质量的防雷装置，吸收过压能力强，能确保系统安全运行。

(3) 采用自然冷却方式，系统可靠性高。

(4) 装置配备有防潮电路，制造工艺有防潮措施，装置在比较潮湿的场所也能正常工作。

(5) 充电装置采用高频开关模块化设计，$N+1$ 冗余方式实现完善的备份功能，一个模块故障不会影响系统的正常运行。

(6) 充电模块通过背后一体化端子实现带电插拔、更换。

(7) 电池的接入和直流输出部分采用放电端子，能实现在柜内对蓄电池进行放电的功能。

(8) 成套装置的加工工艺先进，布局合理，具有高度的电气绝缘防护措施。

(9) 电源屏盘面上的主要信号灯设置包括：

① 两路进线电源故障指示灯；

② 主电源投入；

③ 备用电源投入；

④ 各馈电开关位置信号显示；

⑤ 直流母线过高；

⑥ 直流母线过低；

⑦ 直流电源绝缘下降；

⑧ 整流装置故障；

⑨ 蓄电池故障；

⑩ 受馈电回路短路故障。

12.1.4 驱动电源的主要技术参数及指标

驱动电源的主要技术参数及指标如表 12-2 所示。

表 12-2 驱动电源技术参数

序号	项目	内容
1	输入电压	AC380±20%,50±10%Hz
2	充电机输出额定电压	DC110 V
3	单个充电机输出额定电流	40A
4	综合效率	≥95%
5	工频耐压	2 kV,50 Hz
6	防雷能力	≥40 kA
7	稳流精度	−0.1%~0.1%
8	稳压精度	−0.1%~0.1%
9	纹波系数	0.05%
10	模块间输出电流不平衡度	−2.5%~2.5%
11	噪声	≤55 dB

12.1.5 参数计算

1. 概述

驱动电源用电设备的技术参数如表 12-3 所示。

表 12-3 驱动电源用电设备技术参数表

项目	要求
DCU 额定工作电压	DC96V
DCU 工作电压范围	DC77V～DC110V
门启动时的最大电流(30 个 DCU)	90 A
门恒定最大速度时的额定连续电流(30 个 DCU)	18 A
DCU 控制电流(30 个 DCU)	12 A
门顶盒上指示灯(30 盏)	5.5A(DC110V/20 W)

按照深圳地铁公司招标文件的要求,驱动电源的蓄电池放电曲线满足主电源、备用电源均发生故障后,屏蔽门能够完成开/关门 3 次循环,其中开门时间为 2.0～2.5 s,关门时间为 2.5～3.0 s。

2. 岛式站台的参数计算

1) 蓄电池容量的确定

考虑最严峻的条件,当两侧站台的屏蔽门同时动作时,蓄电池需要放出的电流为:

$$I_{\max1} = I_1 + I_2 = 90 \times 2 + 5.5 \times 2 = 191(\mathrm{A})$$

式中:$I_{\max1}$——蓄电池最大放电电流;

I_1——60 档门同时开关时 DCU 最大电流;

I_2——门顶盒指示灯电流。

依据阳光蓄电池的选择原则,需要考虑设计系数 ($\delta_1 = 1.10$)、温度系数($\delta_2 = 1.05$)和寿命系数($\delta_3 = 1.20$)。

那么：

$$I_{max2}=I_{max1}\times\delta=191\times1.40=264.73(\text{A})$$

式中：I_{max2}——计算电流；

δ——可靠系数，$\delta=\delta_1\times\delta_2\times\delta_3=1.10\times1.05\times1.20\approx1.40$。

按照负荷曲线，依据《电站变电所用大型铅酸蓄电池容量确定》(ANSI-IEEE Std 485—1978)的标准，将蓄电池放电时间确定为3 min。

查阳光牌蓄电池5 min恒电流放电数据表，截止电压为1.75 V/只的A706/175的5 min放电数据为298.1 A，能够满足负载用电的要求，故选用阳光A706/175AH蓄电池。

2）蓄电池数量的确定

考虑到线路压降及安全因素，蓄电池的浮充电压选择为110 V，则：

$$\text{蓄电池数量 } n=\frac{\text{蓄电电池浮充电}}{\text{单体蓄电池浮充电压值}}=110\div2.27\approx48(\text{只}) \qquad (12\text{-}1)$$

经计算，若选用16 mm^2截面的ZR-VV型电缆(铜芯聚氯乙烯绝缘及聚氯乙烯护套阻燃电缆)供电，由屏蔽门设备室到最末端DCU的线路压降为4.88 V(线路长度约为180 m)。蓄电池放电至截止电压时，末端DCU处的电压为：

$$\begin{aligned}\text{末端 DCU 电压(V)}&=\text{单体电池截止电压}\times\text{蓄电池数量}-\text{线路压降}\\&=1.75\times48-4.48=79.52(\text{V})\end{aligned}$$

满足DCU工作电压范围77～110 V的要求。

3. 侧式、重叠侧式站台的参数计算

1）蓄电池容量的确定

考虑最严峻的条件，当两侧站台的屏蔽门同时动作时，蓄电池需要放出的电流为：

$$I_{max1}=I_1+I_2=90\times2+5.5\times2=191(\text{A})$$

式中：I_{max1}——蓄电池最大放电电流；

I_1——60 档门同时开关时 DCU 最大电流；

I_2——门顶盒指示灯电流。

那么：

$$I_{max2} = I_{max1} \times \delta = 191 \times 1.40 = 267.40(A)$$

式中：I_{max2}——计算电流；

δ——可靠系数，$\delta \approx 1.40$。

同理，将蓄电池放电时间确定为 3 min。查阳光牌蓄电池的 5 min 恒电流放电数据表，截止电压 1.75 V/只 A706/175 的 5 min 放电数据为 298.1 A，能够满足负载用电的要求，故选用阳光 A706/175AH 蓄电池。

2）蓄电池数量的确定

考虑到线路压降及安全因素，蓄电池的浮充电压选择为 110 V，按式(12-1)计算数量为 48 只。

经计算，若选用 16 mm^2 截面的 ZR-VV 型电缆(铜芯聚氯乙烯绝缘及聚氯乙烯护套阻燃电缆)供电，由屏蔽门设备室到最末端 DCU 的线路压降为 6.54 V(线路长度约为 220 m)，则蓄电池放电至截止电压时，末端 DCU 处的电压为：

$$\begin{aligned}\text{末端 DCU 电压(V)} &= \text{单体电池截止电压} \times \text{蓄电池数量} - \text{线路压降} \\ &= 1.75 \times 48 - 6.54 = 77.46(V)\end{aligned}$$

满足 DCU 工作电压范围 77～110 V 的要求。

4. 两岛式站台的参数计算

1）蓄电池容量的确定

考虑最严峻的条件，当两侧站台的屏蔽门同时动作时，则蓄电池需要放出的电流为：

$$I_{max1} = I_1 + I_2 + I_3 = 90 \times 2 + 5.5 \times 2 + 6 \times 2 = 203(A)$$

式中：I_{max1}——蓄电池最大放电电流；

I_1——60 档门同时开关时 DCU 最大电流；

I_2——门顶盒指示灯电流；

I_3——其他侧站台待机时间 DCU 的电流。

那么：

$$I_{max2} = I_{max1} \times \delta = 203 \times 1.40 = 284.20(A)$$

式中：I_{max2}——计算电流；

δ——可靠系数，$\delta \approx 1.40$。

按照负荷曲线，同理，将蓄电池放电时间确定为 3 min。

查阳光牌蓄电池的 5 min 恒电流放电数据表，截止电压 1.75 V/只 A706/175 的 5 min 放电数据为 298.1 A，能够满足负载用电的要求，故选用阳光 A706/175AH 蓄电池。

2）蓄电池数量的确定

考虑到线路压降及安全因素，蓄电池的浮充电压选择为 110 V，同样按式(12-1)计算为 48 只。

经计算，若选用 16 mm^2 截面的 ZR-VV 型电缆（铜芯聚氯乙烯绝缘及聚氯乙烯护套阻燃电缆）供电，由屏蔽门设备室到最末端 DCU 的线路压降为 6.54 V（线路长度约为 220 m），则蓄电池放电至截止电压时，末端 DCU 处的电压为：

$$\text{末端 DCU 电压(V)} = \text{单体电池截止电压} \times \text{蓄电池数量} - \text{线路压降}$$
$$= 1.75 \times 48 - 6.54 = 77.46(V)$$

满足 DCU 工作电压范围 77～110 V 的要求。

5. 两岛一侧站台的参数计算

1）蓄电池容量的确定

考虑最严峻的条件，当两侧站台的屏蔽门同时动作时，则蓄电池需要放出的电流为：

$$I_{max1} = I_1 + I_2 + I_3 = 90 \times 2 + 5.5 \times 2 + 6 \times 3 = 209(A)$$

式中：I_{max1}——蓄电池最大放电电流；

I_1——60 档门同时开关时 DCU 最大电流；

I_2——门顶盒指示灯电流；

I_3——其他侧站台待机时间 DCU 的电流。

那么：

$$I_{max2} = I_{max1} \times \delta = 209 \times 1.40 = 292.60(\mathrm{A})$$

式中：I_{max2}——计算电流；

δ——可靠系数，$\delta \approx 1.40$。

按照负荷曲线，同理，将蓄电池放电时间确定为 3 min。

查阳光电池的 5 min 恒电流放电数据表，截止电压 1.75 V/只 A706/175 的 5 min 放电数据为 298.1 A，能够满足负载用电的要求，故选用阳光 A706/175AH 蓄电池。

2) 蓄电池数量的确定

考虑到线路压降及安全因素，蓄电池的浮充电压选择为 110 V，则按式(12-1)计算为 48 只。

经计算，若选用 16 mm^2 截面的 ZR-VV 型电缆(铜芯聚氯乙烯绝缘及聚氯乙烯护套阻燃电缆)供电，由屏蔽门设备室到最末端 DCU 的线路压降为 6.54 V(依据招标文件，线路长度约为 220 m)，则蓄电池放电至截止电压时，末端 DCU 处的电压为

$$\begin{aligned}\text{末端 DCU 电压(V)} &= \text{单体电池截止电压} \times \text{蓄电池数量} - \text{线路压降} \\ &= 1.75 \times 48 - 6.54 = 77.46(\mathrm{V})\end{aligned}$$

满足 DCU 工作电压范围 77～110 V 的要求。

12.2 控制电源

控制电源是为屏蔽门系统的控制设备如主控机(PSC)、屏蔽门操作指示盘

(PSA)、站台端头控制盒(PSL)等提供电力需求。当屏蔽门系统交流侧电源故障时，UPS 的蓄电池容量保证 PSC、PSA、PSL 等设备在停电后能持续工作 0.5 h。

12.2.1 控制电源组成

控制电源由 UPS(含蓄电池)、直流变换稳压电源装置、馈线回路等组成。

1. UPS

在深圳地铁一期工程屏蔽门控制电源项目上，选用的是美国 EXIDE 公司生产的 Powerware 9110 系列双变换在线式 UPS。EXIDE 公司是全球最大的 UPS 供应商之一，主要致力于电源保护系统的设计、开发及制造。EXIDE 在全球拥有如 IBM、DEC、柯达、波音、佳能、加拿大皇家银行等大型企业客户，此外还服务于许多美国政府重要部门，如美国国防部、美国航空航天局、美国国家安全局及美国海军、空军等。在国内，EXIDE 产品广泛应用于铁道、金融、邮电、政府机关等重要行业或部门。

Powerware 9110 系列双变换在线式 UPS 具有以下特点：

(1) 超宽的输入电压和超强的过载能力

Powerware 9110 具有超宽的输入电压范围(120～276VAC)，即使在极端恶劣的市电环境下也能完全正常工作，大大减少了电池的放电次数，从而有效地延长电池使用寿命。Powerware 9110 具有超强的过载能力，能应付突如其来的负载变化。

(2) 独特的故障自检和频率自选功能

Powerware 9110 独具开机自检功能，使用户能事先排除故障隐患，防患于未然。领先的智能化设计使 Powerware 9110 独具频率自选功能。

(3) 优异的电磁兼容性

与同类产品相比，Powerware 9110 具有极强的抗干扰能力，电磁兼容性达到 EN50091-2 Class B 级。

(4) 卓越的内置充电器

Powerware 9110 内置性能卓越的大功率充电器，其充电能力远远优于同类产品。可用内置充电器对后备电池直接充电，无须另配充电器。

(5) 超强网络管理功能

提供 RS485、局域网络接口。Powerware 9110 附带有功能强大的电源监控软件 LANAFE,它能够适应各种操作系统,并且跨平台工作。监控软件具备电源事件记录和分析功能,支持 TCP/IP 协议,灵活多样的组网方案可实现在 Internet/Intranet 上的远程监控。

(6) 全密封免维护铅酸电池

UPS 蓄电池选用德国阳光 dryfit 胶体 A400 系列电池,其具有寿命长、自放电率低、全密封免维护、深度放电保护、充电技术简单等特点。

2. 直流变换稳压装置

直流变换稳压装置将 AC220 V 变换为稳定的 DC24 V 输出。它的技术指标特点是:

(1) 稳定性好;

(2) 输出电阻小;

(3) 电压温度系数小;

(4) 输出电压纹波小。

3. 馈线回路

由馈线母排通过直流断路器向各站台提供馈线回路。

岛式车站和侧式车站提供 10 路馈出回路,两岛式车站(竹子林站)提供 17 路馈出回路,两岛一侧车站(罗湖站)提供 20 路馈出回路。

12.2.2 功能

(1) UPS(含蓄电池)为控制系统提供不间断电源。

(2) DC24 V 直流变换稳压电源装置为 PSC、PSL、PSA 提供逻辑电源。

(3) UPS 监控模块能够监视电源装置的输出电压、电流,能够监视电源装置正常运行状态和故障状态。

(4) UPS 的蓄电池容量能保证 PSC、PSA、PSL 停电后持续工作 0.5 h。

(5) UPS 面板柜盘面上的状态信号灯显示：

① 线电源故障指示灯；

② 直流母线电压过高；

③ 直流母线电压过低；

④ 直流电源绝缘下降；

⑤ 整流装置故障；

⑥ 蓄电池故障；

⑦ 受馈电回路短路故障。

(6) 各屏均采用上进线下出线方式，安装后的孔洞防火封堵。

(7) 所有电源装置外壳防护等级达到 IP31。

12.2.3 技术指标

(1) 屏内信号采用触点形式连接，每一故障信号设置有各自独立的触点，分别引出接至盘面故障显示器；电源装置故障信号送至主控机 PSC。盘面上的故障信号显示经复位后消除，复位方式采取当地复位方式。

(2) 测量采用广角测量表计。直流表计准确度不低于 1.5 级，附加分流器准确度不低于 0.5 级。选用的电流、电压表指示针考虑了过负荷运行而留有适当的裕度。

(3) 直流设备的电气间隙、爬电距离、间隔距离、外接导线端子的选择、接线、安装等要求，均满足《低压成套开关设备和控制设备》GB7251 的有关规定。

(4) 柜内安装的元器件均采用合资或独资的高品质产品，其中某些重要的元器件采用进口产品。

(5) 导线、导线颜色、指示灯、按钮、线槽、涂漆均符合国家或行业现行有关标准的规定。

(6) 面板配置测量表计的量程在测量范围内，测量最大值在满量程 85%以上。指示仪表误差不大于 1.5%，数字表采用四位半表。

(7) 直流空气断路器、直流空气开关、熔断器具有“安-秒特性”曲线和上下级大于

2 级的配合级差。

(8) 馈线开关接在直流汇流母线上,便于维护、更换。

(9) 同类元器件的接插件具有通用性和互换性,接触可靠、插拔方便。接插件的接触电阻、插拔力、允许电流及寿命均符合有关国家及行业现行标准的要求。

(10) 盘面布置符合人机工程学原理,每一块盘面的正面均采用全开门方式,盘面上部装设测量表计故障信号指示灯、按钮及电压测量开关。安装高度按行规执行。受馈电开关装设在盘的门内下部,且各受馈电开关的位置信号与开关对应,以便维护人员操作检查方便。

12.2.4 参数计算

法维莱公司提供控制系统的设备用电情况如表 12-4 所示。

表 12-4 控制系统用电技术参数表

项目	内容
控制设备的工作电压	DC24 V
岛式、侧式站台控制设备总电流	34 A
两岛式站台控制设备总电流	68 A
两岛一侧式站台控制设备总电流	90 A

注:控制设备指 PSC、PSA、PSL。

1) 控制电源容量计算

岛式、侧式、重叠侧式等站台只有两侧屏蔽门,考虑效率因素,UPS 效率是 0.92,直流稳压电源装置效率是 0.8,那么控制电源需要的功率是:

$$24 \times 34 \div 0.92 \div 0.8 \approx 1.11(\text{kW})$$

因此,采用一台 EXIDE 公司的 Powerware 9110 系列 3 kVA/2.4 kW 在线式不间断电源(UPS)。

竹子林站(两岛式站台)可以按照两个岛式站台来计算,考虑效率因素,那么控制电源需要的功率是：

$$24 \times 68 \div 0.92 \div 0.8 \approx 2.22(\text{kW})$$

因此，采用一台 EXIDE 公司的 Powerware 9110 系列 3 kVA/2.4 kW 的在线式不间断电源(UPS)。

罗湖站(两岛一侧式站台)可按两个岛式站台和一个侧式站台来计算，考虑效率因素，其控制电源需要的功率是：

$$24 \times 90 \div 0.92 \div 0.8 \approx 2.93(\text{kW})$$

因此，采用一台 Exide 公司的 Powerware 9110 系列 5 kVA/4 kW 的在线式不间断电源(UPS)。

2) 蓄电池容量的计算

EXIDE 公司的 Powerware 9110 系列 3 kVA/2.4 kW 的 UPS 逆变电压为 96 V，因此选用 12 V/节的蓄电池数量 n 为：

$$n = 96 \div 12 = 8(\text{只})$$

$$\text{蓄电池容量} = 2\,400 \div 8 = 300(\text{W})$$

查阳光牌蓄电池 30 min 恒功率放电数据，选用 A412/32AH 的蓄电池。

5 KVA/4 kW 的 UPS 逆变电压为 240 V，则选用 12 V/节的蓄电池数量为：

$$n = 240 \div 12 = 20(\text{只})$$

$$\text{蓄电池容量} = 4\,000 \div 20 = 200(\text{W})$$

查阳光牌蓄电池 30 min 恒功率放电数据，选用 A412/20AH 的蓄电池。

3) 屏蔽门站台供电总容量

屏蔽门三相 AC380 V 电源为屏蔽门系统提供的电力需求应满足屏蔽门系统驱动电源、控制电源(UPS)及蓄电池充电的需求，则有：

$$W_z = W_q + W_k + W_x$$

式中：W_z ——整个站台最大功率需求；

W_q ——屏蔽门开/关时 DCU 的最大功率需求；

W_k ——控制电源(UPS)最大功率需求；

W_x ——蓄电池充电最大功率需求。

经计算，屏蔽门站台供电总容量需求如表 12-5 所示。

表 12-5　屏蔽门站台供电总容量需求表

站台类型	W_q(kW)	W_k(kW)	W_x(kW)	W_z(kW)
岛式、侧式、重叠侧式	22.12	2.40	4.05	28.57
两岛式	23.51	2.40	4.05	29.96
两岛一侧式	24.20	4.00	4.05	32.25

说明：

(1) 蓄电池最大充电电流取 $0.2C_{10}$(C_{10} 为电池 10 h 放电参数)。

(2) 充电模块效率 0.95。

12.3　安 全 装 置

12.3.1　监测功能

通过通信链路及硬接线链路，屏蔽门控制系统能够监视屏蔽门的开/关状态及操作状态，及时监测网络通信系统以及供电电源等设备的运行情况。

屏蔽门控制系统能够对如下故障信号进行采集和报警，并可以在系统内设置必要的逻辑闭锁及解除闭锁功能，使得屏蔽门系统能够按照预定的逻辑顺序运行。

1. 监测项目

1) 门机控制器(DCU)和门机故障

当个别门机控制器(DCU)或门机发生故障，导致门无法打开/关闭时，操作指示盘(PSA)上的“PSD关门故障报警”指示灯点亮,并在液晶显示器的液晶显示人机界面上显示出具体的故障位置,此时由站台工作人员通过就地控制盒将故障屏蔽门由“自动”转为“手动”或“隔离”状态(此时操作指示盘(PSA)上显示相应信息),安全回路被旁路,故障门从整个控制系统退出。故障门的退出不影响整个屏蔽门控制系统的正常运行。门机控制器(DCU)或门机故障需进行维修时,转换开关应转到隔离状态。

2) 电源故障

当屏蔽门供电发生故障时(包括控制电源故障、驱动电源故障以及个别驱动电机电源故障),主控机(PSC)、操作指示盘(PSA)上的“电源故障报警”状态指示灯点亮,操作指示盘(PSA)液晶显示器上显示出相应的故障信息,并进行故障记录和声光报警。

3) 屏蔽门控制系统网络通信故障

当屏蔽门系统的网络通信发生故障时,主控机(PSC)上的“网络故障”状态指示灯点亮,并进行声光报警提示,在操作指示盘(PSA)的液晶显示人机界面上可以查找到故障的具体位置。

2. 监测的细节

屏蔽门系统的每个子系统详细的报警/状态/事件信息见表12-6。

表12-6 系统报警/状态/事件信息

序号	系统报警	条件/来源	数量/每个站台	显示方式
1	PSD/EED 开门报警	PSD/EED打开后,该指示灯亮	1	LED指示灯(红色)
2	安全回路检测报警	“关门”命令发出后,如果没有障碍物探测程序,20 s后仍然没有“PSD/EED全关闭且锁定”信号出现,则发出“安全回路探测”报警	1	LED指示灯(红色)
3	PSD主监控系统故障报警	在下列情况下,主监控系统将发出“主监控系统故障”报警:①某个DCU不能对网络上的请求作出应答;②主监控系统内部出现故障;③主监控系统与机电设备监控系统(EMCS)之间联络中断	1	LED指示灯(红色)

（续表）

序号	系统报警	条件/来源	数量/每个站台	显示方式
4	PSD供电电源故障报警	当PSD系统供电电源(交流侧)出现故障时，发出该报警	1	LED指示灯(红色)
5	PSD关门故障报警	任何一个PSD出现关门故障时，都将引发该报警	1	LED指示灯(红色)
6	驱动电源故障报警	任何一个PSD单元的电力出现故障时，都将发出该报警	1	LED指示灯(红色)
序号	屏蔽门系统操作状态	条件/来源	数量/每个站台	显示方式
1	“紧急操作”状态	当操作车站控制室内操作指示盘(PSA)上的“紧急操作”转换开关后，显示该状态	1	车站控制室内PSA上的LED及开/关门按钮指示灯，PSL上的开/关门按钮指示灯
2	“PSL操作允许”状态	PSL收到“紧急操作”或“列车占用站台轨道”信号，并且操作人员操作PSL上的“PSL操作允许”转换开关后，显示该状态	1	LED指示灯(绿色)
3	“PSD/EED互锁解除”状态	操作PSL上的“PSD/EED互锁解除”钥匙开关后，该状态信号将传给主监控系统	1	LED指示灯(红色)
4	“所有PSD/EED关闭且锁定”状态	所有PSD/EED关闭且锁定后，该信号将传给主监控系统	1	LED指示灯(绿色)
5	“所有PSD全开”	当检测到所有的PSD完全打开时，该信号将传给主监控系统	1	LED指示灯(红色)
序号	系统操作事件	条件/来源	数量/每个站台	显示方式
1	“列车占用站台轨道”信息	信号系统向主控机(PSC)发出“列车占用站台轨道”持续信息后，显示该状态	1	液晶显示人机界面
2	远程“开门”命令	信号系统发出“开门”命令后，显示该状态	1	液晶显示人机界面
3	远程“关门”命令	信号系统发出“关门”命令后，显示该状态	1	液晶显示人机界面

（续表）

序号	系统报警	条件/来源	数量/每个站台	显示方式
4	“站台端头开门”命令	PSC接收到“列车占用站台轨道”信号，并且列车员操作PSL上的开门按钮后，显示该状态	1	液晶显示人机界面
5	“站台端头关门”命令	PSC接收到“列车占用站台轨道”信号，并且列车员操作PSL上的关门按钮后，显示该状态	1	液晶显示人机界面
6	紧急状态下PSL的开门操作	PSC接收到“紧急操作”信号，并且列车员操作PSL上的开门按钮后，显示该状态	1	液晶显示人机界面
7	紧急状态下PSL的关门操作	PSC接收到“紧急操作”信号，并且列车员操作PSL上的关门按钮后，显示该状态	1	液晶显示人机界面
8	通过PSA进行的开门操作	在紧急状态下，授权的站台工作人员通过车站控制室内PSA上的开门按钮进行开门操作时，显示该状态	1	液晶显示人机界面
9	通过PSA进行的关门操作	在紧急状态下，授权的站台工作人员通过车站控制室内PSA上的关门按钮进行关门操作时，显示该状态	1	液晶显示人机界面

序号	系统操作事件	条件/来源	数量/每个站台	显示方式
1	端头门(MSD)打开报警	MSD没有关闭时发出该报警(MSD的编码是唯一的，因此该报警将显示具体的MSD)。MSD是由相邻PSD的DCU进行监控	2	液晶显示人机界面
2	应急门(EED)打开报警	EED没有关闭时发出该报警(EED的编码是唯一的，因此该报警将显示具体的EED)。EED是由相邻PSD的DCU进行监控	12	液晶显示人机界面
3	人工释放装置(钥匙/把手)操作报警	在站台侧用钥匙、在轨道侧用把手打开PSD后，将发出该报警(PSD的编码是唯一的，因此该报警将显示具体的PSD)	30	液晶显示人机界面
4	个别PSD开门故障报警	DCU收到来自PSC的开门命令后，在4.5 s之内仍然无法收到PSD完全打开的信号(障碍物探测时除外)，开门故障信号将由DCU传给主监控系统(PSD的编码是唯一的，因此该报警将显示具体的PSD)	30	液晶显示人机界面
5	个别PSD关门故障报警	DCU收到来自PSC的关门命令后，在5.0 s之内仍然无法收到PSD完全关闭且锁定信号(障碍物探测时除外)，关门故障信号将由DCU传给主监控系统(PSD的编码是唯一的，因此该报警将显示具体的PSD)	30	液晶显示人机界面

（续表）

序号	系统报警	条件/来源	数量/每个站台	显示方式
6	个别门的障碍物探测	在障碍物探测时，如果3次开/关循环结束后，障碍物探测报警仍然没有消除，将发出该报警（PSD的编码是唯一的，因此该报警将显示具体的PSD）	30	液晶显示人机界面
7	DCU故障报警	DCU的任何故障都将引发该报警（DCU的编码是唯一的，因此该报警将显示具体的DCU）	30	液晶显示人机界面
8	就地控制转换开关故障	任何一个就地控制盒上的转换开关故障都将引发该类报警（DCU的编码是唯一的，因此该报警将显示具体的门单元的转换开关）	30	液晶显示人机界面
9	驱动故障报警	任何一个电动门驱动机械装置故障都将引发该类报警（DCU的编码是唯一的，因此该报警将显示具体的门单元）	30	液晶显示人机界面
序号	个别门操作状态	条件/来源	数量/每个站台	显示方式
1	开门时间	打开一个PSD所需要的时间	30	液晶显示人机界面
2	关门时间	关闭一个PSD所需要的时间	30	液晶显示人机界面
3	个别门全开状态	DCU检测到屏蔽门处于完全打开的位置	30	液晶显示人机界面
4	个别门关闭且锁定状态	DCU检测到屏蔽门处于关闭且锁定的位置	30	液晶显示人机界面
5	障碍物探测后门处于全开位置	DCU检测到屏蔽门执行完障碍物探测程序，障碍物仍然没有排除，屏蔽门处于完全打开的位置时，发出该报警	30	液晶显示人机界面
6	开门电流	在开门阶段电机输出的电流值	30	液晶显示人机界面
7	关门电流	在关门阶段电机输出的电流值	30	液晶显示人机界面

（续表）

序号	个别门操作事件	条件/来源	数量/每个站台	显示方式
1	远程自动控制模式	就地控制盒上的转换开关处于“自动控制”位时，将引发该类报警	30	液晶显示人机界面
2	远程自动“开门”命令	DCU收到来自PSC的远程自动开门命令	30	液晶显示人机界面
3	远程自动“关门”命令	DCU收到来自PSC的远程自动关门命令	30	液晶显示人机界面
4	就地控制模式	就地控制盒上的转换开关处于“就地”位时，将引发该类报警	30	液晶显示人机界面
5	就地开门命令	操作就地控制盒上的“开门”按钮时，将引发该类报警	30	液晶显示人机界面
6	就地关门命令	操作就地控制盒上的“关门”按钮时，将引发该类报警	30	液晶显示人机界面

12.3.2 保护措施

1. 设备保护措施

1）主控机(PSC)

在主控机(PSC)里，安全信号的处理/发送/接收都是通过继电器逻辑模块进行的，继电器逻辑模块是依据故障-安全原理设计的。

2）门机控制器(DCU)

作为故障安全配置，由硬件装置保证门的操作。通过开门继电器(OR)实现这一安全性。该继电器的一个触点连结到开门马达电源上，因此，当“开门”命令没有传给门机控制器(DCU)时，微处理器不可能驱动电机开门。当同时出现开门信号和关门信号时，微处理器检测到这个故障并报警，并以优先关闭屏蔽门的原则处理故障。

当电机超速时，门机控制器(DCU)进行检测，输出控制信号，通过开门继电器(OR)切断马达电源，并将该事件发送到主监控系统。

3）屏蔽门/列车互锁

每个应急门(EED)与活动门(PSD)上都装有门锁定开关。当安全回路检测到所有门锁定开关关闭时,"所有 PSD/EED 关闭且锁定"状态信息将会传送给信号系统。

当所有门关闭且锁定,但是信号系统不能确认时,站台人员使用站台端头控制盒(PSL)上的互锁解除钥匙开关,向列车送出一个代替"PSD/EED 关闭且锁定"的"互锁解除"信号,允许列车离开站台。

4) 端头门(MSD)的监控

端头门(MSD)的状态(锁定/打开)可以通过相邻的屏蔽门门机控制器(DCU)进行监控,并将信息传送给主监控系统。

注意: 端头门(MSD)没有被安全回路进行监控,因为列车正常运行期间,授权的站台工作人员可以打开端头门(MSD)。

2. 系统保护措施

1) 接地保护

屏蔽门系统采用 TN-S 接地方式,将中性导体(工作零线)和保护导体(保护地线PE)在系统中分开(安装在屏蔽门门体上的设备金属外壳及金属保护管与门体相连,工作零线悬浮)。

2) 屏蔽门系统的等电位连接

安装在屏蔽门门体上的设备外壳及金属保护管与门体同电位。屏蔽门的门体与钢轨之间采用一点连接,即要求门体与钢轨保持等电位。

每侧屏蔽门各单元及各个单元之间用 TMY-60×4 进行连接,总电阻不大于0.1 Ω,单元之间能够灵活隔断,便于进行绝缘测试与检查。

3) 绝缘处理

屏蔽门门体与站台结构绝缘(绝缘电阻≥0.5 MΩ),其中屏蔽门与天花板的间隔不小于 25 mm。

4) 防夹处理

当屏蔽门在关闭过程中夹住人或物时,如果夹紧力大于设定值,活动门立即停止关闭并打开,释放被夹的人或物。经过一定时间(2 s,在 0～10 s 内可调)后,门重新关闭,重关门延迟时间为 3 s(在 0～10 s 内可调),重关门 3 次(根据实际情况可作适当调整)后门仍不能关闭锁定,则屏蔽门打开。此时门机控制器(DCU)经主控机(PSC)向操作指示盘(PSA)发送关门故障报警,操作指示盘(PSA)上的“关门故障报警”状态指示灯点亮,液晶显示器上显示出具体的故障信息和故障位置。与此同时,该屏蔽门顶盒上的指示灯闪烁。

第 13 章

屏蔽门系统与其他系统的技术接口

13.1 车 辆 专 业

屏蔽门系统按照《深圳地铁一期工程施工图设计技术要求》第一章“车辆主要技术参数及其适应的条件表”中的技术参数进行设计，如表 13-1 所示。

表 13-1 车辆主要技术参数

项目	技术参数	附注
编组方式	-A＊B＊C=C＊B＊A-	初、近、远期六辆
车体材料	铝合金、表面涂漆	
车辆长度 B、C/A	22 800 mm/24 400 mm	A—带司机室拖车 B—带受电弓动车 C—不带受电弓动车
车体长度 B、C/A	22 100 mm/23 800 mm	
列车全长	140 000 mm	
车辆宽度(最宽处)	≤3 100 mm	
每侧车门数量	5 个	
车门开度	1 400 mm	
车门高度	1 860 mm	
相邻车门间距	4 560 mm	
司机室门位置	未定	距第一档列车门的距离
司机室门开度/高度	未定	
轨距	1 435 mm	
受电方式	受电弓	
供电电压	DC1 500 V	
最高运行速度	80 km/h	
构造速度	90 km/h	

对应车辆的编组方式，屏蔽门的布置采用了沿站台边缘对称布置的方式，对应列车的开度为 1 400 mm、高度为 1 860 mm，活动门的开度设计为 2 000 mm，高度为

2 000 mm，确保了列车在正常停车精度范围内活动门与列车门的一一对应，保证乘客安全、迅速地上下车。门体结构通过计算，可以满足列车以最高速度运行时产生的各种荷载以及屏蔽门系统在地铁环境下的各种荷载情况的要求。

13.2 车站建筑专业

在屏蔽门的顶部和底部，按照站台的实际土建结构进行测量放线，按图纸要求准确安装预埋件，保证屏蔽门系统的精确定位和正常工作。

土建单位在站台结构上分段敷设 2 m 宽的绝缘带后，屏蔽门系统进行安装。屏蔽门上部与室内吊顶间的绝缘、密封板由方大集团承担。此处密封完成后由室内装饰专业完成吊顶，以防止室内装饰专业在安装吊顶时破坏屏蔽门的顶盒结构。方大集团安装好屏蔽门系统，并且完成屏蔽门系统的所有测试试验后，由室内装饰专业完成屏蔽门踏步板与站台装饰石材之间的绝缘带敷设。

13.3 屏蔽门系统与低压配电系统的接口

车站低压配电所向屏蔽门系统提供一类负荷(两路三相 380 V、50 Hz 的交流电源)，由于方大集团提供的驱动电源已经包括了双电源切换装置，所以屏蔽门系统与低压配电系统的接口为安装在屏蔽门设备室内的驱动电源的两路进线电源开关的输入端。屏蔽门系统与低压配电系统的接口见附录附图 5。

13.4 屏蔽门系统与信号系统的接口

信号系统与屏蔽门系统之间的接口形式采用继电器触点的方式，继电器触点信号按双回路方式敷设线缆，信息交接点为车站屏蔽门设备室主控机（PSC）的端子排。

屏蔽门门体与钢轨等电位，采用一点与钢轨直接连接。

信号系统为每一侧站台提供一组与屏蔽门系统连接的输入/输出接口，即岛式站台和侧式站台为2组，二岛式站台为4组，二岛一侧式站台为5组。

13.4.1 信号系统向屏蔽门系统提供的信息

(1) 列车进站的信息：为站台上的蜂鸣器提供控制信号，为站台工作人员和乘客提供列车进站告警。

(2) 列车车门故障信息：信号系统（或车站其他子系统）将某档列车车门故障的信息通过总线传输到屏蔽门系统，屏蔽门系统的主控机（PSC）收到该信息后，通过主控机（PSC）的主监控系统向对应的门机控制器（DCU）发出一个"禁止开门"命令，禁止打开该档屏蔽门。

(3) 开屏蔽门指令：为屏蔽门系统级控制提供开屏蔽门命令。

(4) 列车占用车站轨道：为屏蔽门控制系统提供连锁信号。

(5) 列车准备发车的信息：为站台上的蜂鸣器提供控制信号，为站台工作人员和乘客提供列车离站告警。

(6) 关屏蔽门指令：为屏蔽门系统级控制提供关屏蔽门命令。

13.4.2 屏蔽门系统向信号系统发送的信息

(1) 活动门/应急门关闭且锁闭的信息：为列车司机提供屏蔽门关闭且锁闭信号，作为列车司机或车载自动控制系统发车与否的判断信号。

(2) 活动门/应急门互锁解除信息：当屏蔽门全部关闭且锁闭，但信号系统因无法确认而不能发车时，通过该信号解除连锁，允许列车发车。

(3) 屏蔽门故障信息：为列车司机提供屏蔽门系统的故障状态信息。

13.5　屏蔽门系统与 EMCS 系统的接口

机电设备监控系统(EMCS)与屏蔽门系统通过现场总线及硬接线两种形式进行连接,信息交接点在车站屏蔽门设备室屏蔽门系统的主控机(PSC)端子排上,接口形式分别为串行通信接口和继电器触点接口。

每个车站主控机(PSC)与机电设备监控系统(EMCS)设置一个串行通信接口,他们之间的通信规约与交换信息的内容由设计联络会议确定。

机电设备监控系统(EMCS)为每一侧站台设置一组与屏蔽门系统连接的继电器触点输入/输出接口,其中岛式站台和侧式站台为二组继电器触点输入/输出接口、二岛式站台为四组继电器触点输入/输出接口、二岛一侧式站台为五组的继电器触点输入/输出接口。

屏蔽门系统向机电设备监控系统(EMCS)发送的每一组继电器触点接口信息内容如下:

(1) 活动门开状态信息;

(2) 活动门关状态信息;

(3) 活动门故障状态信息;

(4) 屏蔽门控制系统故障状态信息;

(5) 屏蔽门电源故障状态信息。

第 14 章
样　　机

样机生产是为了证明总承包公司提供的产品设计、材料、生产工艺能达到《技术规格书》的要求。为深圳地铁公司提供屏蔽门系统的样机，在样机通过试验鉴定并经业主同意后，再进行批量生产。

14.1 样机组成

深圳地铁屏蔽门样机包括以下内容：

(1) 完整的驱动装置和门机控制器(DCU)、主控机(PSC)、屏蔽门操作指示盘(PSA)、站台端头控制盒(PSL)、模拟信号装置、模拟 EMCS 装置；

(2) 按 4 560 mm×3 000 mm(h)的规格提供一套屏蔽门单元，包括活动门、应急门、固定门、顶盒、梁、柱、踏步板、支承座、预埋件、固定件、顶部绝缘与底部绝缘；

(3) 活动门/应急门的门锁、轨侧开门把手、站台侧开门钥匙等装置；

(4) 顶盒上设有指示灯和导向指示；

(5) 与 PSC 互连的所有硬线和网络线；

(6) 一套与机电设备监控系统(EMCS)接口相连的端子，其能模拟提供给 EMCS 状态、故障信息；

(7) 一套现场的询问/诊断装置；

(8) 一套安装工具。

样机所使用的材料、工艺、设备、器件与将要批量生产所使用的完全一致。样机的操作、控制、监视、报警和各种安全保护功能按《技术规格书》要求提供。

14.2 样机试验(型式试验)

14.2.1 密封试验

(1) 试验地点：广州。

(2) 责任方：承包公司。

(3) 试验内容：空气流量的检测、听觉测试及用灯光进行目测。

(4) 试验目的：通过密封试验室对屏蔽门进行空气渗透性和风抗力测试，以保证空气渗漏在所有操作条件下不会引起明显的气流或啸声；空气泄漏量达到规定的要求，不超过固定部分 2 m³/(h·m)、启动部分 8 m³/(h·m)的规定；用灯光进行目测，应无光线透过。

(5) 试验前准备。

(a) 压力室具有安装屏蔽门所需足够大的开口部位，具有检测其空气渗透性能的能力；

(b) 如图 14-1 所示，将屏蔽门样机在密封试验室按《建筑幕墙空气渗透性能检测方法》(GB/T 15226—1994)安装好，保证屏蔽门四周的密闭性。将活动门、应急门开/关数次后关闭好。

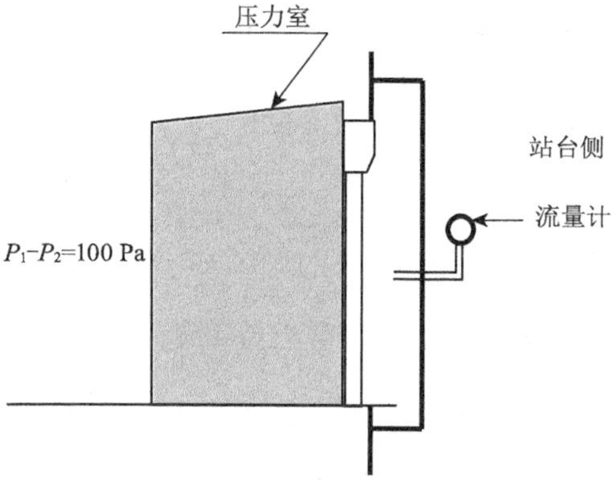

图 14-1 密封试验示意图

(6) 试验方法及步骤。

(a) 预备加压：以 250 Pa 的压力对屏蔽门样机进行预备加压，持续时间为 5 min。使压力降为 0，在试件挠度消除后开始检测。

(b) 按 0 Pa→10 Pa→20 Pa→30 Pa→50 Pa→70 Pa→100 Pa→150 Pa→100 Pa→70 Pa→50 Pa→30 Pa→20 Pa→10 Pa→0 Pa 的压力级依次加压或减压，每级压力作用时间不得少于 10 s，记录各级压力差作用下通过样机的空气泄漏量，并以 100 Pa 作用下的测定值作为屏蔽门的空气泄漏量 q (m³/h)。

(c) 将样机的活动门、应急门的缝隙密封后，再按步骤(b)所规定的各压力级依次加压或减压，每级压力作用时间不得少于 10 s，记录各级压力差作用下通过屏蔽门固定部分的空气渗透量，并以 100 Pa 作用下的测定值作为 q_1(m³/h)。

屏蔽门的活动门、应急门(可开启部分)的空气渗透量 q_2(m³/h)：

$$q_2 = q - q_1 \tag{14-1}$$

(d) 在试验过程中进行听觉测试,应无明显的气流或啸声。

(e) 用灯光检查,屏蔽门各接缝处应不透光线。

(f) 按以下方法分别将 q_1、q_2 转换成屏蔽门在标准状态下,单位长度、10 Pa 作用下的空气泄漏量 Q_1、Q_2[m^3/(h · m)],不能超过规定的固定部分 2 m^3/(h · m)、启动部分 8 m^3/(h · m)。转换方法按式(14-2)进行。

标准状态为温度 293 K(20℃);压力 101.3 kPa;空气密度 1.202 kg/m^3。

$$Q = \frac{293}{101.3} \times \frac{qP}{TL} \times \frac{1}{4.65} \tag{14-2}$$

式中:P——检测室气压值(kPa);

T——检测室空气温度值(K);

q——100 Pa 作用下空气泄漏量(m^3/h);

Q——标准状态下,10 Pa 作用下的空气泄漏量(m^3/h);

L——缝隙的长度(m)。

14.2.2 挠度试验

(1) 试验地点:广州。

(2) 责任方:总承包公司。

(3) 试验内容:人群荷载、风压荷载、联合加载时样机的变形试验。

(4) 试验目的:测试在各种荷载下样机的真正变形度。已安装玻璃的屏蔽门系统受到风压荷载 ± 900 Pa、人群荷载 1 500 N/m、冲击荷载在 0.08 s 内峰值为 2 800 N 的半正弦波以及联合加载时,屏蔽门各框架元件的最大弹性变形与静止状态相比不得超过 10 mm。

(5) 试验前准备。

(a) 试验装置具有安装屏蔽门所需足够大的开口部位及检测变形量的能力。

(b) 安装屏蔽门样机：将屏蔽门样机在挠度试验室按《建筑幕墙风压变形性能检测方法》(GB/T 15227—1994)安装好，保证屏蔽门四周的密闭性。将活动门开关数次后关闭好。

(c) 在需要检测其变形量的每扇活动门、应急门、固定门、顶盒各位置安装并调整好位移测量仪器。

(d) 在屏蔽门的站台侧安装好人群荷载试验装置(图 14-2)。

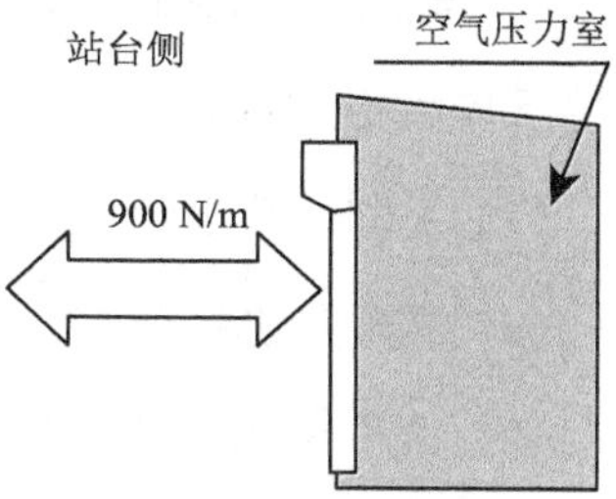

图 14-2　风压荷载试验装置

(6) 风压荷载下变形量的测量。

如图 14-3 所示，通过空气压力室向屏蔽门施加一个空气荷载，等效于现场将承受风压荷载 ± 900 Pa。测量每扇活动门、应急门、固定门、顶盒各位置变形量。

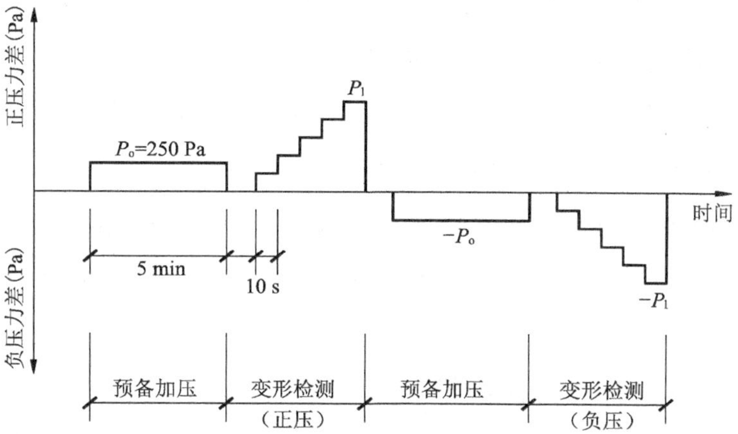

图 14-3　加压循序示意

(a) 预备加压：以 250 Pa 的压力加负荷 5 min，作为预备加压。待泄压平稳后，记录各位移测量仪器的位移量，作为初始位移量。

(b) 先进行正压检测，后进行负压检测，检测压力分级上升，每级不超过 250 Pa，作用时间不少于 10 s，直至压力差为 ± 900 Pa，记录每级压力差作用下各测量点的位移量。

(c) 屏蔽门各测量点的最大变形量为±900 Pa风压下的位移量减去初始位移量，其值不应大于10 mm。

(7) 人群荷载下变形量的测量。

(a) 重新安装并调整好位移测量仪器。

(b) 预备加压：以250 Pa的压力对屏蔽门试件进行预备加压，持续时间为5 min。然后使压力降为0 Pa，记录各位移测量仪器的位移量，作为初始位移量。在试件挠度消除后开始进行检测。

(c) 如图14-4所示，通过人群荷载试验装置向屏蔽门施加人群载荷，在站台侧，离踏步板1 100 mm高处，用宽度为100 mm、长度分别等于活动门、应急门、固定门宽度的钢杆同时向活动门、应急门、固定门施加人群荷载1 500 N/m。

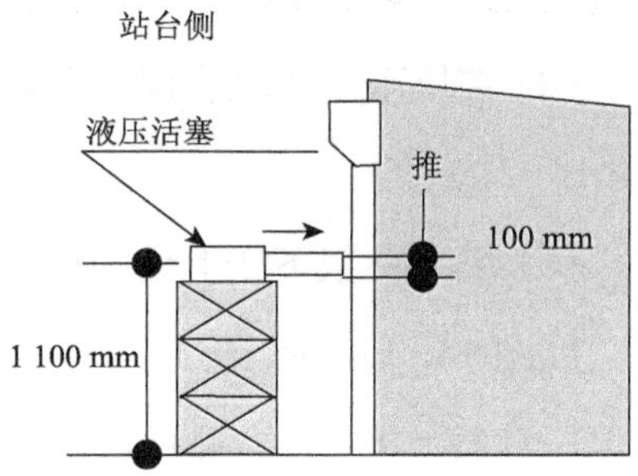

图14-4 人群荷载试验装置

(d) 分别记录每扇活动门、应急门、固定门、顶盒各测量点的最大变形量。

(8) 冲击荷载下变形量的测量。

(a) 冲击荷载为在0.08 s内峰值为2 800 N的半正弦波，试验时活动门取动荷系数1.1，固定门、应急门取动荷系数1.4，即分别转换为3 080 N和3 920 N的等效静荷载。

(b) 分别通过液压活塞(图14-5)试验装置在活动门玻璃的中央加3 080 N，在应急门、固定门玻璃的中央加3 920 N的静载荷来代替冲击载荷，作用面积为100 mm×100 mm。

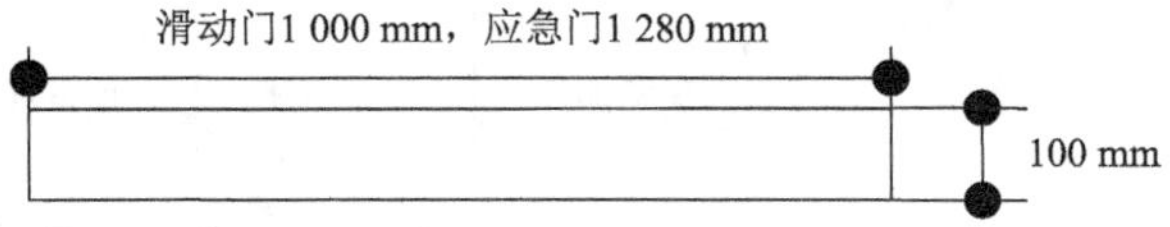

图14-5 液压活塞

(c) 分别记录每扇活动门、应急门、固定门、顶盒各测量点的最大变形量。最大变形量应不大于10 mm。

(9) 联合加载变形量的测量。

(a) 在试验过程中，进行听觉试验，注意是否产生啸声。如果有啸声产生，则采取措施消除并重新试验样机。

(b) 按步骤(6)和(7),同时对屏蔽门样机施加风压荷载(空气压力室加负压900 Pa×1)和人群荷载(1 500 N/m×0.6)。分别测量每扇活动门、应急门、固定门、顶盒和踏步板各测量点的最大变形量,应不大于10 mm。

(c) 按步骤(6)和(8),同时对屏蔽门样机施加风压荷载(空气压力室加负压,取系数0.6)和冲击荷载(取系数1)。分别测量每扇活动门、应急门、固定门、顶盒和踏步板各测量点的最大变形量,应不大于10 mm。

14.2.3 噪声试验

(1) 试验地点:深圳。

(2) 责任方:总承包公司。

(3) 试验目的:检测屏蔽门在开关过程中所产生的噪声。确保在装修好的空站台侧,距离列车门1 m、距地面1.5 m处,列车为空车、车门全开,一侧屏蔽门在运行时,其噪声值不大于70 dB(A)。

(4) 试验设备:噪声水平测试仪。

(5) 试验方法。

(a) 在离屏蔽门样机1 m、离地面1.5 m处,通过噪声水平测量仪测量屏蔽门开门/关门操作时的噪声(图14-6)。

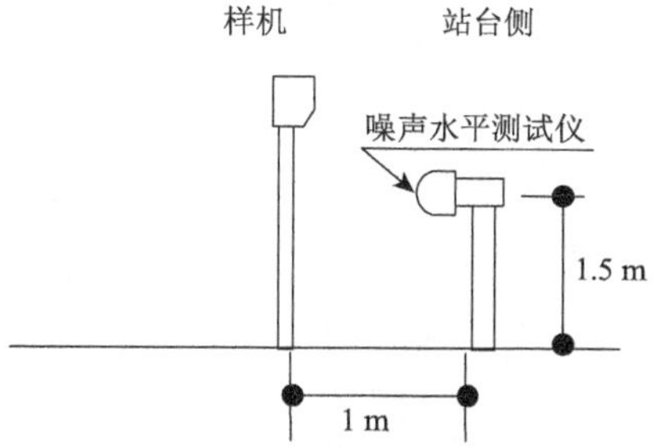

图14-6　噪声试验方法

(b) 关闭顶盒,检测锁门及解锁噪声不高于70 dB。

(c) 关闭顶盒,测试样机的开/关门过程,噪声不高于70 dB。

14.2.4 活动门运行动能试验

(1) 试验地点:深圳。

(2) 责任方:总承包公司。

(3) 试验目的：检验最大运行速度时，屏蔽门具有的动能不应超过 10 J，每扇门最后 100 mm 关门行程，其动能应不超过 1 J。

(4) 试验方法：根据能量守恒定律，活动门的动能转换为弹簧的位能来测得屏蔽门的动能曲线。其各点的位能按式(14-3)计算。

$$E=\frac{1}{2}Kx^2 \tag{14-3}$$

式中：E ——位能(J)；

K ——弹性系数(N/mm)；

x ——弹簧的压缩量(mm)。

(5) 试验步骤。

(a) 如图 14-7 所示，将弹性系数为 25 N/mm 的弹簧位能测量装置安装在踏步板上，测量臂与门框垂直。位移量从坐标纸上读出。

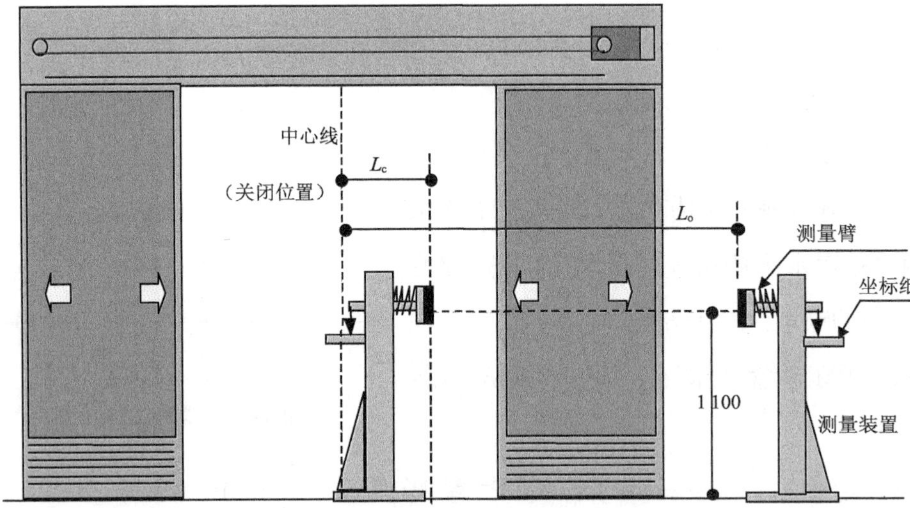

图 14-7 动能试验示意图(mm)

(b) 通过手提电脑调节屏蔽门样机中 DCU 的参数，使活动门开门时间为 2.0～2.5 s，关门时间为 2.5～3.0 s。

(c) 关门时的动能测试：

① 测量距中心线100 mm弹簧的位能,记录此时的位移量。

② 测量距中心线200 mm弹簧的位能,记录此时的位移量。

③ 测量距中心线500 mm弹簧的位能,记录此时的位移量。

④ 测量距中心线800 mm弹簧的位能,记录此时的位移量。

(d) 开门时的动能测试:

① 测量距中心线1 200 mm弹簧的位能,记录此时的位移量。

② 测量距中心线1 500 mm弹簧的位能,记录此时的位移量。

③ 测量距中心线1 800 mm弹簧的位能,记录此时的位移量。

(e) 把开/关门时各测量点的位移量转换成位能。转换出来的位能即为开/关门时屏蔽门的动能。开/关门时其最大动能不超过10 J。另外,关门时每扇活动门的最后100 mm行程,其动能应不超过1 J。

14.2.5 活动门运行速度曲线试验

(1) 试验地点:广州或深圳。

(2) 责任方:总承包公司。

(3) 试验目的:检测屏蔽门开/关门实际运行的速度曲线,以验证循环操作中屏蔽门的速度、动能与屏蔽门的位置之间的关系符合设计要求。在带风负荷和不带风负荷两种情况下测试。

(4) 试验方法。

(a) 速度曲线的测试是通过安装在直流电机上的外置式测速编码器和与编码器相连的存储记录仪实现的。

(b) 通过监控编码器信号的脉冲宽度来测试门速度,其数据记录在存储记录仪中。

(c) 通过编码器来检测门速度曲线。在活动门开/关过程中,其编码器数据记录在存储记录仪中。

(d) 活动门开启/关闭时间,即为存储器记录仪记录的脉冲持续时间。

(5) 试验步骤。

(a) 安装好屏蔽门样机，通过手提电脑调节屏蔽门样机中 DCU 的参数，使活动门开门时间为 2.0～2.5 s，关门时间为 2.5～3.0 s，使其开/关门平滑运行。

(b) 在屏蔽门样机上安装测量装置。如图 14-8 所示，在屏蔽门悬吊件上安装编码器。

(c) 开门速度曲线的测试：

① 活动门从关闭位打开，测速编码器采样若干个点，并将其记录在存储记录仪内。存储器记录仪记录的脉冲持续时间，即为活动门开启时间。

② 将存储记录仪记录的数据转换为开门速度，并绘制出开门速度曲线。

(d) 关门速度曲线的测试：

① 活动门从打开位关闭，测速编码器采样若干个点，并将其记录在存储记录仪内。存储器记录仪记录的脉冲持续时间，即为活动门关闭时间。

② 将存储记录仪记录的数据转换为关门速度，并绘制出关门速度曲线。

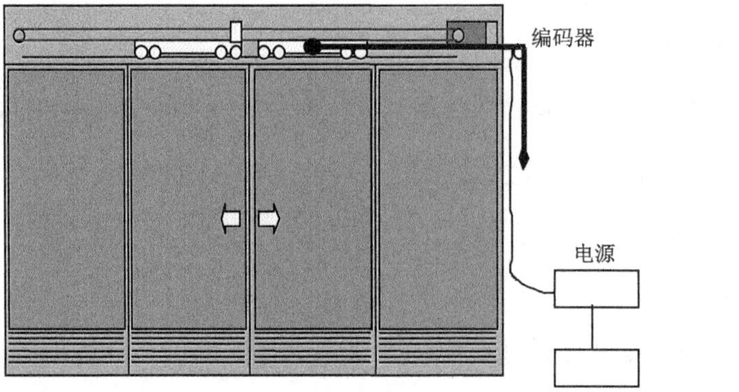

图 14-8 门速度曲线实验方法示意图

(6) 试验记录：详细记录测量的数据及数据转换过程。

(7) 带风负荷的速度曲线试验通过气囊在整个单元的四扇门上施加压力，按以上各步骤进行试验。

14.2.6 关门力试验

(1) 试验地点：深圳。

(2) 责任方：总承包公司。

(3) 试验内容：屏蔽门在关闭期间，在关门加速完成后，检测阻止关门力。

(4) 试验目的：检测阻止关门力是否满足低于 150 N(关单扇门的力)的要求。

(5) 试验方法及步骤。

(a) 安装好屏蔽门样机，使其按要求正常运行。调整开门时间为 2.0～2.5 s，关门时间为 2.5～3.0 s。

(b) 将活动门打开，推/拉力测量仪放置位置如图 14-9 所示，准备工作。

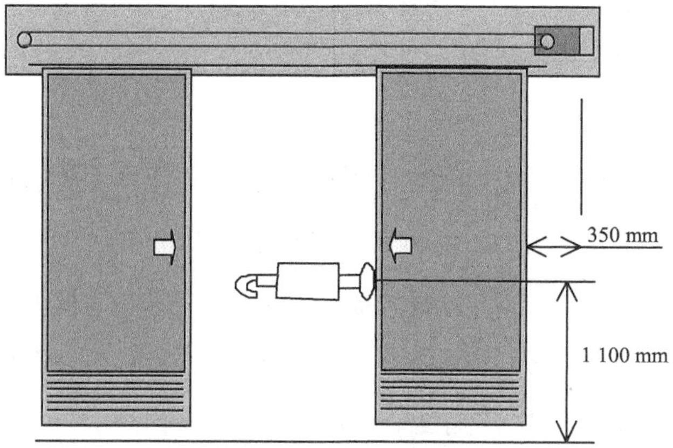

图 14-9 关门力试验方法示意图

(c) 在活动门关闭 350 mm(关门加速阶段完成)、离踏步板 1 100 mm 处，通过推/拉力测量仪测量活动门关闭时使门停止所需的力。

(d) 读推/拉力测量仪数据，结果要求不大于 150 N。

14.2.7 手动开门力试验

(1) 试验地点：深圳。

(2) 责任方：总承包公司。

(3) 试验内容：将电源切除，测量通过手动方式将门由关闭位打开到设计净开度时各个不同位置所需的力，以及通过轨道侧门把手解锁的力。

(4) 试验目的：测试活动门、应急门运动阻力的值，手动解锁力应不大于 67 N；手动将门从关闭位打开时的力应不大于 150 N；门推动后，将其推开到设计净开度所需的力应不大于 67 N。

(5) 试验方法及步骤。

(a) 安装好屏蔽门样机，使其能正常运行。调整开门时间为 2.0～2.5 s，关门时间为 2.5～3.0 s。

(b) 将电源切除。

(c) 活动门解锁力的测量：用推/拉力测量仪的拉力测量侧，测量从轨道侧通过门把手解锁所需的力。其测量结果应不大于 67 N。应注意使推/拉力测量仪的用力方向和门把手解锁的用力方向一致。

(d) 应急门解锁力的测量：用推/拉力测量仪的推力测量侧，测量从轨道侧通过推压开门推杆解锁所需要的力。其测量结果应不大于 67 N。

(e) 手动将活动门从关闭位打开所需力的测量：从站台侧看屏蔽门，在右扇活动门(电机安装侧)的中间边缘，用推/拉力测量仪的拉力测量侧，将活动门从关闭位拉开，记录推/拉力测量仪读数，其测量结果应不大于 150 N。

(f) 手动将活动门推开到设计净开度所需力的测量：从站台侧看屏蔽门，在右扇活动门(电机安装侧)的中间边缘，将活动门移动后，用推/拉力测量仪的推力测量侧，将活动门推开到设计净开度，记录推/拉力测量仪读数，其测量结果应不大于 67 N。

(g) 将应急门从关闭位推开所需力的测量：在轨道侧，用推/拉力测量仪将应急门从关闭位推开，记录推/拉力测量仪读数，其测量结果应不大于 150 N。

(h) 将应急门推开到设计净开度所需力的测量：在轨道侧，用推/拉力测量仪将应急门推开到设计净开度，记录推/拉力测量仪读数，其测量结果应不大于 67 N。

14.2.8 开/关门时间试验

(1) 试验地点：深圳。

(2) 责任方：总承包公司。

(3) 试验目的：检验屏蔽门的实际开/关门时间和设计给定时间之差是否满足不大于 0.1 s 的要求。

(4) 试验方法：分别用秒表测量屏蔽门的开/关门时间，并记录。活动门的开启时间为 2.0～2.5 s，关闭时间为 2.5～3.0 s，与设定值相比较，其差值应不大于 0.1 s。

14.2.9 障碍物检测试验

(1) 试验地点：深圳。

(2) 责任方：方大集团、法维莱公司。

(3) 试验目的：检验屏蔽门系统可探测到门扇与平行门缘间 10 mm 厚的短棒。

(4) 试验方法。

(a) 安装好屏蔽门样机，使其能正常运行。

(b) 在活动门关闭时进行障碍物检测试验。

(c) 障碍物为 10 mm×100 mm 的钢板。如图 14-10 所示放置障碍物，在离踏步板 400 mm、1 000 mm 和 1 500 mm 的高度进行检测。

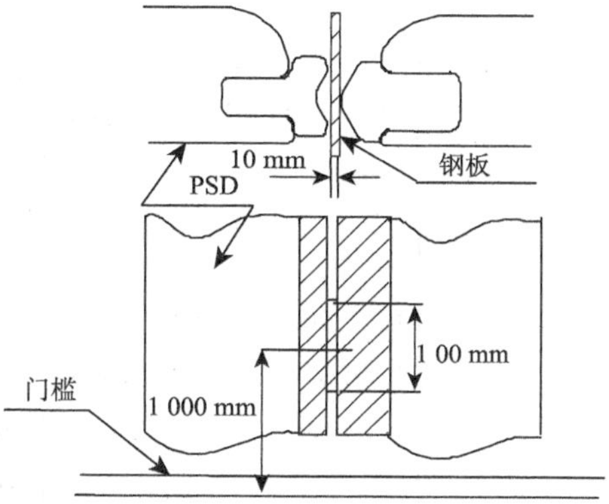

图 14-10 障碍物检测示意图

(5) 试验步骤。

(a) 将障碍物(尺寸为 10 mm×100 mm 的钢板)放置好。

(b) 活动门关门受阻时，门操作机构应能感觉到有障碍存在，并释放关门力，每扇门自动弹开 100 mm(可调)。

(c) 停顿数秒(1～10 s 可调)后，重新关门，若障碍物消失，继续关门；若障碍物仍存在，在停顿数秒(1～10 s 可调)后，屏蔽门仍无法关闭，关门力马上释放，每扇门自动弹开 100 mm，重复 3 次仍不能关门，则活动门全开停止待处理。此时，DCU 经 PSC 向 PSA、EMCS 发送关门故障报警，PSA、EMCS 上故障指示灯点亮，且屏蔽门顶盒上的指示灯应闪烁。

14.2.10 电磁兼容试验

(1) 试验地点：法国。

(2) 责任方：法维莱公司。

(3) 试验目的：检验屏蔽门控制系统是否满足欧洲工业环境发射通用标准(EN50081-2)所规定的发射限制，以及欧洲工业环境抗扰度通用标准(EN50082-2)所规定的抗扰度能力。

(4) 试验项目及试验等级。

(a) 屏蔽门设备骚扰限值按表 14-1 的规定执行。

表 14-1 屏蔽门设备骚扰限值

序号	项目	参考标准	极限值	备注
1	辐射骚扰限值	EN 50081-2：1993 (EN55011：1998，A 类)	30 MHz～230 MHz：40 dB(μV/m) 230 MHz～1 GHz：47 dB(μV/m) @10 m	极限值为准峰值
2	传导骚扰限值	EN 50081-2：1993 (EN 55011：1998,A 类)	0.15 MHz～0.5 MHz： *QP*：79 dB(μV) *AV*：66 dB(μV) 0.5 MHz～30 MHz： *QP*：73 dB(μV) *AV*：60 dB(μV)	*QP* = 准峰值 *AV* = 平均值
3	感应骚扰限值	国际电话与电报顾问委员会(CCITT)规定	对地最大电压幅值(连续)　60 V 对地最大电压幅值(故障状态)　430 V 噪声计测量最大电压　1 mV	

(b) 屏蔽门设备抗电磁干扰试验按表 14-2 的规定执行。

表 14-2 屏蔽门设备抗电磁干扰试验

序号	项目	参考标准	试验规格	试验部位
1	抗静电放电干扰	IEC61000－4－2：1995/A1：1998	±6 kV 接触放电 ±8 kV 空气放电	所有可能被人员接触的电子、电气设备
2	抗射频电磁场辐射干扰 (调幅)	IEC61000－4－3：1996/A1：1998	80 MHz～1 000 MHz，20 V/m (1 kHz AM 80%)	所有设备，包括电缆接口
3	抗数字移动电话产生的辐射电磁场干扰(脉冲调制)	ENV50204：1995	(900±5)MHz 10 V/m (200 Hz 脉冲调制，占空比为 50%)	所有设备，包括电缆接口
4	抗电快速瞬变脉冲群干扰 (电源端口)	IEC61000-4-4：1995	±2 kV(脉冲峰值) 5/50 ns(前沿/半峰值) 5 kHz(重复频率)	AC 电源线 采用直接耦合
5	抗电快速瞬变脉冲群干扰 (信号和控制端口)	IEC61000-4-4：1995	±1 kV (5/50 ns，5 kHz)	● 所有信号线、控制线、测量线的电缆接口 ● 内部电源线(AC 和 DC)
6	抗浪涌冲击	IEC61000-4-5：1995	±2 kV(共模方式) ±1 kV(差模方式)	● 所有信号线、控制线、测量线的电缆接口 ● 内部电源线(AC 和 DC)
7	抗浪涌冲击 (AC 输入线)	IEC61000-4-5：1995	±2 kV(共模方式) ±1 kV(差模方式)	AC 电源线
8	抗射频场感应场传导干扰 (调幅)	IEC61000-4-6：1996	0.15 MHz～80 MHz，10 V (1 kHz AM 80%)	● AC 电源线 ● 所有信号线、控制线、测量线的电缆接口 ● 内部电源线(AC 和 DC)
9	抗电网频率磁场干扰试验	IEC61000-4-8：1993	50 Hz，100 A/m	所有设备，包括电缆接口
10	电压跌落	IEC61000-4-11：1994	－30%，10 ms －60%，100 ms	AC 电源线
11	电压中断	IEC61000-4-11：1994	－95%，5 000 ms	AC 电源线
12	电压波动	IEC61000-4-11：1994	±10% 15 min	AC 电源线

(5) 试验方法：电磁兼容试验由有试验资质证明的第三方试验室完成，具体的试验方法参见各试验项目的试验标准。

(6) 试验报告：由第三方试验室按相应标准提交试验报告，至少应包括试验目的、试验方法(试验程序和试品设置)、预期结果、通过/失败标准、试验结果、结论等信息。

14.2.11 绝缘电阻试验

(1) 试验地点：中国深圳和法国。

(2) 责任方：总承包公司。

(3) 试验目的：在正常大气压条件下，检测样机的门体顶部与底部绝缘是否满足要求，绝缘电阻是否达到所规定的值。检验所有控制设备(门机控制器、主控机、站台端头控制盒、屏蔽门操作指示盘)元器件的插装、金属连接点、连接线、印制线路的布线、封装等是否充分远离周围的金属部件或紧固件。

(4) 试验设备：万用表、250 V 兆欧表、500 V 兆欧表、短接线若干。

(5) 试验方法。

(a) 门体绝缘电阻检测：用万用表测量屏蔽门各部件是否可靠连接。在可靠连接且电阻小于 0.1 Ω 的情况下，用 500 V 兆欧表测量门体对相互短接的各底部支座和顶部转接件间的绝缘电阻，绝缘电阻应大于 0.5 MΩ。并记录实际值。

(b) 控制设备绝缘电阻检测：在相互短接的插头(座)芯子和装置的金属机箱之间按以下方法进行：

额定直流电压≤60 V 时，用 250 V 兆欧表检测，绝缘电阻应不小于 5 MΩ，并记录。

额定直流电压≥60 V 时，用 500 V 兆欧表检测，绝缘电阻应不小于 5 MΩ，并记录。

14.2.12 绝缘强度试验

(1) 试验地点：中国深圳和法国。

(2) 责任方：总承包公司。

(3) 试验目的：在正常大气压条件下，检测样机的门体顶部与底部绝缘是否满足要求，绝缘强度是否达到所规定的值。检验所有控制设备(门机控制器、主控机、站台端头控制盒、屏蔽门操作指示盘)元器件的插装、金属连接点、连接线、印制线路的布线、封装等是否充分远离周围的金属部件或紧固件。

(4) 试验设备：工频耐压试验台、短接线若干。

(5) 试验方法。

(a) 门体绝缘强度检测：绝缘电阻通过试验后，用工频耐压试验台在屏蔽门门体和相互短接的各底部支座和顶部转接件间施加 1 500 Vrms 电压 1 min。应无破坏性放电或闪络。在绝缘强度试验通过后，重做绝缘电阻试验，应仍能满足要求。记录试验结果和试测值。

(b) 控制设备绝缘强度检测：在绝缘电阻通过试验后，根据各设备的额定工作电压，通过工频耐压试验台，在相互短接的插头(座)芯子和装置的金属机箱之间施加相应的试验电压，如表 14-3 所示。

表 14-3 额定绝缘电压与试验电压的对应关系

额定绝缘电压 Ui(直流)	试验电压 Us(有效值)
$Ui \leqslant 60$ V	500 V
$Ui > 60$ V	$2Ui + 1\,000$ V，最小值为 1 500 V

(c) 通过逐渐升压，将试验电压施加到设备，并在规定电压等级保持 1 min。试验时应不产生破坏性放电或闪络。记录试验结果。

(d) 绝缘强度试验通过后，重做绝缘电阻试验，应仍能满足要求。记录检测的绝缘电阻值。

14.2.13 高、低温试验

(1) 试验地点：法国。

(2) 责任方：法维莱公司。

(3) 试验标准：根据 IEC60068-2-1/2 标准，屏蔽门电子电器设备应进行高、低温试验。设备工作的环境温度为 0.2℃～40℃，因此，试验温度范围为 0℃～70℃。

(4) 试验设备：高、低温试验箱。

(5) 试验方法。

[高温试验]

(a) 将通过性能试验的电子电器装置放入高温试验箱内，给装置接通电源，使之处于工作状态。

(b) 将温度逐渐从常温上升到 70℃(0.5℃/min 的速度上升)。达到 70℃后，装置在箱内保持 4 h。

(c) 在箱温保持 40℃情况下，检查其工作性能，应无故障。

(d) 试验完后，将装置冷却到环境温度，再次进行性能试验。

(e) 试验结果：其工作性能正常，无损坏、损伤。

[低温试验]

(a) 将通过性能试验的装置放入低温试验箱内，不接通任何电源。

(b) 将温度逐渐从常温下降到 0℃(0.5℃/min 的速度降温)。达到 0℃后，装置在箱内保持 4 h。

(c) 在保持低温状态下对装置通电，并进行性能检测。

(d) 恢复后，在正常室温下重新进行性能检测。

(e) 试验结果：其工作性能正常，无损坏、损伤。

14.2.14 模拟信号控制活动门动作试验

(1) 试验地点：深圳。

(2) 责任方：总承包公司。

(3) 试验内容：由信号系统模拟装置发出开/关门控制命令，检测屏蔽门系统与信号系统的接口功能。

(4) 试验方法。

(a) 从信号模拟系统装置发出一个"列车进站"信息,屏蔽门顶盒上蜂鸣器发出声告警。

(b) 从信号模拟系统装置发出"列车占用站台轨道"信息和"开门"命令,通过主控机(PSC)向门机控制器(DCU)发出"开门"指令,屏蔽门打开,在开门过程中,屏蔽门顶盒上指示灯闪烁,门全开后,指示灯亮。屏蔽门操作指示盘(PSA)、PSC上"PSD全开"状态指示灯亮,站台端头控制盒(PSL)、PSC、PSA上"PSD/EED关闭且锁定"状态指示灯灭。

(c) 从信号模拟系统装置发出"列车占用站台轨道"信息和"关门"命令,通过主控机(PSC)向门机控制器(DCU)发出"关门"指令,屏蔽门关闭,在关门过程中,屏蔽门顶盒上指示灯闪烁,"PSD/EED关闭且锁定"后,指示灯亮。屏蔽门操作指示盘(PSA)、PSC上"PSD全开"状态指示灯灭,站台端头控制盒(PSL)、PSC、PSA上"PSD/EED关闭且锁定"状态指示灯亮。信号模拟系统装置上应能收到"PSD/EED关闭且锁定"信息。

(d) 从信号模拟系统装置发出"列车准备发车"的信息,屏蔽门顶盒上蜂鸣器发出声告警。

(e) 在信号模拟系统装置收不到"PSD/EED关闭且锁定"信息,通过操作PSL上"PSL操作允许"和"PSD/EED互锁解除"开关,信号模拟系统装置应能收到"PSD/EED互锁解除"信息。

14.2.15 系统功能试验

试验地点:法国和中国深圳。

责任方:总承包公司。

试验目的:检验屏蔽门的系统功能是否满足规定要求。

(1) PSC功能试验按表14-4的要求进行。

表 14-4　PSC 功能试验

试验项目	要求	合格/不合格
面板灯测试	按下 PSC 面板上“指示灯测试按钮”，面板上所有指示灯亮；松开后，指示灯应回复到原来的状态	
开门	由信号系统模拟装置发出开门命令，PSD 打开	
	开门过程中，门顶盒上指示灯闪烁，开门到位后，指示灯常亮	
	DCU 向 PSC 发出屏蔽门已打开状态信息，PSC、PSA 上“PSD 打开”状态指示灯（绿色）亮。PSL 上“PSD/EED 关闭且锁定”指示灯灭。模拟 EMCS 上有相应显示	
关门	由信号系统模拟装置发出关门命令，PSD 关闭	
	关门过程中，门顶盒上指示灯闪烁，关门到位后，指示灯灭	
	屏蔽门关闭且锁定后，DCU 通过 PSC 向信号模拟装置发出“PSD/EED 关闭且锁定”的状态信号。PSC、PSL、PSA 面板“PSD/EED 关闭且锁定”状态指示灯（绿色）亮。模拟 EMCS 上有相应显示	
开门故障	当开门故障时，PSC、PSA 面板 PSD/EED 开门故障指示灯（红色）亮。PSA、模拟 EMCS 上有相应显示	
关门故障	当关门故障时，PSC、PSA 面板 PSD/EED 关门故障指示灯（红色）亮。PSA、模拟 EMCS 上有相应显示	
总线故障	当现场总线故障时，PSC、PSA 面板现场总线故障指示灯（红色）亮。PSA、模拟 EMCS 上有相应显示	
电源故障	当供电电源故障时，PSC、PSA 面板供电电源故障指示灯（红色）亮。PSA、模拟 EMCS 上显示具体故障类型	
参数的调整和下载	用手提电脑通过 PSC 内设置的程序读/写接口可下载，并在线和离线调整参数和软件组态，可通过现场总线对各 DCU 单元重新编程	
记录功能	对所有报警/状态/事件信息进行记录。可通过 PC 机下载	
试验地点：	试验日期：	
试验员签名：	质检员签名：	

(2) PSL 功能试验按表 14-5 的要求进行。

表 14-5　PSL 功能试验

<table>
<tr><th colspan="2">试验项目</th><th>要求</th><th>合格/不合格</th></tr>
<tr><td rowspan="10">收到 POBT* 信号且开关置允许位</td><td rowspan="2">面板指示灯测试</td><td>PSC、PSL 面板上“PSL 操作允许”指示灯(绿色)亮,PSA 上液晶显示屏上有相应显示</td><td></td></tr>
<tr><td>按下 PSL 面板“指示灯测试”按钮,面板上所有指示灯亮;松开后,指示灯应回复到原来的状态</td><td></td></tr>
<tr><td rowspan="2">按开门按钮</td><td>DCU 接收到此信号,PSD 应打开;开门过程中,门顶盒上指示灯闪烁,开门到位后,指示灯常亮;PSC、PSA 上“PSD 打开”指示灯亮</td><td></td></tr>
<tr><td>信号系统模拟装置上“PSD/EED 关闭且锁定”信号取消</td><td></td></tr>
<tr><td rowspan="3">按关门按钮</td><td>DCU 接收到此信号,PSD 应关闭;在关门过程中,门顶盒指示灯闪烁,确认 PSD/EED 关闭且锁定后,门顶盒指示灯灭</td><td></td></tr>
<tr><td>PSC、PSL、PSA 上开门指示灯灭,PSC、PSL、PSA 上的“PSD/EED 关闭且锁定”指示灯亮(绿色)</td><td></td></tr>
<tr><td>“PSD/EED 关闭且锁定”信号通过 PSC 发送给信号系统模拟装置</td><td></td></tr>
<tr><td rowspan="2">操作 PSD/EED 互锁解除钥匙开关</td><td>PSC、PSA 上 PSD/EED 互锁解除报警指示灯亮(红色)。EMCS 上有相应显示</td><td></td></tr>
<tr><td>信号系统模拟装置通过 PSC 获得“PSD/EED 互锁解除”信号</td><td></td></tr>
<tr style="display:none"></tr>
<tr><td rowspan="3">开关置禁止位</td><td>按开门按钮</td><td>操作无效</td><td></td></tr>
<tr><td>按关门按钮</td><td>操作无效</td><td></td></tr>
<tr><td>按 PSD/EED 互锁解除按钮</td><td>操作无效</td><td></td></tr>
<tr><td colspan="4">* 注: POBT 为“列车占用站台轨道”信号</td></tr>
<tr><td colspan="3">试验地点:</td><td>试验日期:</td></tr>
<tr><td colspan="3">试验员签名:</td><td>质检员签名:</td></tr>
</table>

(3) DCU和就地控制盒功能试验按表14-6规定进行。

表14-6　DCU和就地控制盒功能试验

<table>
<tr><th colspan="2">试验项目</th><th colspan="2">要求</th><th>合格/不合格</th></tr>
<tr><td rowspan="10">转换开关的功能测试</td><td rowspan="3">自动位</td><td colspan="2">就地控制盒上的开/关门按钮无法控制PSD的操作</td><td></td></tr>
<tr><td colspan="2">受PSC、PSL指令信号控制。操作PSL/车控室内PSA上的开门按钮，PSD打开。PSC、PSA上“PSD打开”状态指示灯亮。PSL上“PSD/EED关闭且锁定”指示灯灭。模拟EMCS上有相应显示</td><td></td></tr>
<tr><td colspan="2">受PSC、PSL指令信号控制。操作PSL/车控室内PSA上的“关门”按钮，PSD关闭。PSC、PSA上“PSD打开”状态指示灯灭。PSC、PSA、PSL上“PSD/EED关闭且锁定”指示灯亮。模拟EMCS上有相应显示</td><td></td></tr>
<tr><td rowspan="5">手动位</td><td colspan="2">DCU向PSC发送DCU处于手动操作的状态信号，此状态在PSA上进行显示</td><td></td></tr>
<tr><td colspan="2">不受PSC、PSL指令信号控制。操作PSL、车控室内PSA上的开/关门按钮，无法控制PSD的操作</td><td></td></tr>
<tr><td colspan="2">按就地控制盒上的“开门”按钮，活动门打开</td><td></td></tr>
<tr><td colspan="2">按就地控制盒上的“关门”按钮，活动门关闭</td><td></td></tr>
<tr><td colspan="2">该档屏蔽门与整个控制网络脱离</td><td></td></tr>
<tr><td rowspan="2">隔离位</td><td colspan="2">隔离位的状态在PSA上进行显示</td><td></td></tr>
<tr><td colspan="2">DCU断电</td><td></td></tr>
<tr><td colspan="2">可调整的参数</td><td colspan="2">用手提电脑通过网络总线接口分别调用DCU内部存储的多条电机速度曲线、门体夹紧力阈值、重关门间隔时间和重关门次数(三次)等参数</td><td></td></tr>
<tr><td colspan="2">数据的调整和下载</td><td colspan="2">用手提电脑通过DCU内设置的程序读/写接口，在线和离线调整参数和软件组态，并可进行重新编程和参数的重新设置，具有控制单元的可离线调试功能</td><td></td></tr>
<tr><td colspan="3">试验地点：</td><td colspan="2">试验日期：</td></tr>
<tr><td colspan="3">试验员签名：</td><td colspan="2">质检员签名：</td></tr>
</table>

（4）PSA 功能试验按表 14-7 的要求进行。

表 14-7　PSA 功能试验

<table>
<tr><th>序号</th><th>控制功能</th><th colspan="2">要求</th><th>合格/不合格</th></tr>
<tr><td rowspan="2">1</td><td rowspan="2">开门控制(仅车控室内 PSA 有此功能)</td><td colspan="2">PSA 上“紧急操作”开关置“车站级”位置，按下 PSA 上“开门”按钮，PSD 打开。操作 PSL 上的“开门”按钮，将不能打开 PSD</td><td></td></tr>
<tr><td colspan="2">PSA 上“紧急操作”开关置“站台级”位置，则可通过 PSL 控制屏蔽门打开。操作 PSA 上的“开门”按钮，将不能打开 PSD</td><td></td></tr>
<tr><td rowspan="2">2</td><td rowspan="2">关门控制(仅车控室内 PSA 有此功能)</td><td colspan="2">PSA 上“紧急操作”开关置“车站级”位置，按下 PSA 上“关门”按钮，屏蔽门关闭。操作 PSL 上的“关门”按钮，将不能打开 PSD</td><td></td></tr>
<tr><td colspan="2">PSA 上“紧急操作”开关置“站台级”位置，则可通过 PSL 控制屏蔽门关闭。操作 PSA 上的“关门”按钮，将不能打开 PSD</td><td></td></tr>
<tr><th>序号</th><th>测试</th><th colspan="2">要求</th><th>合格/不合格</th></tr>
<tr><td>1</td><td>指示灯测试</td><td colspan="2">按指示灯测试按钮，PSA 面板上所有指示灯亮；松开后，指示灯应回复到原状态</td><td></td></tr>
<tr><td>2</td><td>消声按钮</td><td colspan="2">在声光报警时，按消声按钮，声光报警清除</td><td></td></tr>
<tr><th>序号</th><th>系统报警</th><th>要求</th><th>显示方式</th><th>合格/不合格</th></tr>
<tr><td>1</td><td>PSD/EED 开报警</td><td>当 PSD/EED 已经打开后，该指示灯亮</td><td>LED 指示灯(红色)</td><td></td></tr>
<tr><td>2</td><td>安全回路探测报警</td><td>“关门”命令发出后，如果没有障碍物探测程序，20 s 后仍然没有“PSD/EED 全关闭且锁定”信号出现，则发出“安全回路探测”报警</td><td>LED 指示灯(红色)</td><td></td></tr>
<tr><td>3</td><td>屏蔽门主监控系统故障报警</td><td>在下列情况下，主监控系统将发出“主监控系统故障”报警：①某个 DCU 不能对网络上的请求作出应答；②主监控系统内部出现故障；③主监控系统与机电设备监控系统(EMCS)之间联络中断</td><td>LED 指示灯(红色)</td><td></td></tr>
</table>

（续表）

序号	系统报警	要求	显示方式	合格/不合格
4	屏蔽门供电电源故障报警	当屏蔽门系统供电电源出现故障时，发出该报警	LED 指示灯（红色）	
5	屏蔽门关门故障报警	任何一个屏蔽门出现关门故障时，发出该报警	LED 指示灯（红色）	
6	驱动电源故障报警	任何一个屏蔽门单元的电力出现故障时，都将发出该报警	LED 指示灯（红色）	
序号	操作状态	要求	显示方式	合格/不合格
1	“紧急操作”状态	当操作车站控制室内的操作指示盘（PSA）上的“紧急操作”转换开关后，显示该状态	PSA 上的 LED；车站控制室内 PSA 开/关门按钮指示灯，PSL 上的开/关门按钮指示灯	
2	“PSL 操作允许”状态	当 PSL 收到“紧急操作”或“列车占用站台轨道”信号，并且操作人员操作 PSL 上的“PSL 操作允许”转换开关时，显示该状态	LED 指示灯（绿色）	
3	“PSD/EED 互锁解除”状态	当操作 PSL 上的“PSD/EED 互锁解除”钥匙开关时，该状态信号将传给主监控系统	LED 指示灯（红色）	
4	“所有 PSD/EED 关闭且锁定”状态	当所有 PSD/EED 关闭且锁定时，该信号将传给主监控系统	LED 指示灯（绿色）	
5	“所有 PSD 全开”状态	当检测到所有的 PSD 完全打开时，该信号将传给主监控系统	LED 指示灯（红色）	
序号	操作事件	要求	显示方式	合格/不合格
1	“列车占用站台轨道”信息	当信号系统向主控机（PSC）发出“列车占用站台轨道”持续信息时，显示该状态	液晶显示屏显示	
2	远程“开门”命令	信号系统发出“开门”命令后，显示该状态	液晶显示屏显示	

（续表）

序号	操作事件	要求	显示方式	合格/不合格
3	远程“关门”命令	信号系统发出“关门”命令后，显示该状态	液晶显示屏显示	
4	“站台端头开门”命令	当PSC接收到“列车占用站台轨道”信号，并且列车员操作PSL上的开门按钮时，显示该状态	液晶显示屏显示	
5	“站台端头关门”命令	当PSC接收到“列车占用站台轨道”信号，并且列车员操作PSL上的关门按钮时，显示该状态	液晶显示屏显示	
6	紧急状态下PSL的开门操作	当PSC接收到“紧急操作”信号，并且列车员操作PSL上的开门按钮时，显示该状态	液晶显示屏显示	
7	紧急状态下PSL的关门操作	当PSC接收到“紧急操作”信号，并且列车员操作PSL上的关门按钮时，显示该状态	液晶显示屏显示	
8	通过PSA进行的开门操作	在紧急状态下，授权的站台工作人员通过车站控制室内的PSA上的开门按钮进行开门操作时，显示该状态	液晶显示屏显示	
9	通过PSA进行的关门操作	在紧急状态下，授权的站台工作人员通过车站控制室内的PSA上的关门按钮进行关门操作时，显示该状态	液晶显示屏显示	
序号	个别门报警	要求	显示方式	合格/不合格
1	端头门(MSD)打开报警	MSD没有关闭时发出该报警。 MSD是由相邻PSD的DCU进行监控	液晶显示屏显示具体MSD	
2	应急门(EED)打开报警	EED没有关闭时发出该报警。 EED是由相邻PSD的DCU进行监控	液晶显示屏显示具体EED	
3	人工释放装置(钥匙/把手)操作报警	在站台侧用钥匙、在轨道侧用把手打开PSD后，将发出该报警	液晶显示屏显示具体PSD	
4	个别PSD开门故障报警	DCU收到来自PSC的开门命令后，在4.5 s内仍然无法收到PSD完全打开的信号(障碍物探测时除外)，开门故障信号将由DCU传给主监控系统	液晶显示屏显示具体PSD	

（续表）

序号	个别门报警	要求	显示方式	合格/不合格
5	个别 PSD 关门故障报警	DCU 收到来自 PSC 的关门命令后，在 5 s内仍然无法收到 PSD 完全关闭且锁定信号（障碍物探测时除外），关门故障信号将由 DCU 传给主监控系统	液晶显示屏显示具体 PSD	
6	个别门的障碍物探测	在障碍物探测时，如果 3 次开/关循环结束后，障碍物探测报警仍然没有消除，将发出该报警	液晶显示屏显示具体 PSD	
7	DCU 故障报警	DCU 的任何故障都将引发该报警	液晶显示屏显示具体 PSD	
8	就地控制转换开关故障	任何一个就地控制盒上的转换开关故障都将引发该类报警	液晶显示屏显示具体 PSD	
9	驱动故障报警	任何一个电动门驱动机械装置故障都将引发该类报警	液晶显示屏显示具体 PSD	

序号	个别门操作状态	要求	显示方式	合格/不合格
1	开门时间	打开一个 PSD 所需要的时间	液晶显示屏显示每个 PSD 时间	
2	关门时间	关闭一个 PSD 所需要的时间	液晶显示屏显示每个 PSD 时间	
3	个别门全开状态	DCU 检测到屏蔽门处于完全打开的位置	液晶显示屏显示具体 PSD	
4	个别门关闭且锁定状态	DCU 检测到屏蔽门处于关闭且锁定的位置	液晶显示屏显示具体 PSD	
5	障碍物探测后门处于全开位置	DCU 检测到屏蔽门执行完障碍物探测程序，障碍物仍然没有排除，屏蔽门处于完全打开的位置时，发出该报警	液晶显示屏显示具体 PSD	
6	开门电流	在开门阶段电机输出的电流值	液晶显示屏显示每个 PSD 电流值	

(续表)

序号	个别门操作状态	要求	显示方式	合格/不合格
7	关门电流	在关门阶段电机输出的电流值	液晶显示屏显示每个 PSD 电流值	
序号	个别门操作事件	要求	显示方式	合格/不合格
1	远程自动控制模式	就地控制盒上的转换开关处于“自动控制”位时	液晶显示屏显示具体 PSD 控制模式	
2	远程自动“开门”命令	DCU 收到来自 PSC 的远程自动开门命令	液晶显示屏显示具体 PSD 控制模式	
3	远程自动“关门”命令	DCU 收到来自 PSC 的远程自动关门命令	液晶显示屏显示具体 PSD 控制模式	
4	就地控制模式	就地控制盒上的转换开关处于“手动”位时	液晶显示屏显示具体 PSD 控制模式	
5	就地开门命令	操作就地控制盒上的“开门”按钮时，将引发该类报警	液晶显示屏显示具体 PSD 控制模式	
6	就地关门命令	操作就地控制盒上的“关门”按钮时，将引发该类报警	液晶显示屏显示具体 PSD 控制模式	
试验地点:		试验日期:		
试验员签名:		质检员签名:		

14.2.16 电机的温升试验

(1) 试验地点：广州或深圳。

(2) 责任方：方大集团、法维莱公司。

(3) 试验目的：在带风负荷和不带风负荷两种情况下，检测屏蔽门循环操作时，电机的温升是否在规定范围内。

(4) 试验方法。

(a) 用电阻法测试电机线圈的温升,用温度测量仪测试电机表面的温升。

(b) 电机的温升试验在带风负荷和不带风负荷两种情况下分别测试。

(5) 试验步骤(不带风负荷的电机温升试验按以下各步骤进行,并计算电机的温升)。

(a) 安装好样机,将开/关门时间、速度等参数调整到规定范围,以 3 次/min 循环开门/关门操作。

(b) 屏蔽门进行开门/关门操作前(电机为冷态),测量电机线圈的常温电阻 R_0,并记录数据。

(c) 用温度计测量电机表面温度 t_0,并记录数据。

(d) 屏蔽门循环操作半小时后,在电机断能 15 s 内测量电机线圈的电阻 R_1;测量电机表面温度 t_1。记录数据。

(e) 电机线圈温升按式(14-4)计算。

$$\Delta t = \frac{R_1 - R_0}{R_0} \times (K + T_0) + T_1 - T_0 \tag{14-4}$$

式中:Δt ——绕组的工作温度与环境温度之差(℃);

R_0——电机没有运转冷态时测定的线圈电阻(Ω);

R_1——工作半小时后测定的电机线圈电阻(Ω);

T_0——测定 R_0 时,电机周围的环境温度(℃);

T_1——工作半小时后,电机周围的环境温度(℃);

K——绕组系数,铜绕组为 235。

(f) 电机表面的温升 $\Delta t'$ 按式(14-5)计算。

$$\Delta t' = t_1 - t_0 \tag{14-5}$$

式中:t_1——电机未工作时,电机表面的温度(℃);

t_0——工作半小时后,电机表面的温度(℃)。

(g) 屏蔽门循环操作 1 h 后,重新测量电机线圈的电阻值和电机表面温度值,应该和工作半小时所测量的值相比无明显变化。

(6) 带风负荷的电机温升试验通过气囊在一个单元的四扇门上施加压力，屏蔽门 2 min 开关 1 次，按以上各步骤进行试验，并计算电机的温升。

14.2.17 电源影响试验及应急电源供电试验

(1) 试验地点：电源分包商工厂或深圳。

(2) 责任方：总承包公司。

(3) 试验目的：检验屏蔽门的控制电源、驱动电源在其功能上是否满足设计要求。

(4) 试验方法。

(a) 当控制电源 220 V 故障或停电时，UPS 应能自动对整个站台的 PSC、PSA、PSL 以及继电器、开关等提供工作电源。其容量应能保证持续工作 0.5 h。

(b) 当主电源故障时，电源自动切换装置自动将主回路切换到备用电源并投入使用，电源屏盘面上有相应显示。

(c) 驱动电源由高频电源模块组成，同时给上、下行屏蔽门门机供电。电源模块采用 $N+1$ 冗余配置，当某个充电模块发生故障时，其余充电模块可继续给门机供电，电源屏盘面上有相应显示。

(d) 当两路 AC380 V 电源故障或停电时，蓄电池组应能自动投切至工作状态，也可用手动投切。其容量应能满足在半小时内整个站台屏蔽门开/关门 3 次。

(e) 门机配电采用交叉供电方式，若一组出现故障，只影响每节车厢的 1 个门开启，便于乘客的上、下车。

(5) 试验记录：详细记录以上故障状态下供电电源的工作状况。

14.3 一百万次寿命试验

(1) 试验地点：深圳。

(2) 责任方：总承包公司。

(3) 试验目的：对屏蔽门进行加速寿命试验，以检验其出现的故障在规定的额定值内，监测屏蔽门的速率轮廓值并将之与 DCU 内设定的值比较，并对屏蔽门组件的初始故障和磨损进行严格试验。

(4) 试验方法。

(a) 安装好样机，检查其各项功能正常。

(b) 在安装现场使样机每天 24 h 连续操作，4 次/min 开关循环。在试验过程中，非正常状态将存储于 PSC 中。其循环运行次数不少于 100 万次。

(5) 测量方法。

(a) 经过 1 万次、10 万次、50 万次和 100 万次操作，并通过视觉与测量，检测以下项目：

① 关门力的检测。

② 手动关门力的检测。

③ 绝缘电阻检测。

④ 绝缘强度检测。

⑤ 系统各种功能检测。

(b) 在 100 万次循环操作之后，进行解体检查，检查各主要运行件的磨损情况并记录测量值。每个部件不得有任何有害缺陷与磨损。

14.4 样机试验工作计划

(1) 样机试验由总承包公司负责，负责在异地试验的运输、安装、调试、试验以及测试仪器、仪表的准备。在业主到场的情况下进行试验，接受业主的监督、检查。若业主不能到场，经业主同意后，才开始进行试验。

(2) 在与业主协商的时间内，提交详细的《样机试验工作计划》给业主确认；提交一整套《样机试验大纲》给业主审查、确认。经业主审批、确认后，严格按《样机试验大纲》规定的内容进行试验。若某项试验的条件、内容、程序、测量、记录和试验报告格式等任意一项不符合《样机试验大纲》，将重做该项试验。

(3) 电气设备的电磁兼容试验和高低温试验是针对屏蔽门控制系统而言的，在试验不合格时，必须进行设计更改，重新进行试验。这两项试验由法维莱公司在法国完成，在进行正式试验时，邀请业主前往参加。电磁兼容试验、高低温试验、相关的功能试验完成后，设备运往方大集团进行安装，并以书面形式提交测试和检查记录及试验报告给业主审查。

(4) 样机在总承包公司安装完毕后，在运行正常的情况下，运往广东省建筑科学研究院建筑幕墙质量检测中心做密封试验和挠度试验。试验合格后，以书面形式提交测试和检查记录及试验报告给业主审查。

(5) 样机在深圳的指定地点安装完毕，进行其余项目的功能和性能检测，试验合格后，按要求进行100万次寿命试验。

(6) 100万次寿命试验完成后，以书面形式提交测试和检查记录给业主审查。更换样机中损坏的部件，重新装配好提供给业主。

第 15 章

系统绝缘及抗干扰性能

15.1 绝 缘 性 能

屏蔽门系统的绝缘主要指屏蔽门系统金属部件与站台结构间的绝缘,以及电气设备的绝缘。

15.1.1 屏蔽门系统绝缘

为满足屏蔽门系统金属部件与站台结构间的绝缘,在屏蔽门的结构中采取以下措施:

(1) 在屏蔽门立柱的顶部,立柱法兰与转接件通过绝缘板和绝缘套使屏蔽门系统与站台顶部土建结构绝缘。

(2) 在屏蔽门下部支撑结构中,踏步板与 T 形铸钢板之间通过绝缘材料使屏蔽门系统与站台土建结构绝缘。

(3) 在踏步板以下所有可见部分均涂上绝缘漆,保证屏蔽门在长期使用后仍可与土建结构绝缘。

(4) 屏蔽门通过电缆与轨道单点相接,保证屏蔽门与轨道的电位相同。

(5) 在屏蔽门顶盒上部用绝缘橡胶密封屏蔽门与吊顶之间的缝隙,保证屏蔽门的气密性以及与吊顶之间的绝缘。

(6) 屏蔽门站台侧沿站台(包括端头门的轨道侧)敷设 2 m 宽的绝缘带,防止门体带电对乘客和工作人员造成伤害。

(7) 所有屏蔽门金属件和站台结构的任何部分的间隙不小于 25 mm,所有屏蔽门金属件和站台结构的爬电距离不小于 25 mm。

15.1.2 电气设备的绝缘

(1) 电气设备内元器件的插装、金属连接点及其封装、连接线及印制线路等应充分远离周围的金属部件或紧固件。

(2) 电路设计的电气间隙应符合 IEC60326 规定的要求。

15.1.3　绝缘试验

绝缘试验在全部装配好的装置部件上或成套装置上进行。试验包括两部分：绝缘电阻测试(绝缘强度试验前、后各进行 1 次)和绝缘强度测试。

1) 绝缘电阻测试

在正常试验大气条件下，绝缘电阻有如下要求：

(1) 一侧屏蔽门(包括端头门)与站台土建结构间的绝缘电阻应大于 0.5 MΩ(用 500 V 兆欧表检测)。

(2) 电气设备的额定绝缘电压 $Ui \leqslant 60$ V 时，绝缘电阻≥5 MΩ(用 250 V 兆欧表检测)；额定绝缘电压 $Ui > 60$ V 时，绝缘电阻>5 MΩ(用 500 V 兆欧表检测)。

2) 绝缘强度测试

(1) 一侧屏蔽门(包括端头门)与站台土建结构间应承受 1 500 Vrms 的试验电压，持续时间 1 min。

(2) 对电气设备按表 15-1 和表 15-2 的要求进行试验。

表 15-1　主电路及由主电路直接供电的辅助电路试验电压值

额定绝缘电压 Ui(直流)	试验电压 Us(有效值)
$Ui \leqslant 60$ V	1 000 V
60 V $< Ui \leqslant$ 300 V	2 000 V
300 V $< Ui \leqslant$ 690 V	2 500 V

表 15-2　不由主电路直接供电的辅助电路试验电压值

额定绝缘电压 Ui(直流)	试验电压 Us(有效值)
$Ui \leqslant 60$ V	500 V
$Ui > 60$ V	$2Ui$ + 1 000 V，最小值为 1 500 V

15.2 系统等电

为确保乘客及工作人员的安全,其易于接触到的所有屏蔽门金属部件与列车上的金属部件之间保持等电位,由截面积为 240 mm^2 的电缆将屏蔽门结构单点与钢轨相连,同时站台屏蔽门与站台结构绝缘,保证轨道和站台结构的电气隔离。

整个屏蔽门保持等电位。除机械装配外,通过使用顶盒内水平延伸的铜导体和敷设门槛下面的铜排来保证其电气的连续性。通过铰链连接的盖板和个别电气附件用导线连接以保证电气的连续性。活动门应与 PSD 框架保持连续的等电位,通过柔软导线将手动门(EED 和 MSD)和 PSD 框架连接。

将每侧屏蔽门分为 6 个单元(每个单元包括五档屏蔽门),首先将每个单元进行等电位处理,然后将各个单元进行可靠的连接(总电阻不大于 0.1 Ω),通过这种方法处理,不仅保证连接的可靠性,还可以灵活断开,便于测试。

15.3 抗干扰性能

方大集团与法维莱公司所提供的屏蔽门系统具有防尘、防锈蚀、防潮、防霉、防振、防电磁干扰和防静电的能力。

15.3.1 屏蔽门门体的抗干扰防护措施

(1) 屏蔽门的钢结构及螺栓、螺母等结构件采用热浸镀锌防腐处理,具有防霉、防潮、防锈蚀等性能,能满足深圳地铁环境下实际寿命不低于 30 年的要求。

(2) 屏蔽门的铝合金型材表面经氟碳喷涂处理,采用三涂二烤工艺。涂层具有附着力强、耐冲击、耐酸、耐洗涤、颜色耐久等性能,能满足深圳地铁环境下实际寿命不低于 30 年的要求。

(3) 屏蔽门采用防振安装。所采用的结构密封胶、耐候密封胶及门密封胶条具有防霉、耐腐蚀性能，且具有防振作用。所用电子电气设备均采用柔性材料隔垫安装，具有良好的缓冲抗振性能。

(4) 在踏步板以下所有可见金属部件均涂上绝缘漆，起到防尘防潮的作用，保证屏蔽门在长期使用后仍可与土建结构绝缘。

(5) 屏蔽门门体采用绝缘安装，不仅可防止电击对乘客造成伤害，同时可避免杂散电流可能引起的对屏蔽门金属部件的腐蚀。

15.3.2　屏蔽门设备的抗干扰防护措施

(1) 控制设备均采用金属机箱加以屏蔽，其中金属屏蔽机箱的每块活动金属板连接处均采用了具有良好导电性和弹性的导电衬垫，以减小缝隙，从而增加屏蔽效能。此外，应当尽可能地减少机箱对外的开口，使屏蔽体内外的电场、磁场、电磁场相互隔离，具有防电磁干扰的作用。外壳保持良好接地，可泄放积累的静电电荷，使设备具有防静电的能力，同时起到防尘作用。金属机箱表面采用喷塑处理，具有防锈蚀作用。

(2) 所提供的电子电气设备都具有一定的防潮、防霉能力，如继电器采用防潮密封继电器，印刷电路板正反面均经过防潮、防霉处理。

(3) 所有设备具有过流、过压保护功能。

(4) 系统通信电缆采用双绞线，使对外电磁辐射和遭受外部电磁干扰减少到最小。

(5) 电力电缆、控制电缆、通信电缆通过不同的传输路径分开走线，以免相互干扰。

(6) 整个系统在规定区域内按要求保持良好接地。接地系统与屏蔽门顶盒内的电气设备之间采取正确隔离措施。

(7) 设备内部采用各种器件提高抗干扰能力，如隔离变压器、光耦及压敏电阻等器件。

第 16 章

电磁兼容性(EMC)

16.1 参考标准

指导文件：《欧盟 CE 电磁兼容性(EMC)指令 2004/108/EC》。

(1)《EMC 通用发射标准　第 2 部分：工业环境》(EN50081-2)

(2)《EMC 通用发射标准　第 2 部分：工业环境》(EN50082-2)

(3)《铁路应用 EMC 标准　第 5 部分：固定电源装置》(ENV50121-5)

(4)《EMC 标准　第 3-4 部分：低压供电系统中额定电流大于 16A 的设备的谐波电流发射的限值》(IEC61000-3-4)

(5)《EMC 标准　第 4-1 部分：抗扰性试验概述》(IEC61000-4-1)

(6)《EMC 标准　第 4-2 部分：静电放电抗扰性试验》(IEC61000-4-2)

(7)《EMC 标准　第 4-3 部分：射频电磁场辐射抗扰性试验》(IEC61000-4-3)

(8)《EMC 标准　第 4-4 部分：快速瞬变脉冲群抗扰性试验》(IEC61000-4-4)

(9)《EMC 标准　第 4-5 部分：浪涌(冲击)抗扰性试验》(IEC61000-4-5)

(10)《EMC 标准　第 4-6 部分：射频场感应的传导骚扰的抗扰性试验》(IEC61000-4-6)

(11)《EMC 标准　第 4-8 部分：工频磁场的抗扰性试验》(IEC61000-4-8)

(12)《EMC 标准　第 4-11 部分：电压突降、短时中断和电压变化的抗扰性试验》(IEC61000-4-11)

(13)《EMC 标准　第 4-13 部分：交流电源端口谐波和谐间波的传导低频抗扰性试验》(IEC61000-4-13)

(14)《数字无线电话辐射电磁场——干扰试验》(ENV 50204)

(15)《工业、科学、医疗设备的无线电抗干扰特性》(EN 55011)

16.2　具 体 要 求

16.2.1　发射辐射电磁干扰

屏蔽门系统所有设备发射辐射电磁干扰的最大水平不超过 EN50081-2 的规定。

16.2.2　传导辐射电磁干扰

向业主提供交流故障电流的幅值和持续时间信息,包括整个 380 V 电源系统的线对线故障和线对地故障。

屏蔽门系统所有设备传导辐射电磁干扰的最大水平不超过 EN50081-2 的规定。

16.2.3　感应电磁干扰

除了电源系统的电源电缆外,任何信号电缆和控制电缆将适当加以屏蔽和接地,以防止超过国际电话与电报顾问委员会(CCITT)所规定水平而引起的噪声和电气冲击。

感应电压的最大值如下:

对地电压幅值(连续)60 V;

对地电压幅值(故障状态)430 V;

噪声计测量电压 1 mV。

16.2.4　辐射抗干扰水平

所提供的任何灵敏电子设备都在有大量辐射干扰存在的环境里工作。这些设备可能受到手持无线电收发机和其他通信设备发出的辐射能量的影响。

作为最低要求,按 IEC61000－4－3 的规定,屏蔽门系统设备应能抵抗频率 80 MHz～1 000 MHz、20 V/m 的场强,用频率为 1 kHz 的正弦波进行 80%的幅度调制干扰。严酷度等级为 3 级。

16.2.5 传导抗干扰水平

(1) 在射频辐射电磁场中，设备引线(包括电源线、通信线和接口电缆等)的长度可能与干扰信号的几个波长相等，引线起到了天线的作用，射频电磁场就可以通过引线以传导方式对设备产生干扰。

(2) 作为最低要求，按 IEC61000-4-6 的规定，屏蔽门系统设备各接口应抵抗频率 150 kHz～30 MHz、10 V/m 的传导干扰。试验等级为 3 级。设备应正常工作。

16.2.6 抗静电放电干扰

屏蔽门系统的设备可能受到静电干扰，人或物体在很多情况下可以积累静电：操作人员或物体接触设备时，对设备进行放电(直接放电)；人或物体对邻近物体的放电(间接放电)。这些静电都可能影响设备的正常工作或对电路造成危害。因此，凡是乘客或操作人员可接触到的屏蔽门系统设备必须做静电放电抗扰性试验，检验设备在遭受静电骚扰时的性能。

根据设备使用环境的相对湿度及外壳使用的材料，按 IEC61000-4-2 的规定，屏蔽门控制系统设备的试验等级应该满足 3 级，即直接放电的试验电压为 6 kV，间接放电的试验电压为 8 kV。在试验过程中，被试设备在技术要求范围内的性能正常。

16.2.7 抗快速瞬变脉冲群干扰

通过继电器、接触器等控制电感性负载(如电机的启动和停止等)会产生上升时间短、重复率高和能量较低的脉冲干扰群，因此，屏蔽门系统的电气、电子设备的电源端口、信号和控制端口应能承受该类信号的干扰。

作为最低要求，根据 IEC61000-4-4 的规定，设备应承受电压峰值为 2 kV、重复率为 5 kHz 的脉冲干扰，严酷度等级为 3 级。

16.2.8 抗浪涌(冲击)干扰

在地铁内，电力电缆与信号电缆是并行布线的电气环境，设备的接地与电力设备的公共接地系统相连,而电力设备可能会因为接地故障、开关操作(如电容器组的切换、晶闸管的通断、设备和系统对地短路及电弧故障等)或雷击在电网或通信线上产生暂态过电压或过电流,造成幅值相当高的干扰电压。因此,必须检验屏蔽门系统设备的电源线、输入/输出线,以及通信线路在遭受高能量脉冲干扰时的抗干扰能力。

按 IEC61000-4-5 的规定,开路试验电压为 2 kV。严酷度等级为 3 级。

16.2.9 抗工频磁场干扰

通电的导体周围存在磁场。正常条件下的电流产生稳定的磁场,具有相对小的幅值;故障条件下的电流,产生一个具有相对较高的幅值但持续时间较短的磁场,直到保护装置断开电路时磁场消失。应确保环境中产生的任何静止的交变磁场不会影响屏蔽门系统设备的正常运行。

按 IEC61000-4-8 的规定,屏蔽门系统应承受连续场试验磁场强度 100 A/m,1～3 s 的短期试验磁场强度 300 A/m。严酷度等级为 4 级。

16.3 电磁干扰危险分析

产生干扰的原因有以下几个方面:

(1) 屏蔽门系统为电感性负载,而且是断续工作制,电流负载是突变的;

(2) 电网、设备的开关或故障;

(3) 自然现象,如雷击等;

(4) 静电;

(5) 无线电传送。

地铁环境是由巨大的金属网笼罩着的屏蔽体,干扰电磁场不像在地面可以向空间发散,衰减很快,而是在这一屏蔽体内不断反射,因此,地铁环境是一个相对恶劣的电磁环境,应按相关标准对屏蔽门系统设备做电磁兼容试验,达到相关要求,确保屏蔽门系统设备能正常工作,且不影响其他系统设备的正常工作。

16.4 试验确认

16.4.1 概述

(1) 所有 EMC 试验方案、进度表和试验报告提交业主审批。

(2) 总承包公司安排业主人员到现场参加试验。

16.4.2 交付前试验

(1) EMC 型式试验按设计阶段关于 EMC 的要求事项所确定的所有条款进行。

(2) 在交付前,要安排业主到生产厂确认产品满足技术要求。设计验收在现场交付验收试验后进行。

(3) 在交付前,所有试验报告提交业主批准。

16.4.3 交付后试验

(1) 试验在已安装好的系统和设备上进行,以证实系统设备达到 EMC 规定水平。试验将与负责其他系统的承包商协调进行。

(2) 总承包公司负责纠正试验中出现的 EMC 问题,并以书面形式报告业主。

(3) 测试方法和结果写入测试报告,提请业主批准。

16.5 准供应产品

对于任何标准的现货供应产品,相关的 EMC 测试证书须提请业主批准。

16.6　文件记录

16.6.1　概述

(1) 本章提到的所有文件、试验方案提请业主批准。

(2) 在最初的设计评审阶段,文件的提交日期须经业主同意。

(3) 所有设计文件、试验计划、试验方案和试验报告提交业主批准。

(4) 如果确认某文件不作要求,在设计评审开始时将提请业主同意。

(5) 部件和子系统的 EMC 证明在设计评审中给出。

16.6.2　硬件设计评审

在设计评审阶段,方大集团和法维莱公司将至少提供下述文件。

(1) 电磁干扰(EMI)辐射要求: 提供 EMI 辐射在设计中减小的证明文件,提供采取措施防 EMI 辐射干扰的证明文件。

(2) 感应的干扰要求: 实际电缆上的感应纵向电压不超过 60 V(正常条件)和 430 V(故障条件)。

(3) EMI 危险分析报告。

16.7　试验结果和报告

(1) 提交的试验报告至少应包含下列信息:

目标;

方法(试验程序和设置);

预期结果；

通过/失败的标准；

试验结果；

结论；

建议。

(2) 最后的试验报告除包含上述信息外，还包括特殊的老化时间和证明。

第 17 章

可靠性及可维护性

17.1 系统安全性

乘客和工作人员的安全是 PSD 系统设计和建造中应首要考虑的。当屏蔽门系统发生故障时,屏蔽门产品能够采用相应的安全措施来保护乘客和工作人员的安全。主要的故障及相应的安全对策如下。

(1) 只有列车停在站台且停靠位置在规定停车范围内(±250 mm)时,才能通过信号系统进行开/关门控制。

(2) 为确保乘客及工作人员的安全,所有乘客及工作人员易于接触到的屏蔽门所有金属部件与列车上的金属部件之间保持等电位连接。通过两根截面积不小于 240 mm^2 的电缆将屏蔽门结构单点与钢轨回流线相连,同时站台屏蔽门与站台结构绝缘,以保持轨道地线和站台地线的电气隔离。

(3) 屏蔽门站台侧(包括端头门的轨道侧)有 2 m 宽的绝缘带,使 PSD 金属部件与站台结构完全绝缘。这种绝缘是连续的,以满足轨道地与站台地的电气隔离要求,避免带电对乘客和车站工作人员造成危害。

(4) 屏蔽门电源设备和控制设备的外壳应安全接地,防止设备外壳带电时对工作人员造成伤害。

(5) 当活动门在关闭过程中夹住人或物时,如果夹紧力大于设定值,活动门立即停止关闭,同时卸掉夹紧力,释放被夹的人或物,防止夹伤乘客。

(6) 屏蔽门控制系统发生故障时,采用手动操作开关屏蔽门,即在轨道侧通过把手或在站台侧用专用钥匙对屏蔽门进行开关操作,保证乘客能够上下车。

(7) 车站内发生火灾时,屏蔽门保持关闭状态,列车不在发生火灾的车站停留,全速驶向下一个车站。

(8) 列车在车站隧道中发生火灾时,在列车进站前,行车调度人员与司机联系打开所有的活动门,以配合乘客到站后迅速疏散。

(9) 列车在区间隧道中发生火灾时,站务人员打开站台应急门,配合隧道内乘客迅速疏散到安全地带。

(10) 所有屏蔽门系统设备都进行了电磁辐射测试，保证提供的设备不会对乘客和工作人员的健康造成伤害。

(11) 直到信号系统接收到 PSD 系统的“所有屏蔽门都是关闭且锁定”信号时，列车才允许启动。在正常情况下，只有车门和 PSD/EED 系统都证实已关闭且锁定的情况下才可能使列车启动。

(12) 在某档屏蔽门出故障的情况下，授权人员可以通过操作该屏蔽门顶盒内的手动隔离开关将故障的屏蔽门与系统隔离，允许修理故障的屏蔽门不会影响列车的正常运行。

(13) 为了防止乘客及其他无关人员妄动，在站台侧，屏蔽门只能由授权的工作人员用钥匙打开。

(14) 为了给乘客正确的提示，每个 PSD 上方都安装有指示灯，指示灯在屏蔽门打开后应常亮，提示乘客可以上车；在屏蔽门故障或开关门过程中，指示灯闪烁；只有当屏蔽门关闭且锁定时，指示灯熄灭。

(15) 门机鉴别到障碍物时，门机控制器会自动清除关门的动力，弹开一定的距离(此距离可调)并保持静止，直到移开障碍物；如果在预定的时间内门不能关闭，即发出故障告警提醒工作人员。

(16) 屏蔽门的关门力和动能将设计在安全范围内。最大关门力不超过 150 N，全程的最大动能不大于 10 J/扇门，在最后 100 mm 的行程中动能不能超过 1 J/扇门，确保不夹伤乘客。

(17) 屏蔽门结构与吊顶之间绝缘，且最小间隔不小于 25 mm，防止屏蔽门与吊顶导通。

(18) 曲线站台的土建结构是曲线的，但屏蔽门是以站台中心线为基准对称折线布置的，因此在站台边缘与屏蔽门门体之间会有较大距离，在活动门开启或关闭时易将乘客留在站台边和屏蔽门之间造成危险。针对这一点，方大集团在活动门门体的轨道侧设计有凸出的挡板，可以限定乘客在活动门的净开度范围内上下车，确保乘客的安全。

17.2 可　靠　性

17.2.1 平均无故障周期

(1) DCU的推算可靠性为：

DCU的故障率=6次故障/100万h(FPMH)

DCU的平均无故障时间=166 666.67 h(MTBF)

(2) 一列屏蔽门(30个门)的推算可靠性为：

站台屏蔽门故障率=428.79次故障/100万h(FPMH)

站台屏蔽门平均无故障时间=2 332.14 h(MTBF)

(3) 一个单元的推算可靠性为：

门故障率=14.293次故障/100万h(FPMH)

一个门单元平均无故障时间=69 964.32 h(MTBF)

(4) 所有屏蔽门系统(41个站台)的预测可靠性为：

屏蔽门系统故障率=12 863.7次故障/100万h(FPMH)

屏蔽门系统平均无故障时间=77.738 h(MTBF)

MCBF =总循环次数(每小时)/故障次数(每小时)

$=(1\ 230\times 60/2)/(41\times 428.79\times 10^{-6})=2\ 098\ 929.546\ 5$ 次

(5) 故障范围包括：

PSD系统或功能设备失败的故障(包括UPS和蓄电池故障引起的控制失效)；

ASD打不开或不能成对打开；

对PSD系统最初的命令和报警系统失败。

不包括外部输入的失败(如外部供电和信号输入的失败)，不包括不影响PSD操作的故障(第二级显示的故障，如报警盘指示灯不亮)；

17.2.2　平均维修时间

经过专业训练的维修人员更换维修主要部件的平均维修时间(MTTR)见表 17-1。

表 17-1　主要部件的平均维修时间

零部件名称	平均维修时间(min)	零部件名称	平均维修时间(min)
门机	60	固定门	20
DCU	15	应急门和端头门	25
门悬挂装置	20	活动门导靴	30
位置开关	10	踏步门槛	60
活动门	20		

屏蔽门系统结构简单紧凑,并且具有优越的可维修性能,因此屏蔽门的主要部件平均维修时间为 30 min。平均维修时间包括故障诊断时间、实施修理或更换时间和现场调节和试验时间,不包括响应时间。

17.2.3　平均停机时间

质保期内,总承包公司将派专门的技术人员在地铁运营时间 18 h 内轮流值班。如果屏蔽门系统发生故障,总承包公司技术人员可随时到现场,故障响应时间为 20 min。因此,平均停机时间(MDT) = 平均维修时间(MTTR) + 响应时间 = 30 + 20 = 50(min)。

17.3　可靠性措施

(1) 控制功能和监测功能的分离措施

法维莱公司提供的屏蔽门控制系统将控制和监测分为两个截然不同的子系统。所有的控制命令及重要的状态信号由主控机(PSC)内的控制接口单元进行逻辑处理,并通过硬线方式传输;系统的监测功能由主控机(PSC)内的主控系统来实现,并通过总线方式进行信息交换，通过这种方式，可以大大提高系统的可靠性。

(2) 使用已经证明具有高可靠性的元件

为了保证屏蔽门系统可靠运行，所有材料和主要零部件全部选用国际和国内著名厂家的高可靠性名牌产品，保证其技术指标符合国家标准和深圳地铁招标文件的要求。

(3) 对系统安全，不论所选的硬件还是软件，任何一个导致非安全条件的故障或故障组合，其表现出的发生概率都小于 10^{-11} 次/工作小时。

(4) 检验校验的频度和二次检测间隔时间，在二次检测之间不会发生类似或相同故障(表 17-2)。

表 17-2　检验校验的频度和二次检测间隔时间

名称	工作内容	二次检测间隔时间						
		1 d	1 周	6 个月	2 年	5 年	10 年	15 年
活动门和应急门的外观检查	屏蔽门外观检查：①站台工作人员；②维护人员	× ①	× ②	2 个月				
	顶盒的外观检查							
功能检查	活动门和应急门的功能检查			×				
清洁	活动门和应急门的清洁				×		×	
	DCU 的清洁							
润滑	对各螺杆部件的润滑				×			
检测	检查活动门、应急门、门机							×
	调节门扇							×
	对活动门和应急门进行绝缘测试					×		
更换零部件	中间塑料环						×	×
	滚珠轴承						×	×
	带弹性环的滚筒						×	×
	滚筒止动块						×	×

（续表）

名称	工作内容	二次检测间隔时间						
		1 d	1 周	6 个月	2 年	5 年	10 年	15 年
更换零部件	止动块						×	×
	活动门下部导靴						×	
	绝缘板						×	
	密封材料						×	
	毛刷						×	
端头门和应急门的功能检查	端头门/应急门的手动打开功能检查			×				
电源系统检查	驱动电源电池充电单元的第一级检查		×					
	驱动电源电池充电单元的第二级检查							
清洁	驱动电源/控制电源的清洁				×			
功能检查	驱动电源蓄电池单元的功能检测			×				
	驱动电源馈电传送的功能检测					×		
UPS 检查	UPS 上的稳压电源的第一级检测		×					
PSC、PSL、PSC 的功能检查	+24V 直流蓄电池功能检测				×			
	PSA、PSL 功能检测			×				
	PSC 功能检测		×	×				
检查及更换部件	安全继电器						×	×
	辅助继电器							×
	用于+24 V 直流电源的蓄电池					×		

（5）电磁兼容性

对于电子设备应考虑其电磁兼容性，详见第 15、16 章。

17.4 可维护性

地铁屏蔽门系统的设计充分考虑了地铁屏蔽门系统的工作特点，为保障列车的正常运行和维修人员的安全，所有维修工作均可在站台侧完成，每一对活动门均可与系统隔离，进行单独维修而不影响系统工作。

地铁屏蔽门门体的主要部件(活动门、固定门、顶盒等)均可进行独立拆装。地铁屏蔽门的主要受力支撑立柱独立安装在上、下支撑上，更换踏步门槛时不需要拆卸立柱，给维修带来了极大的方便。

在屏蔽门门体的结构设计中，活动门、固定门、应急门和端头门均设计为可拆卸形式，拆卸方法参见第10章活动门更换方法、固定门更换方法和应急门更换方法。

端门的尺寸可随土建尺寸改变，应急门设置在靠轨道边，这样应急门处在2 m的站台绝缘带中，易实现电气安装的连续性。

在屏蔽门的等电位装置安装中，每侧屏蔽门以一节列车长度为单元可靠连接，单元间能灵活隔断，便于测试。为了实现各单元间的隔断，在断开处固定门挂耳采用尼龙材料，立柱与顶盒之间、立柱与踏步板之间采用绝缘安装，便于等电位的测试与维护。

控制设备内所有的元器件选用模块化产品：在主控机(PSC)内，选用模块化的可编程控制器(PLC)和通信接口单元；在操作指示盘(PSA)内选用模块化的人机界面和数字I/O接口；在电源设备方面选用模块化的整流装置、充放电装置及监控装置；在门机方面选用模块化的门机控制器(DCU)。通过选用模块化的产品，可以保证系统的快速维护。

下　篇

工程实例

第 18 章

方大集团公司的工程实例

地铁屏蔽门系统主要应用于城市轨道交通，是集机械、智能控制、网络等于一体的高科技产品。地铁屏蔽门不仅可以保证地铁的安全运行，每年还可以节约地铁站台近1/3的电力消耗，同时可以控制车站的环境温度。由于地铁屏蔽门能够同时将节能环保和安全相结合，符合社会和谐、自然和谐的理念，其已成为地铁建设必需的组成部分。

此前，该产品的核心技术掌握在美国、英国、法国、日本等少数国家手中，导致中国要花大量外汇进口，成本居高不下，且运营维护不方便。方大集团从1999年开始研发城市轨道交通屏蔽门产品，是国内最早从事屏蔽门研发和生产的单位。经过多年的技术积累和发展，方大集团已掌握了该产品的核心技术，具有自主知识产权和自主品牌，已拥有108项专利，专利总数居于国内同行业的首位。方大集团产业化的地铁屏蔽门产品在技术、性能和无故障率方面处于先进水平，已成功通过100万次无故障测试。2006年11月，方大集团自主研发的“国产化城市轨道交通站台屏蔽门产品”通过国家评审。由方大集团主编的国家行业标准《城市轨道交通站台屏蔽门》(CJ/T236—2006)自2007年3月1日起在全国实施。

经过十多年的发展，方大集团拥有自主知识产权的屏蔽门产品应用于北京、沈阳、大连、天津、上海、南京、福州、西安、武汉、南昌、广州、东莞、深圳等十多个国内城市，在全国已经有地铁运营的城市中，80%的城市应用了方大集团的屏蔽门产品。方大集团已迅速成长为我国第一、全球前三的轨道交通屏蔽门供应商，在世界轨道交通屏蔽门领域占据重要位置。

18.1 深圳地铁屏蔽门实例

深圳地铁罗宝线(1号线)正线长40.9公里，自深圳火车站至深圳宝安国际机场。续建段从世界之窗至深圳宝安国际机场(图18-1)，全长23.6公里，共设15座车站，包括2座高架站，其中世界之窗站至深大站已于2009年9月28日率先通车。

2007年3月27日，方大集团的全资子公司深圳市方大自动化系统有限公司(以下简称“方大自动化公司”)与深圳市地铁集团有限公司签订了深圳地铁 1 号线续建工程屏蔽门系统总承包合同,工程总价值为 7 985.86 万元。首期工程于 2008 年 6 月建成并投入使用(图 18-2)。

图 18-1　深圳地铁罗宝线机场东站

应用于深圳地铁 1 号线续建工程的方大地铁屏蔽门系统具有性能先进、结构简单、维修方便、质量稳定、运行可靠、外形美观、安全性能强等诸多优点,在门机系统、控制系统与信号传输等核心技术方面全部实现了国产化,整个屏蔽门系统的国产化率达到了 79.8%,综合性能技术处于国际领先水平。

图 18-2　深圳地铁 1 号线续建段屏蔽门工程

2011 年 6 月 28 日,由深圳地铁罗宝线(1 号线)、蛇口线(2 号线)、龙岗线(3 号线)、龙华线(4 号线)、环中线(5 号线)构成的深圳地铁二期全网开通运营,其中罗宝线续建段(世界之窗站—深圳机场站)、蛇口线、龙华线续建段(少年宫站—清湖站)地铁屏蔽门均由方大集团装备。

2020 年深圳地铁 16 号线项目是方大集团在深圳市中标的第 10 个地铁屏蔽门项目,展现了其轨道交通屏蔽门系统的卓越品质和在国内市场的强势竞争力。

18.2　武汉地铁屏蔽门实例

2015 年,方大自动化公司中标武汉市轨道交通 6 号线地铁屏蔽门项目。

武汉市轨道交通 6 号线一期工程是一条跨越汉江,连接汉阳、汉口的镇间轨道交通骨架线路。一期工程线路长35.9公里,全部为地下线,设站27座,全部为地下车站(图18-3)。

2016年12月28日,采用方大集团屏蔽门系统的武汉轨道交通6号线(图18-4)一期正式开通运营,这是继武汉地铁2号线一期、3号线一期、4号线二期之后,方大自动化公司为武汉轨道交通作出的又一贡献。

图18-3 武汉市轨道交通6号线一期工程

图18-4 武汉地铁6号线

2018年10月1日,采用方大集团屏蔽门系统的武汉市轨道交通7号线一期(图18-5)、11号线东段一期(图18-6)同步开通试运营。武汉市地铁迎来10条线路、288公里、199座车站的运营新规模。

图18-5 武汉市轨道交通7号线一期

图18-6 武汉市轨道交通11号线东段一期

武汉市轨道交通 7 号线是武汉第四条穿越长江的地铁，北起黄陂前川，南至江夏纸坊，共分为三个部分：一期工程、南延线工程和前川线工程。2018 年 12 月 28 日，武汉轨道交通纸坊线(即南延线工程，图 18-7)开通试运营，武汉地铁通车里程首次突破了 300 公里大关，达到了 305 公里、206 座车站的运营新规模。武汉市轨道交通 7 号线一期工程和南延线工程的地铁屏蔽门均由方大自动化公司承建。

图 18-7　武汉交通纸坊线

18.3　南昌地铁屏蔽门实例

方大自动化公司与南昌轨道交通集团有限公司于 2013 年 8 月签订《南昌市轨道交通 1 号线一期工程屏蔽门采购及安装项目》合同，在南昌市政府、高新区管委会及南昌轨道交通集团有限公司的大力支持下，屏蔽门项目各项工作如期开展。2014 年 3 月，屏蔽门项目全线预埋件施工图、13 个站点预埋件供货、全线屏蔽门系统施工图、屏蔽门结构件零部件等设计，以及样机结构性能测试、EMC 测试、功能测试等已全面完成，并且样机实体安装到位，顺利进入 100 万次寿命测试阶段。这对进一步加快推进南昌市轨道交通建设具有重要作用和意义(图 18-8)。

图 18-8　南昌地铁 1 号线屏蔽门样机验收

2015 年 12 月 26 日，方大自动化公司装备的地铁屏蔽门系统的南昌地铁 1

号线正式开通运营(图 18-9)。

南昌地铁 1 号线是江西地区的首条地铁线路,是南昌轨道交通的骨干线路,全长 28 公里,共 24 个车站,穿越赣江将昌北经开区、红谷滩新区、东湖区、青山湖区、高新区及瑶湖高校园有机地串联在一起,极大地缩短了赣江东西两岸市民出行过江的时间,为人们的出行带来了极大便利。

2016 年,方大自动化公司中标南昌市轨道交通 2 号线屏蔽门工程。南昌市轨道交通 2 号线工程分为一期工程及南延线工程,其中一期工程起点为站前南大道站,终点为辛家庵站,线路全长 23.62 公里,共设 21 座车站(图 18-10)。

图 18-9　南昌地铁 1 号线彭家桥站

图 18-10　南昌市轨道交通 2 号线

18.4　西安地铁屏蔽门实例

图 18-11　西安地铁 1 号线

2013 年 9 月 15 日,由方大自动化公司承建地铁屏蔽门系统的西安地铁 1 号线(图 18-11)正式开通运营,西安地铁 1 号线是西安市城市快速轨道交通线网东西向骨干线,全长 25.40 公里,先后途经西咸共建区、西安市未央区、莲湖区、碑林区、新城区、灞桥区。该线路共设车站 19 座、38 侧车站。

西安地铁 1 号线屏蔽门项目自 2012 年 5 月份开工以来，面对西安地铁 1 号线整个屏蔽门项目标准高、时间紧、任务重和困难多等种种情况，方大自动化公司攻坚克难，超额完成了西安地铁 1 号线屏蔽门的建设任务，达到了安全运营、运行平稳等目标，为西安地铁建设作出了突出贡献。

2016 年 11 月 8 日，由方大自动化公司装备屏蔽门系统的西安地铁 3 号线(图 18-12)正式开通运营。西安地铁 3 号线全长 39.15 公里，蜿蜒曲折，四通八达，贯穿西安市四个区，途经旅游胜地大雁塔、购物天堂小寨、国际港务区等重要区域，沿途经济发达，人流量巨大，是西安市的交通动脉。

图 18-12　西安地铁 3 号线

18.5　东莞地铁屏蔽门实例

2015 年 12 月 29 日，由方大集团装备地铁屏蔽门系统的东莞首条开建地铁线路——2 号线举办“建成试运行”仪式(图 18-13)。东莞地铁 2 号线总长 37.8公里，其中地下线长 33.8 公里，高架线长 3.6 公里，地面线及过渡段长 0.4 公里。线路起始于石龙镇西湖，经茶山、东城、莞城、南城、厚街，止于虎门镇白沙村，全线共设车站 15 座。

图 18-13　东莞地铁 2 号线

自东莞地铁 2 号线屏蔽门系统开

工建设以来，方大集团在施工质量控制、总体形象进度与配合、现场安全文明施工及内业资料管理等方面得到了业主、监理、总包单位的一致好评，且是机电专业中第一家完成调试、正常投入试运行的单位，保障了东莞地铁 2 号线按期建成。

东莞地铁 2 号线于 2016 年 5 月份全线开通试运营。试运营期间，东莞地铁 2 号线屏蔽门系统保持零故障高水平稳定运行，为东莞“快捷交通，营造莞香新生活”提供了可靠的系统保障。

东莞地铁 2 号线设计最高速度为 120 km/h，当时较国内其他城市地铁线路 80 km/h的速度提升了 50%。提速带来了更强的活塞风和噪声污染，对地铁屏蔽门隔声降噪、抗压等方面的性能提出了更高的要求。

18.6 昆明地铁屏蔽门实例

2017 年 8 月 29 日，在昆明市东风广场地铁站，粉红色涂装的列车缓缓驶入站台，被市民亲切称呼为“小粉红”的“东西主干线”——昆明地铁 3 号线(一期)开通运营。方大自动化公司承建了地铁 3 号线(一期)17 个站的屏蔽门系统，这是方大自动化公司在轨道交通领域为昆明市民贡献的一份“精品大礼”(图 18-14～图 18-16)。

图 18-14 昆明地铁 3 号线

图 18-15 昆明市地铁 3 号线、6 号线(一期)开通仪式

图 18-16 昆明市地铁 3 号线东风广场站

第 19 章

其他公司工程实例

19.1 西屋公司实例——法国地铁屏蔽门

法国图卢兹地铁 B 号线于 2007 年开放,服务于世界最繁忙的机场之一。来回于各个航站楼的列车把旅客送到机场地铁站,然后由全自动无人驾驶地铁列车送到主线车站。西屋公司在 5 个站台安装了 30 组高达 2.45 m 的站台全高安全门,平均每个站台 5 组,采用了 6 mm 厚的单层强化玻璃,嵌在自然阳极氧化铝门框中。

图 19-1 所示的图卢兹地铁长达 15.7 公里,由北至南连接 Borderouge 与 Ramonville。西屋公司为 20 个车站设计生产及安装了 252 道屏蔽门,与已开通的 A 号线保持一致。

图 19-1 法国图卢兹地铁 B 号线

19.2　西屋公司实例——新加坡、中国地铁屏蔽门

世界首个采用站台屏蔽门系统的重型铁道网络由英国西屋公司设计、生产和安装，目的在于提高乘客的安全性和改善站台的环境，同时用作防护掩蔽体来响应城市民防标准。

1. 新加坡地铁

作为新加坡地铁(MRT)环城线项目之一，新加坡南北线的璧山站翻新工程 24 组站台屏蔽门由西屋公司设计、生产、安装。安装工程在地铁停运时期进行，以确保地铁日间的正常运行。新加坡环城线长达 34 公里，有 24 个车站，与开通的南北线、东西线和东北线地下互连环绕新加坡。西屋公司为 54 个站台安装了 648 组门。采用了双重保障的 PSD200 控制系统以及通信协议(图 19-2、图 19-3)。

图 19-2　新加坡城市轨道交通系统

图 19-3　环城线

2003 年 6 月，新加坡东北线开放，线路长 20 公里，共 16 个地下站，768 组站台屏蔽门。东北线使用主要承包商 Alstom 提供的 6 车厢×4 门 Metropolis EMUs 列车和基于 ATP、ATO、列车数据管理系统的信号系统。同时，东北线使用的是西屋公司的站台屏蔽门控制系统，包括 PSD2002 运营软件、双重保障和 SMT 系统维护软件。新加坡东北线每个站台都有不同的设计风格，西屋产品的设计使 768 组对开门道和屏

蔽门与每个车站完美地结合在一起(图 19-4)。

图 19-4　新加坡东北线

图 19-5　新加坡樟宜机场站

MRT 延伸线全长 6 公里,开放于 2002 年年初。线路始于 Tanah Merah 站,路经 Expo 站,终点站则坐落在樟宜机场站 2、3 号航站楼中间(图 19-5)。西屋公司总共供应了 2 个站台的 48 组滑动门道用来配合日本川崎生产的 6 车厢×4 门列车。

2. 中国地铁

西屋公司供应了中国深圳地铁多达 1 386 组门道和一个精密的控制系统与西门子信号系统互动。

深圳地铁 3 号线工程总长 41 公里,其中地下线长 17.5 公里,高架线长 21.0 公里,地面线(含过渡段)长 2.5 公里,设车站 30 座(图 19-6)。西屋公司为该工程提供了 720 套半高安全门系统和 816 套屏蔽门系统。同时,深圳地铁 3 号线的维保团队被授予“第 26 届世界大学生运动会轨道交通保障单位”,以表彰大运会期间做出优秀保障工作的设备供应商——西屋公司。

图 19-6　深圳地铁项目

2011 年 6 月 22 日,深圳地铁 5 号线进入全面运营阶段(图 19-7)。深圳地铁 5 号线是 2011 年世界大学生运动会重点工程，西起前海湾，冬至黄贝岭，全长 40 公里，共设 27 座车站，一个车辆段和一个停车场，工程总投资约 200.6 亿元。此项目由于里程长、工期紧、技术复杂程度高，采用了 BT 新型建设模式。在各方的配合下，西屋公司实现了 5 个月完成安装，2 个月完成单机调试并顺利通过初验，资料专项验收以及开通进入试运营。

图 19-7　深圳地铁 5 号线

中国广州地铁 2 号线(图 19-8)站台屏蔽门系统由西屋公司提供，此项目共有 20 个车站贯穿城市南北。34 个长度为 130 m 的地下站台、1 020 道屏蔽门配合由长春庞巴迪轨道车辆公司供应的 5 门 6 厢式列车。为配合广州地铁对二次冗余、故障监测和诊断的需要，西屋公司专门更新了“PSD2000”控制软件。项目第一和第二阶段都先于计划，分别在 2002 年 12 月 28 日和 2003 年 6 月 28 日开通运行。

图 19-8　广州地铁 2 号线

广州地铁 4 号线(图 19-9)是中国内地首个安装站台安全门的项目，于 2006 年投入使用。广州地铁 4 号线黄州—新造区域的 6 个地下车站安装了西屋月台屏蔽门，立面高达 3.2 m。长达 85 m 的 12 个站台各安装了 12 组自由门道及固定仪表板，列车两端安装了 3 组应急门。列车规格：4 车厢×3 门，由川崎重工、四方车辆厂和

Rolling Stock 提供西屋站台屏蔽门控制系统，与 EMCS、MCS 系统和 MODbus 协议信号系统衔接。

图 19-9　广州地铁 4 号线(站台屏蔽门)

19.3　凯必盛屏蔽门实例

凯必盛是国内自动门制造商，北京地铁的部分屏蔽门由其设计。北京地铁奥运支线全长 4.34 公里，由南向北设熊猫环岛站、奥体中心站、奥林匹克公园站、森林公园站 4 座车站(图 19-10)，是唯一直接进入奥运中心区的地铁线路，2008 年 6 月通车试运营。北京奥运会期间，日客流高达 22 万人次，保证了奥运会交通正常运行。

图 19-10　北京地铁 8 号线奥林匹克公园站

北京地铁昌平线(图 19-11)是连接北京中心区与昌平新城的一条南北向轨道交通快速客运线路，北起十三陵景区，南至城铁 13 号线西二旗站，全长 31.24 公里，途经回龙观、沙河、南部、城北、城南、十三陵等 6 个镇(街道),贯穿和辐射创新基地、生命科学园、科技园区、沙河高教园区、沙河巩华城、昌平老城区、新城东区和十三陵特区等重点功能区。北京地铁昌平线一期于 2010 年 12 月 30 日开通试运营,线路长 21 公里,设车站 7 座,共 336 座滑动门、84 座应急门、28 座端门,其中沙河高教园站屏蔽门是全国产化。

图 19-11 北京地铁昌平线半高屏蔽门

主要参考文献

[1] 陈海辉,胡跃明,熊建明.地铁屏蔽门控制系统方案[J].华南理工大学学报(自然科学版),2002,30(3):44-47.

[2] 陈海辉,胡跃明,熊建明.地铁屏蔽门的直流驱动电源设计[J].华南理工大学学报(自然科学版),2002,30(5):50-53.

[3] 陈海辉.地铁屏蔽门国产化样机及系列关键技术研究[D].广州:华南理工大学,2002.

[4] 陈海辉,曾莹莹.地铁屏蔽门环控系统的经济分析[J].南华大学学报(理工版),2003,17(4):33-37.

[5] 曾莹莹,陈海辉.地铁屏蔽门的机械设计[J].南华大学学报(理工版),2003,17(3):54-58.

[6] 陈海辉,胡小芳.地铁屏蔽门样机的性能测试[J].华南理工大学学报(自然科学版),2003,33(1):37-41.

[7] 陈海辉.屏蔽门模式环境控制的特性及经济分析[J].华南理工大学学报(自然科学版),2004,32(6):75-79.

[8] 陈海辉.地铁屏蔽门的机械设计及力学模型[J].华南理工大学学报(自然科学版),2004,32(4):74-77.

[9] 陈海辉.地铁屏蔽门的供电及保护设计[J].昆明理工大学学报(理工版),2004,29(2):45-48.

[10] 陈海辉,曾莹莹.地铁屏蔽门供电系统的保护措施及验收试验[J].南华大学学报(自然科学版),2005,19(3):9-12.

[11] 边志美.地铁屏蔽门、闭式和开式系统环控能耗分析研究[D].上海:同济大学,2007.

[12] 项毅.站台屏蔽门渗漏风量的模拟分析[D].重庆:西南交通大学,2007.

附录　工程设计图

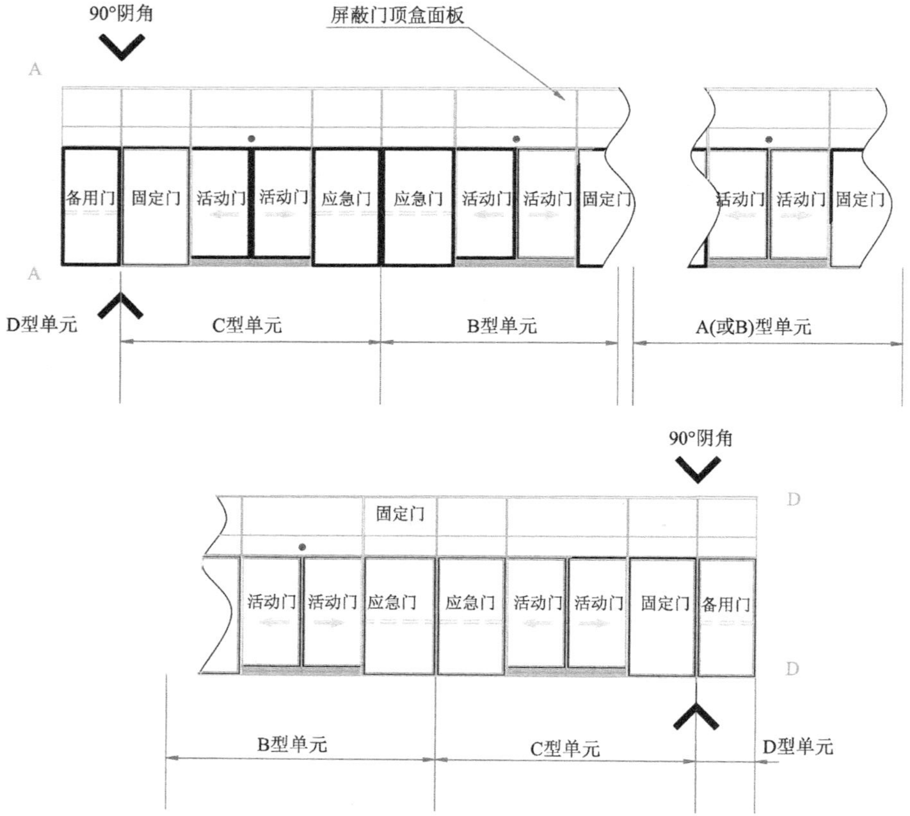

附图 1　工程设计图——屏蔽门立面图

技术说明

1. 屏蔽门总长为136 500 mm（该总长度系以站台中心线居中对称布置）。一侧站台共30档屏蔽门（PSD），编号从01，02，…，30，其中：

a) 编号01，30为C型屏蔽门单元（2档）；

b) 编号02，06，07，11，12，19，20，24，25，29为B型屏蔽门单元（12档）；c) 编号03-05，08-10，13-18，21-23，26-28为A型屏蔽门单元（26档）。

2. 屏蔽门安装误差为0~5 mm，随轨道中心线检测。

3. 屏蔽门的活动门净开度为2 000 mm，高度为2 000 mm。

4. PSD：活动门；FIX：固定门；EED：应急门；MSD：端门。

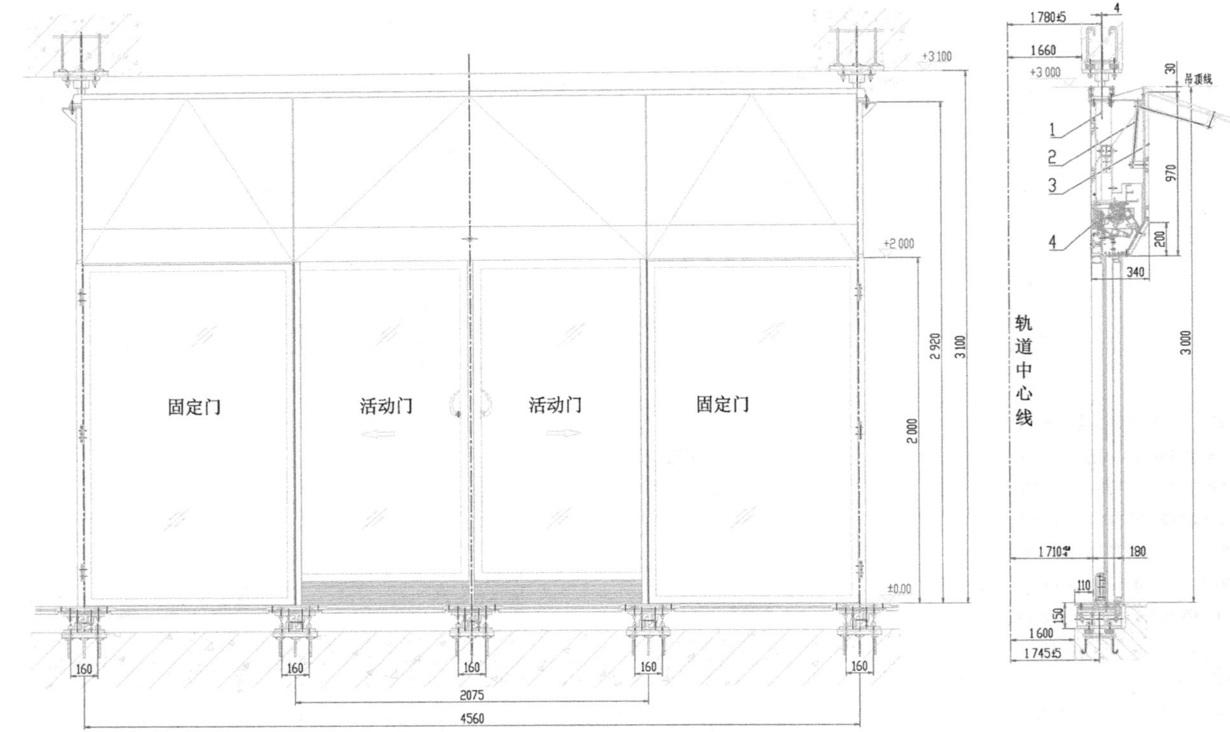

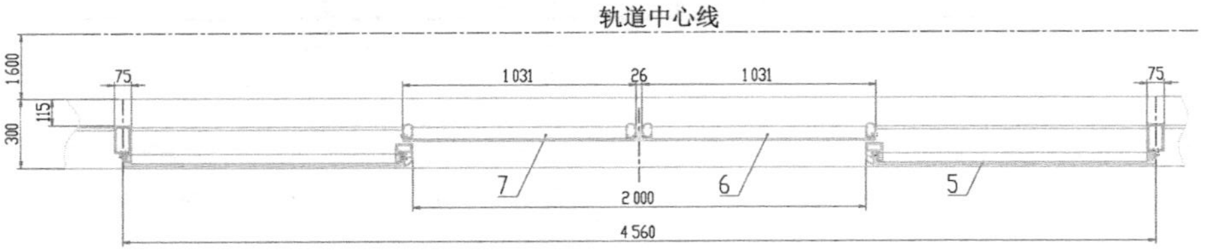

技术说明

1.本图为A型标准单元屏蔽门布置图。
2.以有效站台中心线为基准,屏蔽门系统对称布置。
3.以轨道中心线及轨面为基准进行安装,立柱中心线应和站台平面垂直,并且立柱中心至轨道中心的安装误差不得超出0~+5误差范围。
4.安装后的踏步板面要求和站台最终平面在同一平面内。
5.以踏步板面为基准,安装门机组件,保证区间尺寸2 000。
6.安装门、面板、后盖板及后封板,所有螺栓、螺钉就位正确、可靠。
7.全部安装完成后,进行门机调试,活动门滑动自如、平稳,固定门安装牢固。
8.与电气配合调试所有门都能达到要求的指标。

序号	代号	名称	数量	材料	备注
7	F.PSD.A.07	左活动门	1	部件	
6	F.PSD.A.06	右活动门	1	部件	
5	F.PSD.A.05	标准固定门	2	部件	
4	F.PSD.A.04	门机总成	1	部件	
3	F.PSD.A.03	中间面板组件	1	3003H14	氟碳喷涂
2	F.PSD.A.02	面板支撑组件	4	部件	
1	F.PSD.A.01	钢架	1	部件	

附图 2　工程设计图——A 型标准单元(mm)

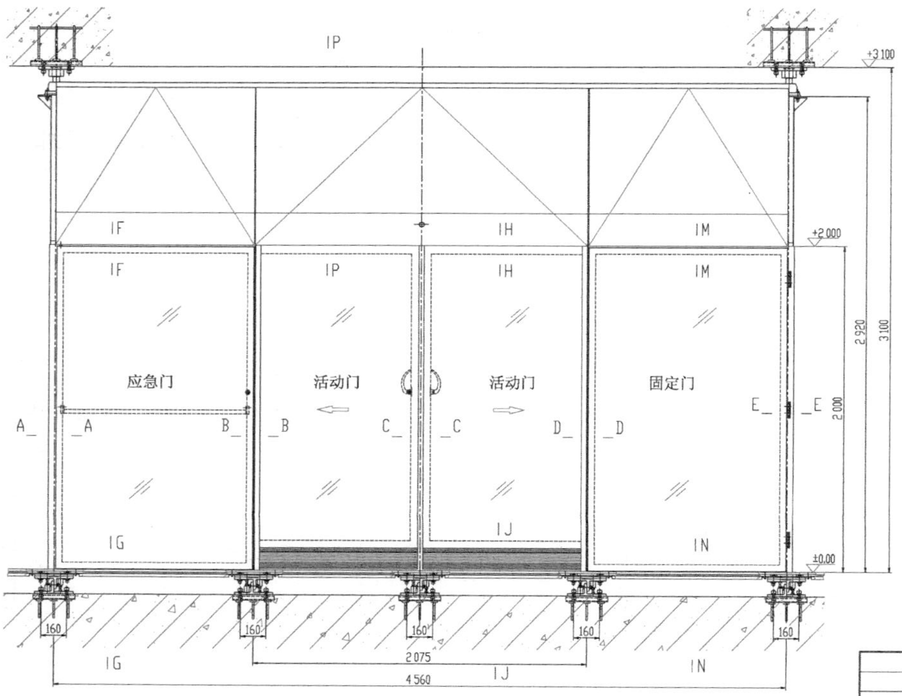

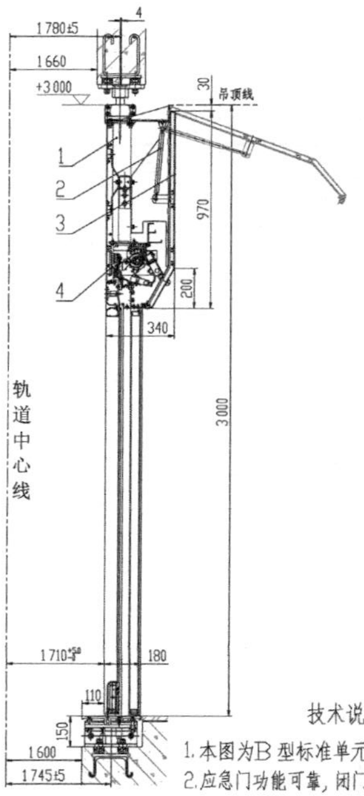

技术说明

1. 本图为B型标准单元屏蔽门布置图。

2. 应急门功能可靠，闭门器安装正确且可实现其功能。

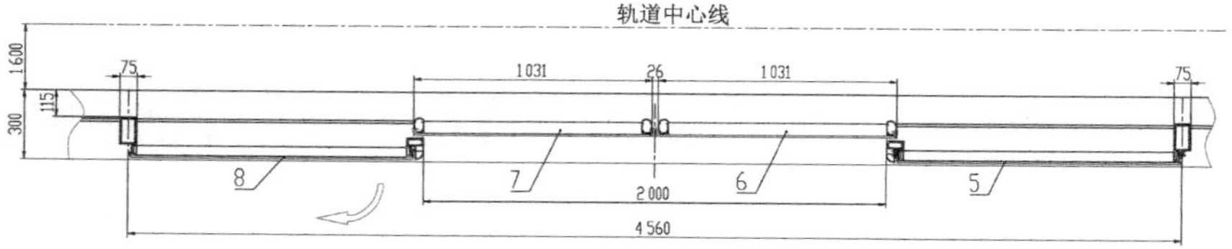

序号	代号	数量	材料	备注
8	右应急门	1	部件	
7	左活动门	1	部件	借用
6	右活动门	1	部件	借用
5	标准固定门	1	部件	借用
4	门机总成	1	部件	借用
3	中间面板组件	1	部件	借用
2	面板支撑组件	4	部件	借用
1	钢架	1	部件	

B型屏蔽门单元总图

附图 3 工程设计图——B型标准单元(mm)

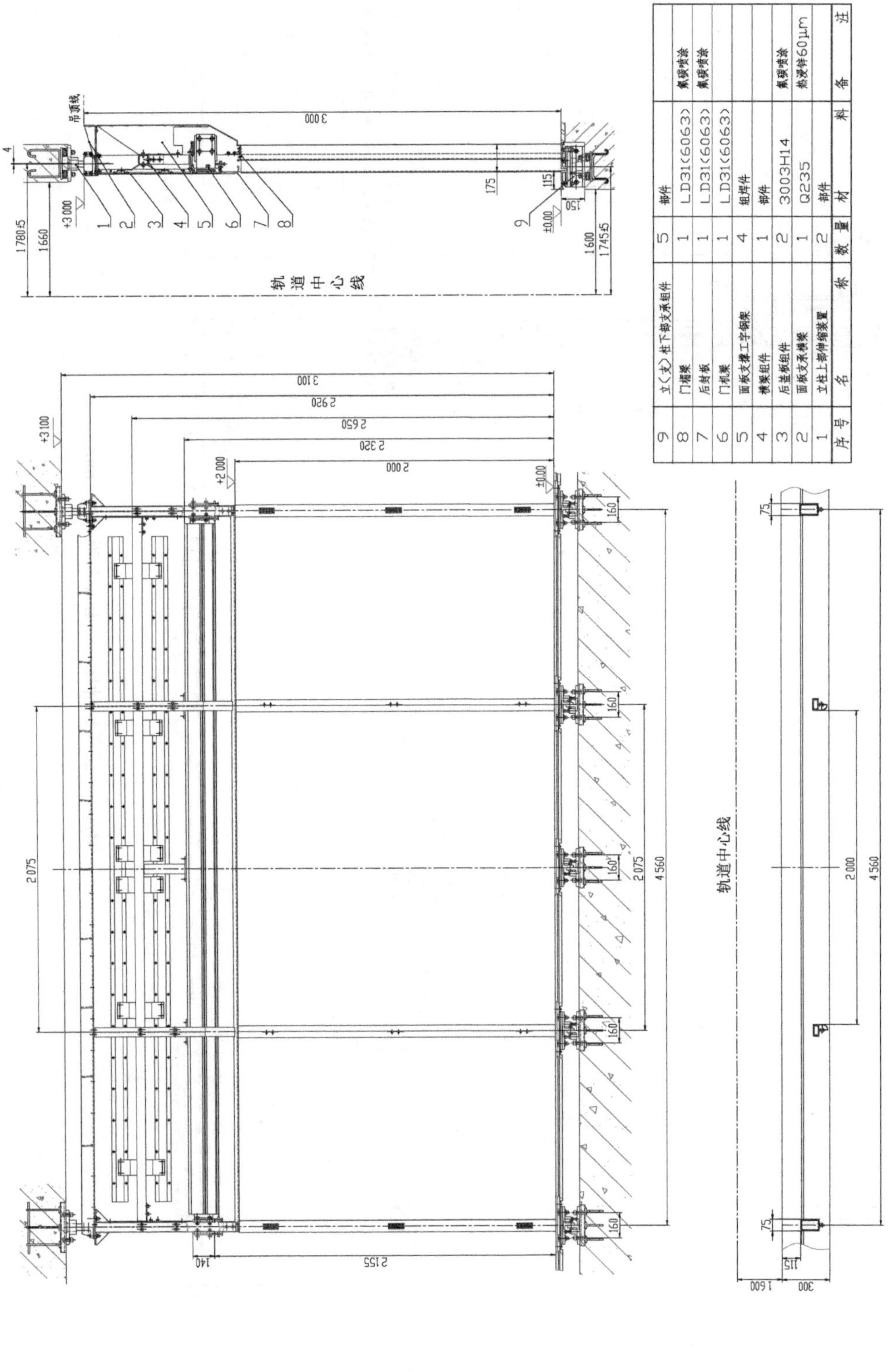

附图 4 工程设计图——单元钢架结构图(mm)

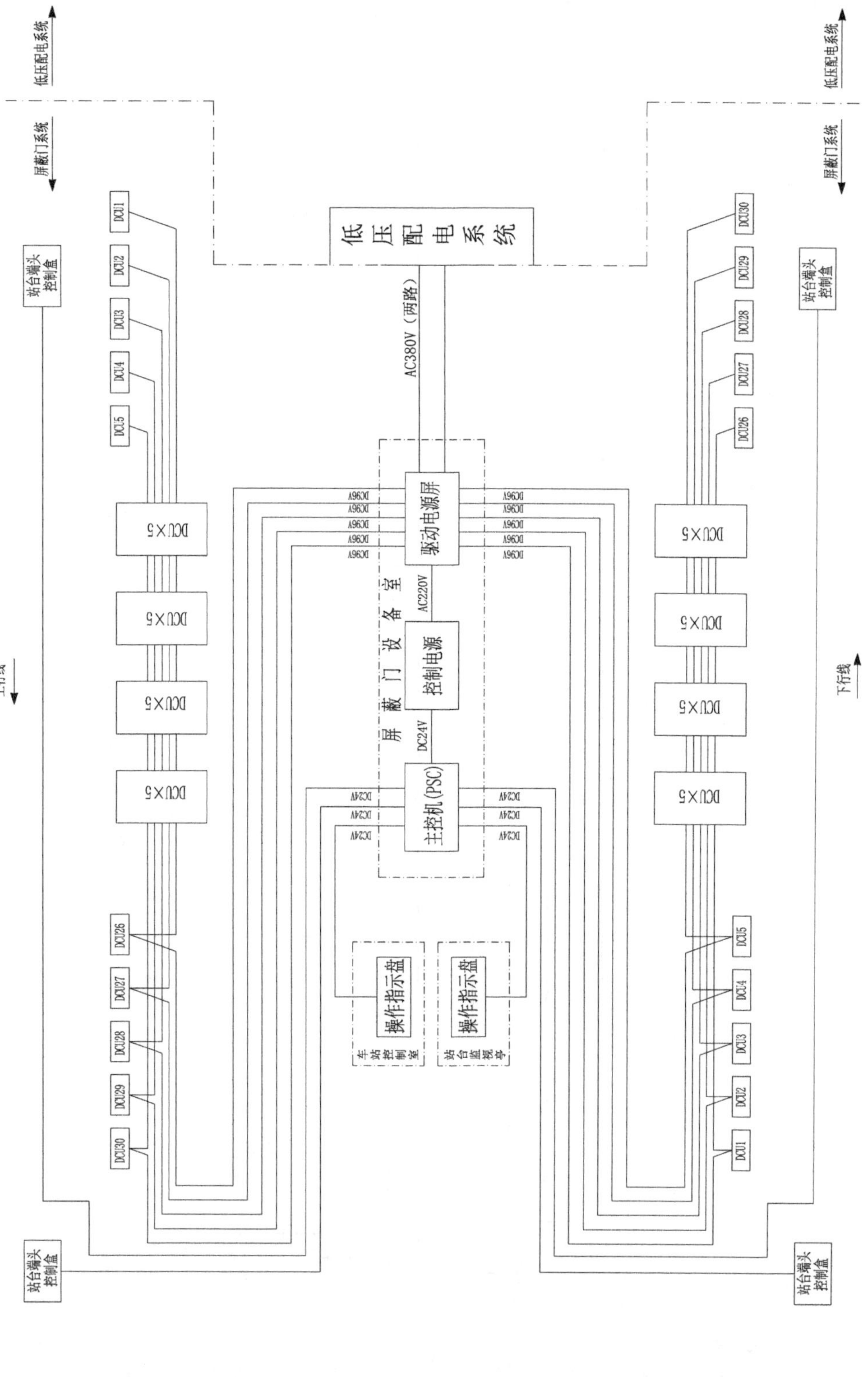

附图 5　工程设计图——供电系统结构图

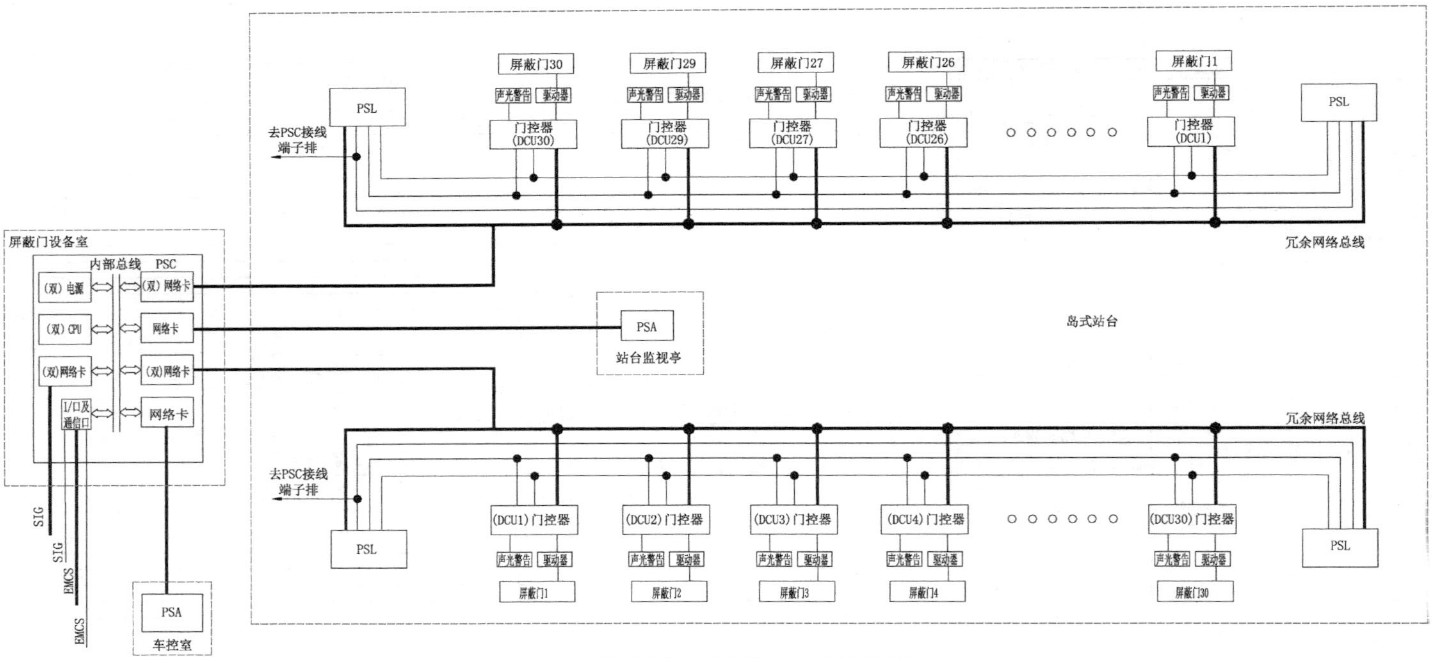

说明：1. 图例 DCU 门控器；PSC 主控机；PSL 站台端头控制盒；SIG 信号系统；EMCS 机电设备监控系统。

网络总线或网络通信线　　硬接线

2. 本图适用于岛式车站，岛式站台设置一个站台监视亭。

附图 6　工程设计图——供电系统原理图

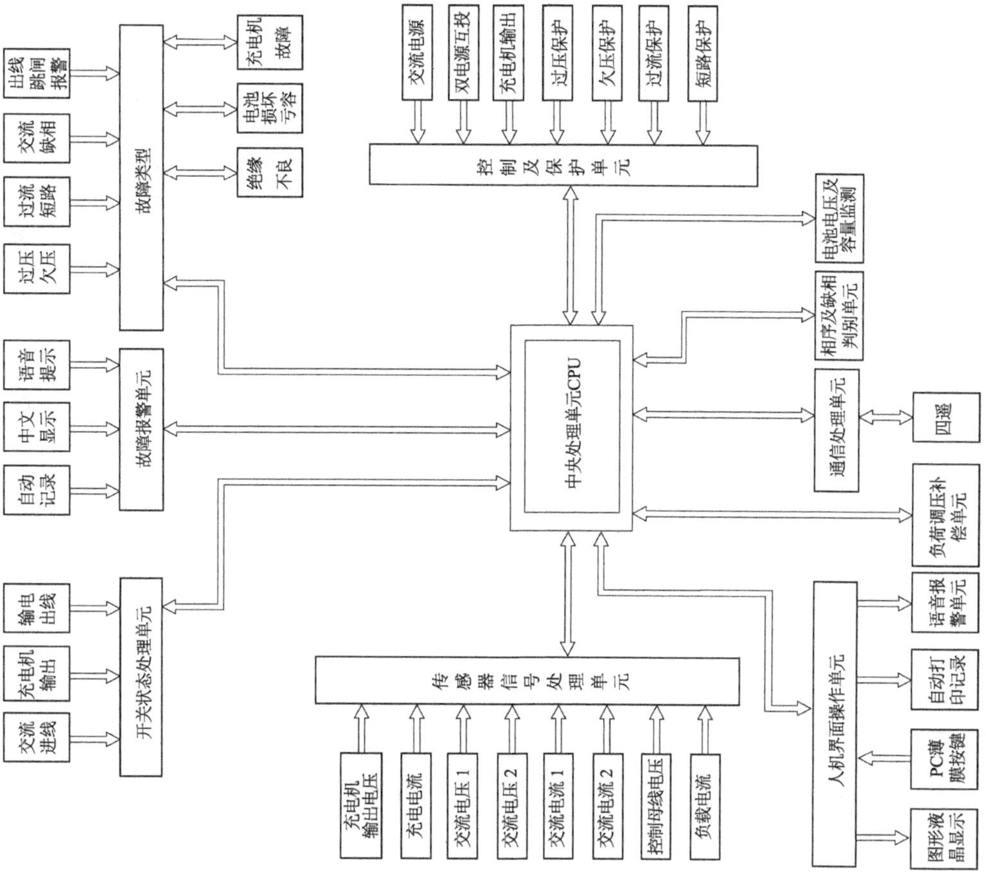

附图 7　工程设计图——供电监控原理框图

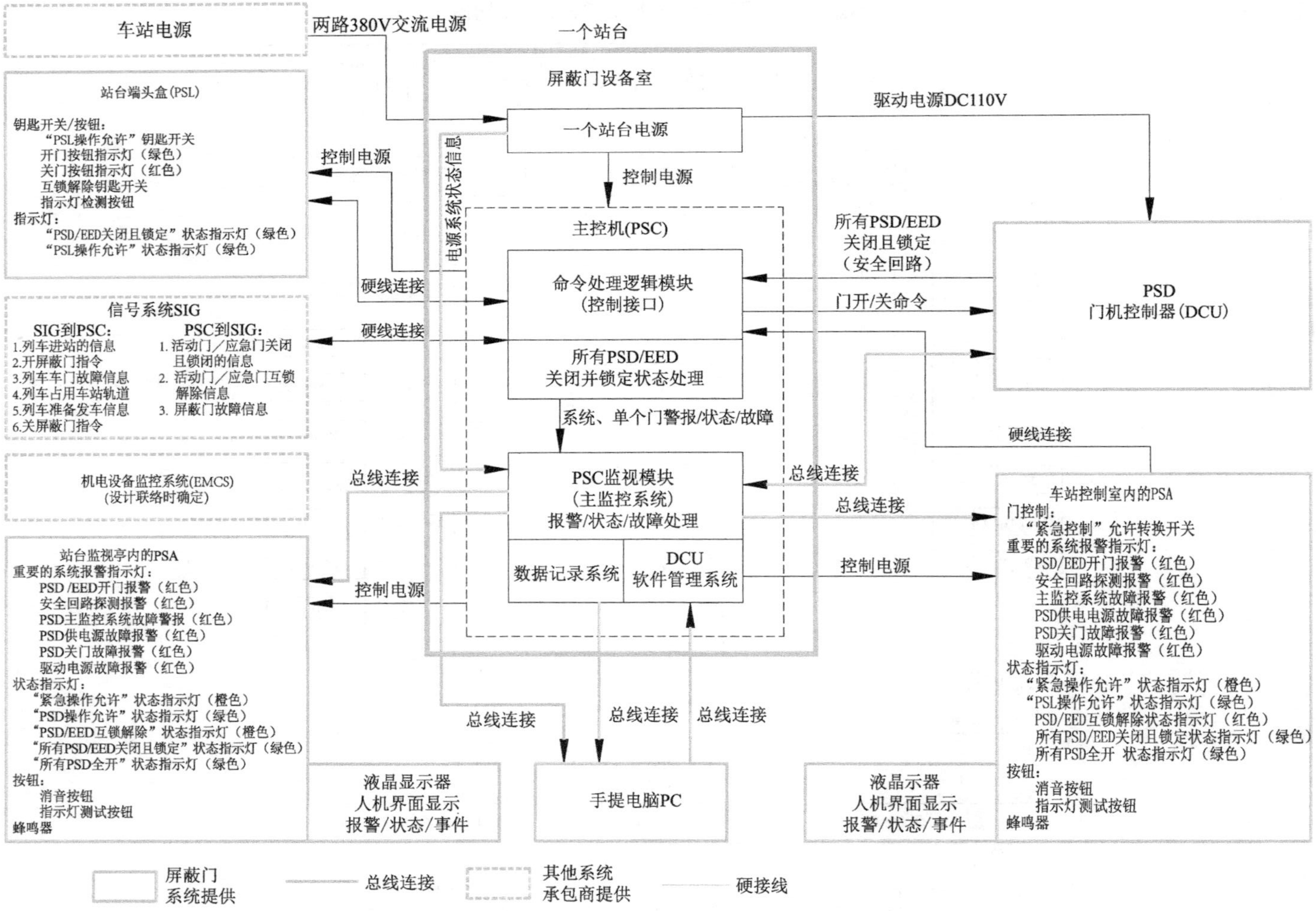

附图 8 工程设计图——屏蔽门控制系统结构

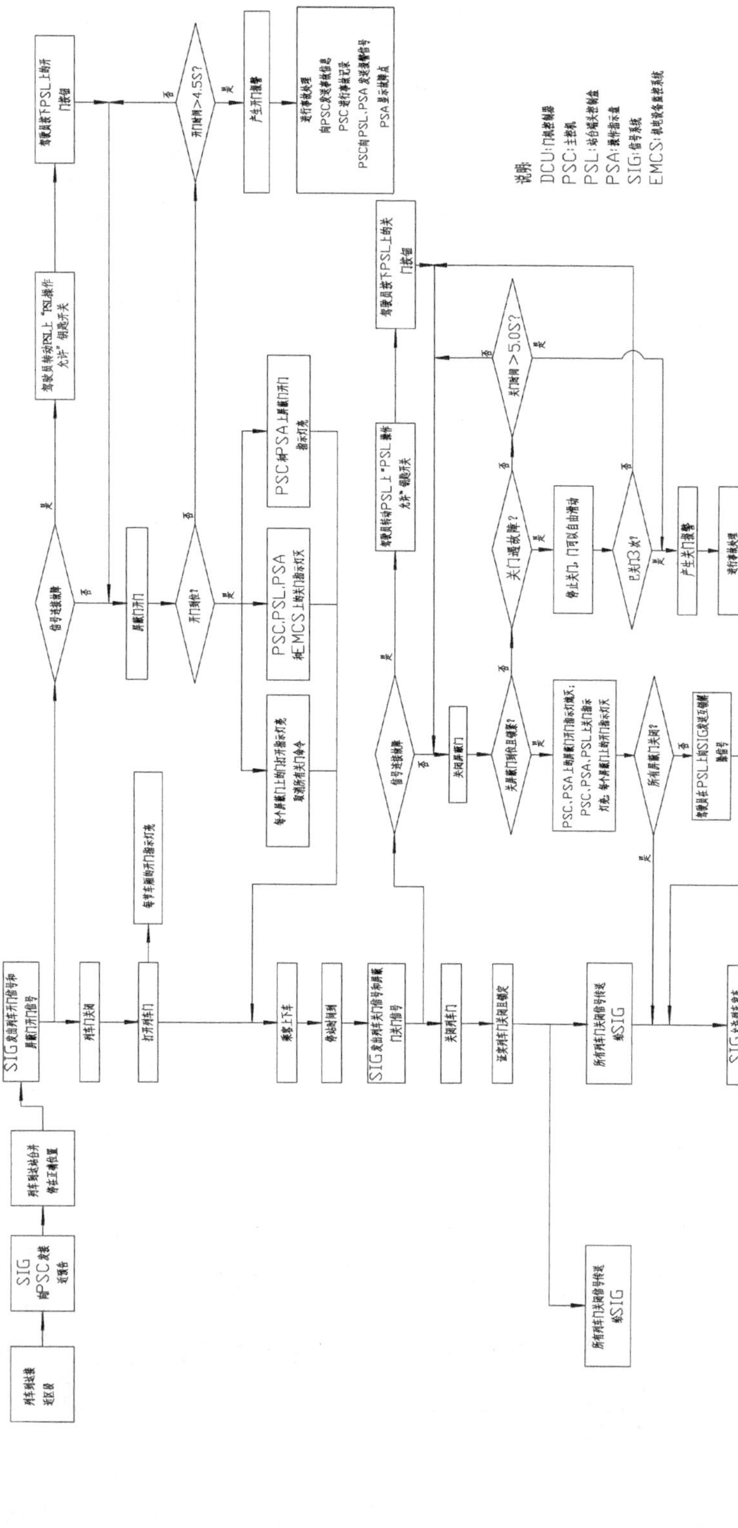

附图 9 工程设计图——屏蔽门控制系统流程图

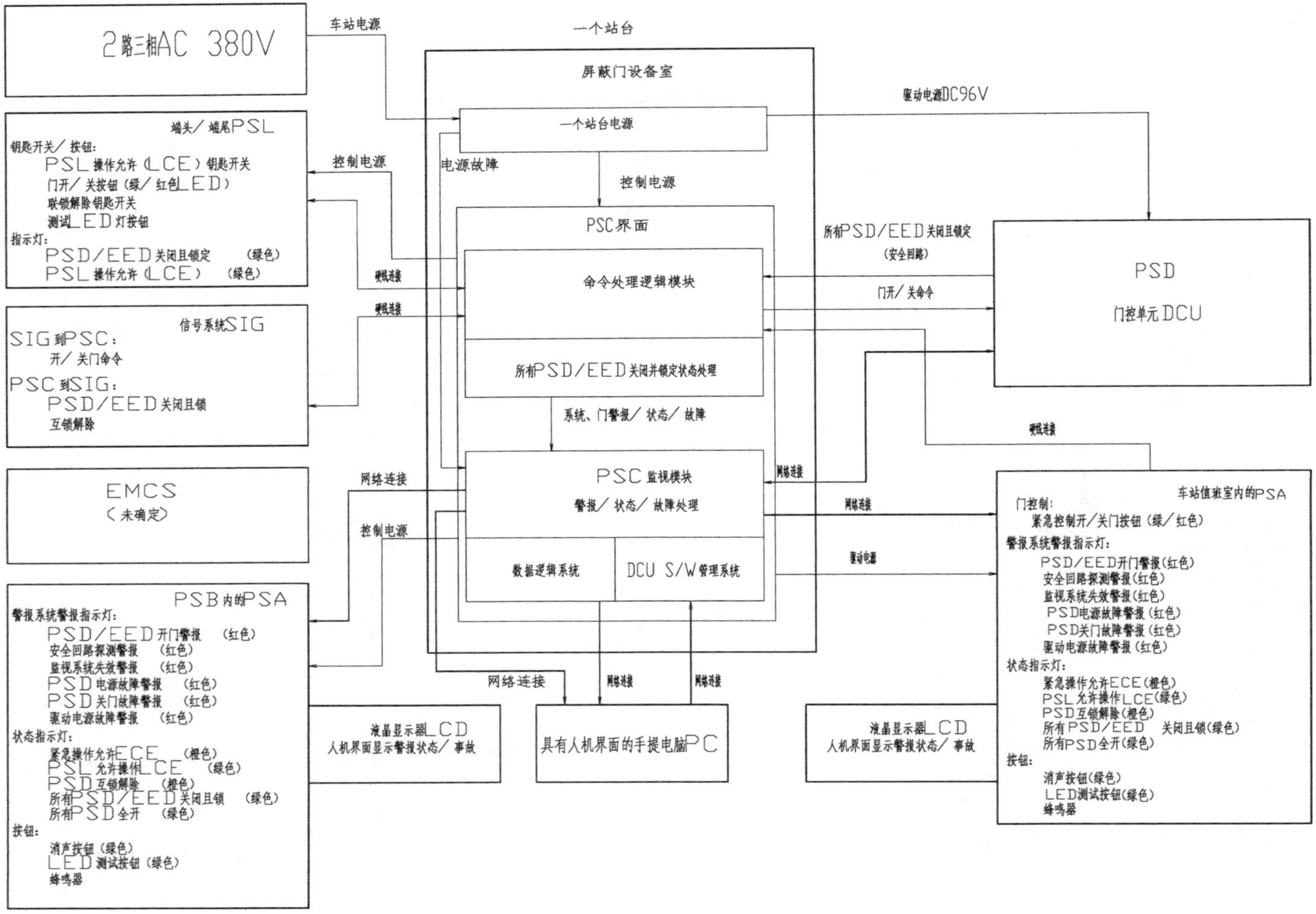

附图 10　工程设计图——电力和控制模块图(一侧站台)

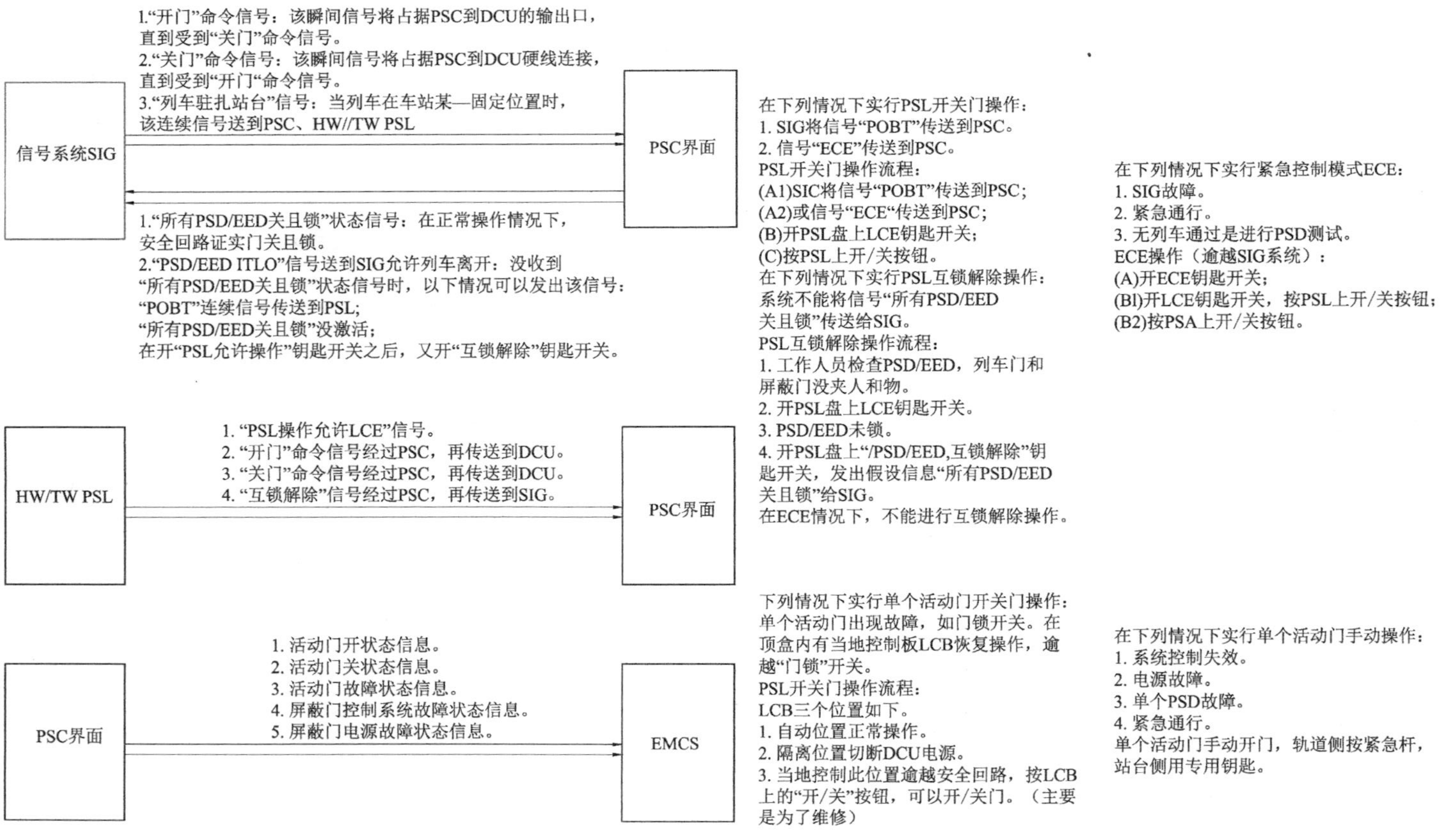

附图 11　工程设计图——信号系统信息交流图